大学日语

修订本

上册

李 强　于荣胜　赵华敏　编著

孙宗光　审订

北京大学出版社
北　京

图书在版编目(CIP)数据

大学日语.上册 / 李强，于荣胜，赵华敏编著. —修订本. —北京：北京大学出版社，2004.8
 ISBN 978-7-301-06339-2

 I. 大… II. ①李… ②于… ③赵… III. 日语-高等学校-教材 IV. H36

中国版本图书馆 CIP 数据核字(2003)第 041327 号

书　　　名：	大学日语　修订本　上册
著作责任者：	李　强　于荣胜　赵华敏　编著
责 任 编 辑：	杜若明
标 准 书 号：	ISBN 978-7-301-06339-2/H・0854
出 版 发 行：	北京大学出版社
地　　　址：	北京市海淀区成府路 205 号　100871
网　　　址：	http://www.pup.cn
电　　　话：	邮购部 62752015　发行部 62750672　编辑部 62753374 出版部 62754962
电子信箱：	zpup@pup.pku.edu.cn
印 刷 者：	世界知识印刷厂
经 销 者：	新华书店
	890 毫米×1240 毫米　A5　12 印张　345 千字 2004 年 8 月第 1 版　2007 年 8 月第 5 次印刷
定　　价：	18.00 元

未经许可，不得以任何方式复制或抄袭本书之部分或全部内容。
版权所有，侵权必究　　举报电话：010-62752024
　　　　　　　　　　　　电子邮箱：fd@pup.pku.edu.cn

原版前言

　　本书是为高等院校选修公共日语课的学生编写的，也可供各类成人培训班及个人自学选用。

　　本书共四册。第一、二册供第二外语选修日语的学生一个学年（或140学时）使用。第三、四册供修完第一、二册的学生继续选修日语使用，时间为一学年（或140学时）。

　　本书从字母发音讲起。按照循序渐进的原则，每册书均选编了十二篇课文。每课均包含课文、单词、语法、句型、练习、补充单词六部分。语法说明力求简明扼要。练习部分根据公共日语的特点，在重点培养学生阅读能力的同时，兼顾听、说、写、译的训练。

　　有一点需要说明，学习外语，一开始就应当养成查词典的习惯，为此，本书各册均不附总词汇表。

　　本书在编写过程中主要参考了以下教材：《日本语》（东京外国语大学附属日本语学校编）、《日本語教科書》（早稻田大学语学教育研究所编）、《日本语》（日本国际学友会编）、《日本语初步》（日本国际交流基金编）、《あたらしい日本語》（吉田弥寿夫编）、《日本語表現文型》（筑波大学日本语教育研究会编）、《现代日本事情》（海外技术者研修协会编）、《Intensive Course in Japanese Intermediate》（对外日本語教育振興会、日本語テープ編集委員会編集）

编者
1989年8月

修订说明

本书为《大学日语》（于荣胜、李强、赵华敏编著）第一、二册的修改合订本，供高等院校选修公共日语课的学生或各类成人培训班及个人自学使用，时间为一学年或140学时。此次修订更换了七篇课文，并重新编排了课文（包括语音部分），增加和补充了语法解释和练习。本书的修订由李强负责。修订过程中主要参考了以下书籍，在此，向有关作者表示衷心的感谢。

鈴木正子著《実践日本語教授法》（凡人社）

海外技術研修者協会編著《新日语基础教程（学习辅导用书）1、2》（外语教学与研究出版社）

友松悦子·宮本淳·和栗雅子著《日本語表現文型200 初·中級》（アクル）

富田隆行著《基礎表現50とその教え方》（凡人社）

富田隆行著《続·基礎表現50とその教え方》（凡人社）

中村明著《日本語案内》（筑摩書房）

朝日新聞《天声人語》

编者

2002年5月

目　　次

日语的语音
　——假名和发音 1
　　第一节　あ行　か行　さ行 5
　　第二节　た行　な行　は行 12
　　第三节　ま行　や行　ら行　わ行 19
　　第四节　浊音、半浊音 24
　　第五节　拨音、长音、促音 31
　　第六节　拗音、拗长音 35

日语的声调 41

日语的基本知识 43
　　一、日本的文字 43
　　二、日语中汉字的音、形、义 43
　　三、日语的词汇 44
　　四、日语语法的一般特征 45
　　五、日语的词类和相关语法术语 45
　　略语表 46

第一課　私は学生です 47
　　単　詞 48
　　语　法 49
　　　一、判断句 49
　　　二、提示助词「は」 49
　　　三、判断助动词「です」(1) 49
　　　四、提示助词「も」(1) 50

五、疑问助词「か」(1) 50
　　　六、格助词「の」(1) 51
　　　七、指示代词(1) 51
　注　释 52
　练　习 53

第二課　お刺身はおいしいです 57
　単　詞 58
　语　法 59
　　　一、描写句 59
　　　二、形容词 (1) 59
　　　三、形容动词 (1) 60
　　　四、疑问词「何」 62
　句　型 62
　　　一、体言は　体言が　（表示嗜好、欲求的用言）..... 62
　　　二、あまり　（用言否定形式）........................... 63
　注　释 63
　练　习 63
　补充单词 66

第三課　日本の四季 68
　単　詞 68
　语　法 70
　　　一、形容词 (2) 70
　　　二、形容动词 (2) 70
　　　三、并列助词「や」 70
　　　四、格助词「から」、「まで」........................... 70
　　　五、并列助词「と」 71
　　　六、数词 (1) 71

句　型 72
　　　　　体言は　体言が　用言 72
　　注　释 73
　　练　习 73
　　补充单词 75

第四课　おとといは日曜日でした 77
　　单　词 77
　　语　法 79
　　　　一、判断助动词「です」(2) 79
　　　　二、形容词 (3) 80
　　　　三、形容动词 (3) 81
　　　　四、形式体言「の」(1) 82
　　　　五、接续助词「から」 83
　　　　六、格助词「で」(1) 83
　　句　型 83
　　　　一、体言も　体言も 83
　　　　二、体言を　ください 83
　　　　三、体言は　体言で　いっぱいです ... 84
　　　　附一:星期的读法 84
　　　　附二:「です」、形容词、形容动词的敬体、
　　　　　　　简体对照表 84
　　注　释 85
　　练　习 85
　　补充单词 88

第五课　中村さんの下宿 91
　　单　词 91
　　语　法 93

3

一、存在句 93
　　　二、格助词「に」(1) 95
　　　三、格助词「が」(1) 95
　　　四、数词(2) 96
　句　　型 97
　　　　体言の　ほか(に) 97
　注　　释 97
　练　　习 97
　补充单词 101

第六课　一日の生活 103
　单　　词 104
　语　　法 105
　　　一、叙述句 105
　　　二、动词的分类 105
　　　三、动词的连用形 107
　　　四、格助词「を」 108
　　　五、格助词「に」(2) 108
　　　六、格助词「へ」 108
　　　七、格助词「で」(2) 109
　　　八、接续词「それから」 109
　　　附一：小时的读法 109
　　　附二：分的读法 109
　注　　释 110
　练　　习 110
　补充单词 112

第七课　食堂で 115
　单　　词 116

4

语法 117
　　一、敬体助动词「ます」........................ 117
　　二、格助词「に」(3) 119
　　三、格助词「で」(3) 119
　　四、格助词「で」(4) 119
　　五、格助词「と」(1) 119
句型 120
　　一、いっしょに 动词连用形 ませんか 120
　　二、あまり 动词连用形 ません 120
　　三、体言 にします 120
　　附：表示年、月、周、日的词汇 120
练习 121
补充单词 123

第八課 昨日何をしましたか 125
単词 126
语法 128
　　一、形容词的连用形 128
　　二、形容动词的连用形 128
　　三、格助词「が」(2) 129
　　四、格助词「で」(5) 129
　　五、格助词「で」(6) 129
　　六、副助词「か」................................ 129
　　七、提示助词「は」「も」与其他助词的重叠使用.... 130
　　八、指示代词 (2) 130
句型 131
　　一、体言へ 动作性名词/动词连用形に 行く 131
　　二、与「一」有关的数量词 も 动词否定形式.... 132
　　三、疑问词も 动词否定形式 132

四、形容词连用形く/形容动词连用形に/
　　　　　名词に　なる 132
　　　附一：接尾词「間」 132
　　　附二：接尾词「中」与「中」 132
　　　附三：自他动词用例对照表 133
　练　习 134
　补充单词 136

第九課　私の寮 139
　単　詞 139
　語　法 141
　　　一、接续助词「て」(1) 141
　　　二、格助词「に」(4) 143
　　　三、补助动词「ある」 144
　　　四、格助词「より」 144
　　　五、接续助词「が」(1) 144
　注　释 145
　练　习 145
　补充单词 147

第十課　公園 149
　単　詞 149
　語　法 151
　　　一、补助动词「います(いる)」 151
　　　二、接续助词「ながら」(1) 152
　　　三、并列助词「たり」 152
　　句　型 153
　　　　动词连用形　てから 153
　　　　附：「もう」与「まだ」 153

练 习 154
补充单词 156

第十一課　キャンプに行く 159
单　词 159
语　法 161
　　　一、动词的连体形与终止形 161
　　　二、补助动词「いる」 162
　　　三、格助词「に」(5) 162
　　　四、提示助词「も」(2) 162
　　　五、样态助动词「そうだ」 163
　　　六、接续助词「と」(1) 163
　　　七、接续助词「ので」 164
　　　附：「ので」与「から」的区别 164
句　型 165
　　　动词连体形　ことができる 165
注　释 165
练　习 165
补充单词 167

第十二課　日記 170
单　词 171
语　法 172
　　　一、动词的未然形 172
　　　二、否定助动词「ない」 173
　　　三、形容词「ない」 174
　　　四、过去助动词「た」 175
　　　五、判断助动词「だ」 176
　　　六、格助词「が」(3) 177

7

七、「のだ(のです)」的用法 177
　　八、格助词「と」(2) 178
　　九、接尾词「ぶり」........................... 178
　　十、接续助词「て」(2) 178
　句　型 179
　　一、动词连用形　てください 179
　　二、动词连用形/动作性名词　に　来る 179
　　三、～かどうか 179
　　附一:接续词「それで」和「だから(ですから)」 ... 179
　　附二:日期的读法 180
　　附三:动词敬体、简体对照表 180
　练　习 181
　补充单词 183

第十三課　趣味 185
　单　词 186
　语　法 188
　　一、动词、形容词的假定形 188
　　二、接续助词「ば」和动词、形容词的假定式 188
　　三、愿望助动词「たい」 189
　　四、接续助词「が」(2) 189
　　五、副助词「だけ」 190
　　六、判断助动词「だ」的连体形和假定形 190
　　七、接尾词「がる」 191
　　八、指示代词 (3) 191
　句　型 192
　　一、动词假定形　ばいい/よい/よろしい 192
　　二、动词连用形　なさい 192
　　三、体言と　体言と　どちらが

　　　　形容词/形容动词/助动词疑问形式 192
　　四、体言及部分副助词　ではいけない 193
　　五、体言及部分副助词　でもいい 193
　　六、动词连用形　たいと思う 193
注　释 194
练　习 195
补充单词 197

第十四課　銀行を利用する 201
単　詞 202
语　法 204
　　一、动词的推量形、推量助动词及推量式 204
　　二、比况助动词「ようだ」(1) 205
　　三、接尾词「的」 206
　　四、接续助词「たら」(1) 206
　　五、补助动词「おく」 206
句　型 207
　　一、用言连体形/名词+の　上(に) 207
　　二、名词　を例にとる 207
　　三、动词终止形　べきだ 207
注　释 208
练　习 208
补充单词 211

第十五課　日本語あれこれ 215
単　詞 216
语　法 218
　　一、动词的命令形和动词的命令式 218
　　二、传闻助动词「そうだ」 219

三、副助词「でも」(1) 219
　　四、接续助词「ては」 220
　　五、形式体言「の」(2) 220
　　六、形式体言「ところ」、「こと」 221
　　七、格助词「が」(4) 221
　　八、形式用言「という」(1) 221
　　九、接续助词「ても」(1) 222
　　十、副词「もちろん」 222
　　十一、接续词「あるいは」 222
句　型 223
　　一、体言　といえば 223
　　二、(体言を)形容词连用形く/形容动词连用形に/
　　　　名词に　する 223
　　三、动词未然形　なければならない 223
　　四、～にほかならない 224
　　五、用言终止形　からだ 224
　　附:动词、形容词、形容动词活用表 224
练　习 226
补充单词 228

第十六課　野菜 233
单　词 233
语　法 236
　　一、被动助动词「れる」、「られる」与被动句 236
　　二、补助动词「くる」 239
　　三、格助词「の」(2) 239
　　四、接续助词「し」 240
　　五、格助词「と」(3) 240
　　六、格助词「に」(6) 241

七、接尾词「化」.................................... 241
　句　型 241
　　一、句子　という 241
　　二、体言　によれば/よると 241
　　三、用言连体形/名词+の　ために/ための 242
　　四、动词连体形　ようになる 242
　　五、动词连用形　てくれ 242
　　六、～かわり(に) 242
　注　释 243
　练　习 243
　补充单词 246

第十七課　コンピューター社会 251
　単　詞 252
　語　法 254
　　一、可能助动词「れる」、「られる」和可能式 254
　　二、副助词「でも」(2) 255
　　三、接续词「しかし」 255
　　四、副助词「だって」 255
　　五、形式体言「もの」 256
　　六、指示代词 (4) 256
　句　型 257
　　一、动词连体形/名词　のおかげで 257
　　二、句子　とする 257
　　三、动词连体形　必要はない 257
　　四、动词连体形　こともある 258
　　五、动词连体形　ことになる 258
　　六、动词连用形　たことがある/ない 259
　练　习 259

11

补充单词 261

第十八課　約束を忘れない法 264
　　単　詞 265
　　語　法 267
　　　　一、「ものだ」的用法（1）........................ 267
　　　　二、补助动词「しまう」........................... 268
　　　　三、比况助动词「ようだ」（2）................. 269
　　　　四、副词「できるだけ」........................... 269
　　　　五、接续词「そこで」.............................. 269
　　句　型 269
　　　　一、动词未然形　ないで 269
　　　　二、动词推量形　う/ようとする 270
　　　　三、体言　について 270
　　　　四、动词终止形/体言　と同時に 270
　　　　五、动词连体形　ようにする 271
　　　　六、动词终止形　には 271
　　　　七、体言　によって 271
　　　　八、体言　として 272
　　　　九、动词终止形/名词　としても 272
　　　　十、动词连体形　ことはない 272
　　注　釋 273
　　练　习 273
　　补充单词 276

第十九課　授受表現 280
　　単　詞 281
　　語　法 283
　　　　一、授受动词 283

二、补助动词「みる」.................................. 285
　　三、助动词「ぬ(ん)」.................................. 285
　　四、格助词「と」与其他助词的重叠使用............ 286
　　五、接续词「が」...................................... 286
　　六、接续助词「と」(2) 287
　　七、接尾词「さ」...................................... 287
　　八、接尾词「方(かた)」............................... 287
　句　型... 288
　　一、～となると.. 288
　　二、～のが普通だ...................................... 288
　　三、用言连体形　わけではない/わけだ............ 288
　注　释... 289
　练　习... 290
　补充单词... 293

第二十課　訪問... 296
　单　词... 297
　语　法... 299
　　一、表示授受关系的补助动词...................... 299
　　二、接续助词「まま」................................. 301
　　三、副助词「ばかり」(1) 301
　句　型... 302
　　　　动词推量形　う/ようと思う.................... 302
　注　释... 302
　练　习... 303
　补充单词... 306

第二十一課　豊作貧乏... 308
　单　词... 309

13

语　法..................................... 312
　　　一、表示自发的助动词「れる」、「られる」....... 312
　　　二、接续助词「たら」(2)..................... 313
　　　三、副助词「ほど」........................... 313
　　　四、接尾词「すぎる」......................... 314
　　　五、比况助动词「ようだ」(3).................. 314
　　　六、助动词「まい」........................... 315
　　　七、接续助词「のに」......................... 315
　句　型..................................... 315
　　　一、动词连体形　ことが多い................... 315
　　　二、〜しか〜ない............................. 316
　　　三、用言连体形　ということだ................. 316
　　　四、体言　のもとに/で....................... 316
　　　五、用言连体形　のではない(だろう)か......... 317
　练　习... 317
　补充单词....................................... 320

第二十二课　不思議な老人 322
　单　词... 323
　语　法... 325
　　　一、使役助动词「せる」、「させる」
　　　　　与使役句及意义......................... 325
　　　二、补助动词「いく」......................... 327
　　　三、比况助动词「ようだ」(4).................. 327
　　　四、接续助词「けれども」..................... 327
　句　型... 328
　　　一、用言连用形　てしかたがない............... 328
　　　二、体言　を　くださいませんか............... 328
　　　三、动词连体形　わけにはいかない............. 328

　　　　四、何という　体言　だろう 329
　　　　五、句子　とは(なにごとだ) 329
　　　　六、动词连体形　ことにする 329
　　　　七、用言连体形/名词+の　うちに 330
　　练　习 330
　　补充单词 333

第二十三課　言葉遣い 336
　　単　詞 337
　　語　法 338
　　　　一、敬语（1） 338
　　　　二、使役被动式「させられる」 340
　　　　三、格助词「に」(7) 341
　　　　四、副助词「ばかり」(2) 341
　　　　五、格助词「の」与其他助词的重叠使用 342
　　　　六、副助词「でも」(3) 343
　　句　型 343
　　　　一、动词连体形/名词+の　つもりだ 343
　　　　二、动词未然形　ないでください 344
　　　　三、体言でも　体言でも 344
　　　　四、动词连体形　ような感じがする 344
　　　　五、お　动词连用形　ください 345
　　注　释 345
　　练　习 346
　　补充单词 349

第二十四課　手紙 352
　　単　詞 353
　　語　法 356

一、敬语（2）........................... 356
　　二、接尾词「らしい」..................... 358
　　三、「まで」与「までに」................. 358
　　四、日语书信的基本格式................... 359
句　型....................................... 359
　　一、动词终止形/名词の　度に.............. 359
　　二、用言连用形　てたまらない............. 359
　　三、〜ところを........................... 360
练　习....................................... 360
补充单词..................................... 362

日语的语音
—— 假名和发音

日语的字母叫"假名（かな）"，共有七十三个。假名是音节字母（拨音除外）。按发音特点，假名可分为"清音（せいおん）"、"浊音（だくおん）"、"半浊音（はんだくおん）"和"拨音（はつおん）"四大类。

每个假名都有两种写法，一种叫"平假名（ひらがな）"，另一种叫"片假名（かたかな）"。平假名用于一般书写和印刷。片假名用于标记外来语、外国人名、地名和某些特殊的词汇。

下面分别就日语的四大类假名做一简单的介绍。

清音——五十音图

平假名						片假名				
段\行	あ段	い段	う段	え段	お段	段\行	ア段	イ段	ウ段	エ段	オ段
あ行	あ a	い i	う ɯ	え e	お o	ア行	ア	イ	ウ	エ	オ
か行	か ka	き ki	く kɯ	け ke	こ ko	カ行	カ	キ	ク	ケ	コ
さ行	さ sa	し ʃi	す sɯ	せ se	そ so	サ行	サ	シ	ス	セ	ソ
た行	た ta	ち tʃi	つ tsɯ	て te	と to	タ行	タ	チ	ツ	テ	ト
な行	な na	に ɲi	ぬ nɯ	ね ne	の no	ナ行	ナ	ニ	ヌ	ネ	ノ

は行	は ひ ふ へ ほ ha çi Fɯ he ho	ハ行	ハ ヒ フ ヘ ホ	
ま行	ま み む め も ma mi mɯ me mo	マ行	マ ミ ム メ モ	
や行	や (い) ゆ (え) よ ja i jɯ e jo	ヤ行	ヤ (イ) ユ (エ) ヨ	
ら行	ら り る れ ろ ra ri rɯ re ro	ラ行	ラ リ ル レ ロ	
わ行	わ (ゐ) (う) (ゑ) (を) wa i ɯ e o	ワ行	ワ (ヰ) (ウ) (ヱ) (ヲ)	

清音：把清音按"あ、い、う、え、お"五个元音（母音ぼいん）排成十行五段的表叫作"五十音图（ごじゅうおんず）"。其中有三个假名（い、う、え）重复出现，"ゐ、ゑ、を"三个假名分别与"い、え、お"同音不同形，所以，实际上只有四十七个假名，四十四个音。"を"只用作助词，"ゐ、ゑ"仅在古典中出现。

五十音图中横向排列的称之为"行（ぎょう）"。每行都以第一个假名命名。如"あ、い、う、え、お"叫"あ行"，"か、き、く、け、こ"叫"か行"……，以下类推。纵向排列的称之为"段（だん）"，也是以第一个假名命名。如"あ、か、さ、た、な、は、ま、や、ら、わ"叫"あ段"……，以下类推。

浊 音 表

平假名		片假名	
段 行	あ い う え お 段 段 段 段 段	段 行	ア イ ウ エ オ 段 段 段 段 段
が行	が ぎ ぐ げ ご ga gi gɯ ge go	ガ行	ガ ギ グ ゲ ゴ

	平假名		片假名
ざ行	ざ じ ず ぜ ぞ za dʒi dzɯ ze zo	ザ行	ザ ジ ズ ゼ ゾ
だ行	だ ぢ づ で ど da dʒi dzɯ de do	ダ行	ダ ヂ ヅ デ ド
ば行	ば び ぶ べ ぼ ba bi bɯ be bo	バ行	バ ビ ブ ベ ボ

浊音：浊音的假名是借用清音"か、さ、た、は"四行假名，在它们的右上角添加浊音符号" ゛ "来表示的。表中ざ行的"じ、ず"分别与だ行的"ぢ、づ"同音，だ行的"ぢ、づ"现已极少见。

半浊音表

	平假名						片假名				
行＼段	あ段	い段	う段	え段	お段	行＼段	ア段	イ段	ウ段	エ段	オ段
ぱ行	ぱ pa	ぴ pi	ぷ pɯ	ぺ pe	ぽ po	パ行	パ	ピ	プ	ペ	ポ

半浊音：半浊音是借用清音"は"行假名，在它们的右上角添加半浊音符号" ゜ "来表示的。

拨 音

平假名	片假名
ん n	ン

拨音：用"ん"表示，不能单独使用，只能作为后辅音加在其他假名后面使用。

发音器官与发音：

了解发音器官各部位的名称和发音特点有助于语音的学习。下面是发音器官示意图：

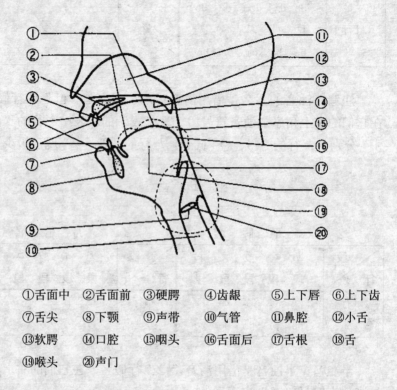

①舌面中　②舌面前　③硬腭　④齿龈　⑤上下唇　⑥上下齿
⑦舌尖　⑧下颚　⑨声带　⑩气管　⑪鼻腔　⑫小舌
⑬软腭　⑭口腔　⑮咽头　⑯舌面后　⑰舌根　⑱舌
⑲喉头　⑳声门

语音分为元音和辅音两大类。元音的特点是气流从气管通过喉头流出口腔时不受发音器官的阻碍，同时声带振动。辅音的特点是气流在口腔中受到某些发音器官的阻碍，有的辅音声带振动，有的辅音声带不振动。

日语的语音有明显的规律性，"あ行"的五个假名是元音，其他各行假名的发音大都是由一个辅音分别与"あ行"的五个元音相拼而成的。因此，把五个元音发准、发好是至关重要的。其次是要熟记五十音图中假名的排列顺序。因为字典的排列顺序和日语动词的变化规则均与此有关。

第一节　あ行、か行、さ行

元音　あ行

あ　い　う　え　お　　　ア　イ　ウ　エ　オ
a　i　ɯ　e　o

あ行的五个假名都是元音。假名下面附的是国际音标，供学习发音时参考。

あ [a]

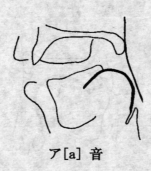

ア[a] 音

嘴张大，但口型比发汉语"啊"略小。舌面持平，舌尖位于下齿背和齿龈之间，然后稍后缩，形成一个空隙。

い ［i］

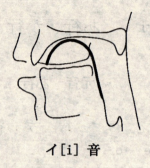

イ[i] 音

嘴微开，呈自然状态。与发汉语"衣"不同，双唇不必特别向两边展开。舌面上升接近硬腭，舌尖向下，位于下齿背后，形成狭窄的通路。

う ［ɯ］

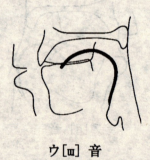

ウ[ɯ] 音

嘴微开，双唇扁平，与发汉语"乌"不同，双唇不向前突出。舌根鼓起接近软腭，舌尖与下齿背之间形成一道空隙。

え [e]

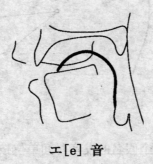

エ[e] 音

嘴张开的程度在 [a] 和[i]之间，双唇略向两侧展开，舌位半高，与上腭之间大致可容一指。

お [o]

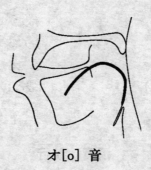

オ[o] 音

嘴张开的程度在[a]和[ɯ]之间，舌面较平，其最高点比[a] 稍靠后，接近软腭，发音时要自然、放松，避免像发汉语"欧"那样从口腔后部发出。

下面是元音发音部位和口形示意图：

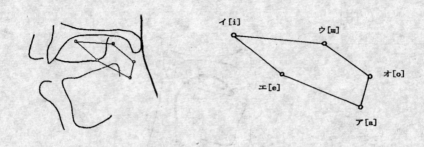

说明：日语中每个假名的发音时间单位按拍节计算，一个假名一拍，连续发音时要求所占时间基本相同。在无特殊标记的情况下，不可任意延长，否则就无法正确表达意思。另外，发好元音的关键是保持口型中途不变。

词例：
  あい（爱）   あう（遇见）
  いう（说）   うお（鱼）
  うえ（上）   いえ（家）
  おい（外甥）   あおい（蓝色的）

清音　か行

  か　き　く　け　こ　　　カ　キ　ク　ケ　コ
  ka ki kɯ ke ko

か行的五个假名是由辅音[k]分别与あ行的五个元音相拼而成的。

[k]

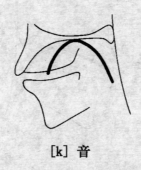

[k] 音

舌根隆起，与软腭接触，形成堵塞，然后突然离开，使气流爆发而出，声带不振动。

词例：

かう（买）　　　　あかい（红色的）
きく（菊花）　　　　えき（火车站）
くう（吃）　　　　　きかく（规格）
いけ（池塘）　　　　おけ（桶）
こえ（声音）　　　　ここ（这里）

清音　さ行

さ　し　す　せ　そ　　　サ　シ　ス　セ　ソ
sa　ʃi　sɯ　se　so

さ行除"し"是由辅音[ʃ]和元音[i]拼成之外，其余均由[s]和あ行的[a]、[ɯ]、[e]、[o]相拼而成。

[s]

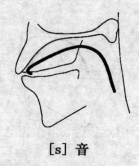

[s] 音

　　舌尖接近上齿背，形成一个间隙，使气流从舌齿间摩擦而出，声带不振动。其中"す[sɯ]"的元音部分发音很轻，不像汉语"私"发得那么清晰。

[ʃ]

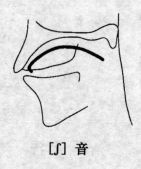

[ʃ] 音

　　舌面鼓起接近上腭，舌尖不接触门齿，使气流从舌齿间摩擦而出，声带不振动。与汉语"希"发音相似。

词例：
　　さき（先、前面）　　　かさ（伞）
　　しあい（比赛）　　　　こし（腰）

すき（喜欢）　　　　いす（椅子）
せかい（世界）　　　　きせき（奇迹）
そこ（那里）　　　　　おそい（晚、迟）

练 习

一、练习"あ、か、さ"三行假名的发音。

二、读熟本节词例的单词。

三、朗读下列发音。
 1. あえい　おあえ　うおあ　いうお　えいう
    かけき　こかけ　くこか　きくこ　けきく
    させし　そさせ　すそさ　しすそ　せしす
 2. あえいう　えおあお　あいうえお
    かけきく　けこかこ　かきくけこ
    させしす　せそさそ　さしすせそ
 3. せき　　けさ　　あそこ　　えかき　　すえおく
    あいこく　　いいすいか　　あさいいけ
    うすいあお　　おそいあき

四、用平、片假名书写"あ、か、さ"三行假名各十遍，注意平、片假名在书写上的差异。

五、用平、片假名默写"あ、か、さ"三行假名。

第二节　た行、な行、は行

清音　た行

　た　ち　つ　て　と　　　タ　チ　ツ　テ　ト
　ta　tʃi　tsɯ　te　to

た行假名中的"た、て、と"是由辅音[t]分别与[a]、[e]、[o]相拼而成。"ち"是由[tʃ]与[i]、"つ"是由[ts]与[ɯ]拼成的。

[t]

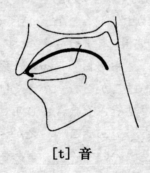

[t] 音

口微开，舌尖抵住上齿龈，然后突然离开，使气流爆发而出，声带不振动。

[tʃ]

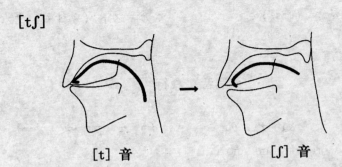

[t] 音　　　　　[ʃ] 音

这个辅音是[t]和[ʃ]的结合音。发音时先将舌尖放在[t]的位置,当气流从喉头流出时,舌尖立即后缩,移向发[ʃ]的位置,使气流从舌齿间摩擦而出,声带不振动。与汉语"七"的音相似。

[ts]

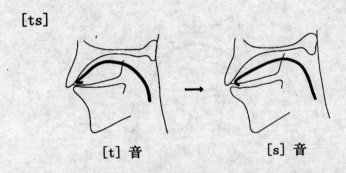

[t] 音　　　　　[s] 音

这个辅音是[t]和[s]的结合音。舌尖位置与[tʃ]相同,"つ[tsɯ]"的元音发得很轻,与汉语"次"的音相似,但要轻。

词例:

たかい（高的）　　うた（歌）
ちかい（近的）　　うち（家）
ついたち（初日）　　あいさつ（寒暄、致辞）
てつ（铁）　　あいて（对手）

とき（时候）　　　テキスト（教科书、文本）

清音　な行

な　に　ぬ　ね　の　　　ナ　ニ　ヌ　ネ　ノ
na ɲi nɯ ne no

　　な行假名中除"に"之外都是由辅音[n]分别与[a]、[ɯ]、[e]、[o]相拼而成的。"に"是由[ɲ]与[i]拼成的。

[n]

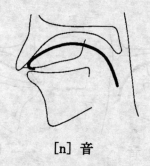

[n] 音

　　嘴张开，舌尖抵住上齿和下齿龈之间，堵塞气流通路，使气流经鼻腔流出，声带振动。

[ɲ]

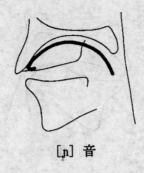

[ɲ] 音

舌尖抵住硬口盖，软口盖下垂，使气流从鼻腔流出。

词例：

ななつ（七，七个，七岁）　　さかな（鱼）
にく（肉）　　　　　　　　　あに（哥哥）
ぬく（抽出）　　　　　　　　いぬ（狗）
ねこ（猫）　　　　　　　　　おかね（钱）
のこす（剩下）　　　　　　　ぬの（布）

清音　は行

は　ひ　ふ　へ　ほ　　　　ハ　ヒ　フ　ヘ　ホ
ha　çi　Fɯ　he　ho

は行假名除"ひ"和"ふ"外，均由辅音 [h] 分别与[a]、[e]、[o]相拼而成。"ひ"是由辅音[ç]和[i]，"ふ" 是由辅音[F]和[ɯ]拼成的。

[h]

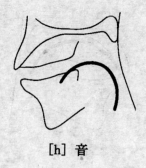

[h] 音

嘴张开，舌根靠近软口盖使气流从中间摩擦而出，声带不振动。

[ç]

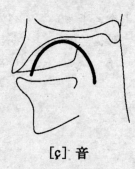

[ç] 音

嘴微开，舌面鼓起，接近硬腭。然使气流从舌面和硬腭中间摩擦而出，声带不振动。

[F]

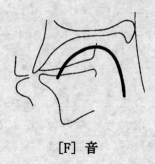

[F] 音

　　双唇微开，保持自然状态。上齿接近下唇，中间留一缝隙。然后使气流从双唇之间摩擦而出，声带不振动。它与 [ɯ] 拼成的 "ふ" 介于汉语的 "夫" 和 "呼" 之间。

词例：
　　　　はな（花）　　　　　しはい（统治）
　　　　ひふ（皮肤）　　　　あさひ（旭日）
　　　　ふね（船）　　　　　さいふ（钱包）
　　　　へた（蹩脚）　　　　へとへと（筋疲力尽）
　　　　ほし（星星）　　　　とほ（徒步）

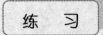

练　习

一、反复练习 "た、な、は" 三行假名的发音。

二、读熟本节词例的单词。

三、比较下列发音。

```
ひ—し    ひろい—しろい     ひかく—しかく
ち—し    うち—うし        とち—とし
す—つ    いす—いつ        かす—かつ
```

四、朗读下列发音。

1. たてち　とたて　つとた　ちっと　てちつ
   なねに　のなね　ぬのな　にぬの　ねにぬ
   はへひ　ほはへ　ふほは　ひふほ　へひふ

2. たてちつ　てとたと　たちつてと
   なねにぬ　ねのなの　なにぬねの
   はへひふ　へほはほ　はひふへほ

3. てとあし　ちちとはは　あにとあね
   いぬとねこ　ことしのなつ　そこくのあさ
   あたたかいあいさつ　ついたちのひ

五、 用平、片假名书写"た、な、は"三行假名各十遍，注意平、片假名在书写上的差异。

六、日常用语。

　　たちなさい。（请站起来。）　　かきなさい。（请写。）
　　かけなさい。（请坐。）　　　　こたえなさい。（请回答。）
　　ききなさい。（请听。）

第三节　ま行、や行、ら行、わ行

清音　ま行

ま み む め も　　マ ミ ム メ モ
ma mi mu me mo

ま行的五个假名是由辅音[m]分别与あ行的五个元音相拼而成的。

[m]

[m]音

双唇紧闭，阻塞气流通路，使气流从鼻腔流出，声带振动。

词例：

まえ（前面）　　　あたま（头）
みち（道路）　　　みなみ（南）
むかし（过去）　　さむい（冷）
めまい（头晕）　　あめ（雨）
もの（物）　　　　たてもの（建筑）

清音　や行

や（い）ゆ（え）よ　　ヤ（イ）ユ（エ）ヨ
ja　　jɯ　　　jo

や行假名中的"い、え"和あ行的"い、え"同形同音。"や、ゆ、よ"由半元音[j]分别与元音[a]、[ɯ]、[o]相拼而成。

[j]

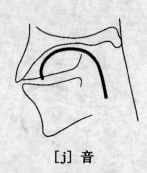

[j] 音

发音部位与[i]大致相同，只是舌面的最高点稍靠后。半元音[j]和[a]、[ɯ]、[o]相拼时，[j]要发得轻一些，同时很快与[a]等相拼。

词例：

やま（山）　　　おや（双亲）
ゆき（雪）　　　かゆい（痒）
よむ（读）　　　こよみ（日历）

清音　ら行

ら　り　る　れ　ろ　　　ラ　リ　ル　レ　ロ
ra　ri　rɯ　re　ro

ら行的五个假名是由辅音[r]分别与あ行的五个元音相拼而成的。

[r]

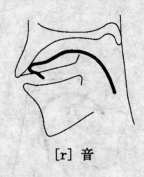

[r] 音

嘴稍稍张开，舌尖翘起抵住上齿龈，软腭堵住鼻腔的通路。然后在呼出气流的同时放开舌尖，声带振动。

词例：

らく（舒适）　　　さくら（樱花）
りかい（理解）　　とり（鸟）
るす（不在家）　　よる（晚上）
れきし（历史）　　かれ（他）
ろく（六）　　　　おふろ（澡堂）

清音　わ行

わ（ゐ）（う）（ゑ）を　　　ワ（ヰ）（ウ）（ヱ）ヲ
wa

わ行五个假名中，"う"在あ行中出现过，"ゐ、ゑ、を"的发音与あ行的"い、え、お"相同。"ゐ、ゑ"在现代日语中已不再出现，为"い、え"所取代。"を"除了用作助词外，其他场合也为"お"所取代。"わ"是复合元音，由半元音[w]和[a]相拼而成。

[w]

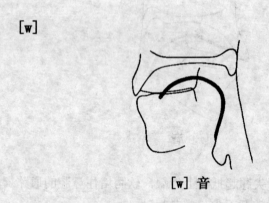

[w] 音

发音部位和[ɯ]大致相同，但舌位比[ɯ]靠后。舌尖和下齿之间的空隙较大，舌面鼓起呈半圆形。发"わ"时，[w]要发得很轻，并在还未完全发完时，立即过渡到[a]。注意别发成汉语的"哇"。

词例：
わかい（年轻的）　　わたし（我）
かわ（河）　　　　　おわる（结束）
わらう（笑）　　　　わかれる（分别）

练 习

一、反复练习"ま、や、ら、わ"四行假名的发音。

二、用平、片假名书写和默写本节的四行假名。

三、读熟本节词例的单词。

四、比较下列发音。
  ぬ—る いぬ—いる しぬ—しる
  な—ら かな—から いない—いらい
  に—り くに—くり にかい—りかい
  ね—れ なね—かれ ねつ—れつ

五、朗读下列发音。
 1. まめみ もまめ むもま みむも めみむ
   やえい よやえ ゆよや いゆよ えいゆ
   られり ろられ るろら りるろ れりる
   わえい をわえ うをわ いうを えいう
 2. まめみむ めもまも まみむめも
   やえいゆ えよやよ やいゆえよ
   られりる れろらろ らりるれろ
   わえいう えをわを わいうえを
 3. このよにうまれる やわらかいぬの
   あたたかいはる むしあついなつ
   うつくしいあき さむいふゆ

六、日常用语。
  みえますか。(看得见吗?)

はい、みえます。(看得见。)
きこえますか。(听得清吗？)
はい、きこえます。(听得请。)
わかりましたか。(明白了吗？)
はい、わかりました。(明白了。)

七、按"行"和"段"背诵五十音图。

八、迅速说出下列假名各属于哪行哪段?
き ぬ み ら ほ く ね ゆ り お
フ エ テ シ ノ マ ワ ス モ ロ

第四节　　浊音、半浊音

浊音　が行

が ぎ ぐ げ ご　　　ガ ギ グ ゲ ゴ
ga gi gɯ ge go
(が ぎ ぐ げ ご　　　ガ ギ グ ゲ ゴ)
ŋa ŋi ŋɯ ŋe ŋo

浊音が行的五个假名是由辅音[g]分别和あ行的五个元音相拼而成的。

[g]

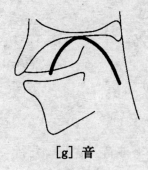

[g] 音

发音部位和[ɯ]相同,不同的是气流从气管爆发而出时,声带振动。当这五个假名位于单词词头时,读作[ga] [gi] [gɯ] [ge] [go];位于词中或词尾时,一般发成"鼻浊音(びだくおん)"。

鼻浊音是由辅音[ŋ]与あ行的五个元音相拼而成的。

[ŋ]

[ŋ] 音

舌根顶住软腭,在气流通过鼻腔时,舌根立即离开软腭,使气流转而从口腔流出。

25

词例:
  がいこく（外国） かがく（科学）
  ぎむ（义务） かぎ（钥匙）
  ぐあい（情况） いりぐち（入口）
  げき（剧） らいげつ（下月）
  ごみ（垃圾） ごご（下午）

浊音　ざ行　だ行

  ざ　じ　ず　ぜ　ぞ ザ　ジ　ズ　ゼ　ゾ
  dza dʒi dzɯ ze zo

  だ　ぢ　づ　で　ど ダ　ジ　ヅ　デ　ド
  da dʒi dzɯ de do

浊音ざ行假名中的"ざ、ぜ、ぞ"是辅音[z]与あ行元音的[a]、[e]、[o]拼成的。"じ"是辅音[dʒ]与[i]，"ず"是辅音[dz]与[ɯ]相拼而成的。

[dz]

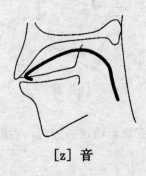

[z] 音

发音部位和[ts]相同，区别在于发[dz]时声带要振动。

浊音だ行假名中的"だ、で、ど"是辅音[d]与あ行元音的[a]、[e]、[o]拼成的。"ぢ、づ"和"じ、ず"同音不同形，使用"ぢ、づ"的单词数量有限，常用词需要特别记住。

[d]

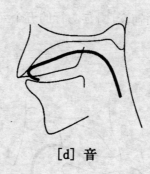

[d] 音

发音部位和[t]相同，区别在于发[d]时声带要振动。

词例：

ざせき（座位）　　そざい（素材）
じしん（地震）　　ラジオ（收音机）
ずせつ（图解）　　ちず（地图）
ぜひ（务必）　　　かぜ（感冒）
ごみ（垃圾）　　　なぞ（谜）
だいがく（大学）　ともだち（朋友）
ちぢむ（缩、缩短）つづく（继续）
でぐち（出口）　　ふで（毛笔）
どこ（哪里）　　　だいどころ（厨房）

浊音　ば行

ば　び　ぶ　べ　ぼ　　　　バ　ビ　ブ　ベ　ボ
ba　bi　bɯ　be　bo

浊音ば行假名是由辅音[b]与あ行的五个元音相拼而成的。

[b]

[b]音

紧闭双唇，软腭堵住鼻腔的通路，使气流冲破双唇爆发而出，同时使声带振动。

词例：

バス（公共汽车）　　　しばい（戏剧）
ビザ（签证）　　　　　テレビ（电视）
ぶた（猪）　　　　　　はこぶ（运）
ベル（铃）　　　　　　とくべつ（特别）
ぼつぼつ（一点一点）　おぼえる（记）

半浊清音　ぱ行

ぱ　ぴ　ぷ　ぺ　ぽ　　　　パ　ピ　プ　ペ　ポ
pa　pi　pɯ　pe　po

　半浊清音只有"ぱ行"一行，是由辅音[p]与あ行的五个元音相拼而成的。

[p]

[p] 音

　发音部位和[b]相同，但声带不振动。发音时要干脆，不要拖泥带水。

词例：
　　　パイプ（管）　　　　　スパイ（间谍）
　　　ピアノ（钢琴）　　　　ピザ（比萨饼）
　　　プログラム（计划、程序）　プライド（自尊心）
　　　ペア（对）　　　　　　オペラ（歌剧）
　　　ポスト（信筒）　　　　ポカポカ（温暖）

练 习

一、反复练习浊音和半浊音的发音。

二、用平、片假名书写浊音和半浊音,注意平、片假名的区别。

三、读熟本节词例的单词。

四、朗读下列发音。
がげぎぐげごがご　　ガゲギグゲゴガゴ
ざぜじずぜぞざぞ　　ザゼジズゼゾザゾ
だでぢづでどだど　　ダデヂヅデドダド
ばべびぶべぼばぼ　　バベビブベボバボ
ぱぺぴぷぺぽぱぽ　　パペピプペポパポ

五、朗读下列单词,注意清浊音的区别。
バス　　パス　　　　しし　　しじ
とこ　　どこ　　　　きく　　きぐ
てる　　でる　　　　ここ　　ごご
すし　　すじ　　　　きかい　ぎかい
かかく　かがく　　　いたい　いだい

六、听写下列单词。
げき　　かげ　　　かじ　　　たばこ　　たまご
ぜひ　　きざし　　ずるい　　ピカソ　　こくがい

七、日常用语(小对话)。
おかえりなさい。(你回来了。)
ただいま。(我回来了。)
ごぶさたいたしました。(好久不见了。)

おひさしぶりです。(好久不见了。)
ちかごろ　いそがしいですか。(最近忙吗?)
はい、わりあいいそがしいです。(比较忙。)

第五节　　拨音、长音、促音

拨　音

五十音图的最后一个假名"ん"叫"拨音はつおん"。它只能附在其他假名后面使用，不能单独构成音节。发音时前面一个假名的元音要发得轻一些，转向拨音时要快。既不能二者拼成一个音，又不能在二者之间留有间隙。

拨音的发音因后续假名的不同而有所差别。通常有四种发音。

1. 当拨音位于[p]（ぱ行）、[b]（ば行）、[m]（ま行）前面时，发[m]。发音时两唇紧闭，声从鼻出，为有声鼻音。

    词例：
    きんぱつ（金发）　　えんぴつ（铅笔）
    さんぽ（散步）　　　がんばる（坚持、加油）
    せんべつ（饯别）　　ちんぼつ（沉没）
    あんま（按摩）　　　にんむ（任务）

2. 当拨音位于[t]（た行）、[d]（だ行）、[r]（ら行）、[n]（な行）前面时，发[n]。发音时后舌面隆起，接触软口盖，声从鼻出，为有声鼻音。

    词例：
    はんたい（反对）　　はんつき（半个月）
    えんとつ（烟囱）　　しんだい（床）

かんづめ（罐头） ねんど（粘土）
しんらい（信赖） けんり（权利）
せんろ（铁轨） あんない（向导）
きんにく（肌肉） せんぬき（起子）

3. 当拨音位于[k]（か行）、[g]（が行）、[ŋ]（が行）前面时，发[ŋ]。
发音时舌面隆起，接触软口盖，声从鼻出，为有声鼻音。

词例：
ぎんか（银币） てんき（天气）
もんく（意见） きんこ（金库）
ぶんがく（文学） しんぎ（审议）
かんげき（感动） りんご（苹果）

4. 当拨音位于[s] [ʃ]（さ行）、[j]（や行）、[w]（わ行）前面时，发[ŋ]。发音时与后续音的发音舌位基本相同，小舌下降，声从鼻出，为有声鼻音。

词例：
けんさ（检查） あんしん（安心）
みなさん（各位） おんせん（温泉）
ほんや（书店） きんゆ（禁运）
かんよ（干预） しんわ（神话）

长　音

发音时，把假名的元音不间断地拉长一拍，就是"长音"。发音时必须严格区分长短音，否则就无法正确表达词义。

长音规则及标音法

长 音 规 则	词例（一般场合）	个 别 场 合
あ段假名后加"あ"	おかあさん（母亲）	
い段假名后加"い"	おにいさん（哥哥）	
う段假名后加"う"	ゆうじん（朋友）	
え段假名后加"い"	せんせい（老师）	ねえさん（姐姐）
お段假名后加"う"	おとうさん（父亲）	おおきい（大）
外来语用"ー"	メーデー（五一节）	

词例：

　　いいえ（不）　　　　おじいさん（祖父）
　　くうき（空气）　　　すうじ（数字）
　　せんせい（老师）　　へいや（平原）
　　きのう（昨天）　　　がくせい（学生）
　　ボールペン（圆珠笔）　パスポート（护照）
　　ビール（啤酒）　　　タクシー（出租车）

促　音

发音时，当发完一个音后，即用发音器官的某一部分堵住气流，迅速做好后续的发音准备，停顿一拍后使气流爆破而出。这样的发音叫"促音そくおん"。促音一般出现在"か、さ、た、ぱ"四行假名的前面，用写得稍小的"っ"或"ッ"来表示。如：いっぱい、コップ等。

按堵住气流部位的不同，促音大致可分为三种类型：

双唇促音：紧闭双唇堵住气流。

喉头促音：用舌根和软腭的闭塞堵住气流。

舌尖促音：用舌尖和上齿龈的接触堵住气流。

（注意：不管哪种类型，堵住气流的时间都要求持续一拍。）

词例：

いっぱい（一杯）	にっぽん（日本）
コップ（杯子）	てっぺん（顶上）
こっか（国家）	がっこう（学校）
さっき（刚才，先）	びっくり（吃惊）
ぴったり（恰好）	みっつ（三）
マッチ（火柴）	はってん（发展）
きっさてん（茶馆）	ざっし（杂志）
けっせき（缺席）	いっそう（更）

练 习

一、节词例的单词，掌握拨音、长音、促音的发音要领。

二、正确读出下列拨音。

1. さん たん まん らん ろん のん ねん れん
2. かん—がん きん—ぎん くん—ぐん しん—じん
   すん—ずん せん—ぜん こん—ごん へん—べん
3. はん—ばん—ぱん　ふん—ぶん—ぷん
   ひん—びん—ぴん　へん—べん—ぺん
   ほん—ぼん—ぽん

三、朗读下列单词，注意长短音的区别。

　　　こえ—こうえん　　　せかい—せいかい
　　　ゆき—ゆうき　　　　いえ—いいえ
　　　そこ—そうこ　　　　きぼ—きぼう
　　　おじさん—おじいさん　おばさん—おばあさん

四、朗读下列单词，促音的发音。

　　　いち—いっち　　　　まち—マッチ
　　　じけん—じっけん　　せけん—せっけん
　　　せかい—せっかい　　てき—てっき

五、日常用语。

1．おはようございます。（早上好。）
　　こんにちは。（你好。）
　　こんばんは。（晚上好。）
　　さようなら。（再见。）
2．おげんきですか。（身体好吗？）
　　おかげさまで、たいへんげんきです。（托您的福，我很好。）
3．どうもありがとうございました。（太谢谢您了。）
　　どういたしまして。（不用客气。）

第六节　拗音、拗长音

"拗音ようおん"是由清音、浊音、半浊音的"い段"音和复合元音"や、ゆ、よ"拼成的。发音时要读成一个音节，中间不能有停顿。把拗音拉长一拍，念成长音，就是"拗长音ようちょうおん"。日语中拗音和拗长音各有三十三个。拗音书写时，将一个写

得较小的"ゃ、ゅ、ょ"置于い段假名右下角,并占一格。如:"しゃ、しゅ、しょ"。拗长音书写规则同一般长音。如:"ちゅうごく"。

拗 音 表

平 假 名			片 假 名		
きゃ [kja]	きゅ [kjɯ]	きょ [kjo]	キャ	キュ	キョ
ぎゃ [gja]	ぎゅ [gjɯ]	ぎょ [gjo]	ギャ	ギュ	ギョ
しゃ [ʃa]	しゅ [ʃɯ]	しょ [ʃo]	シャ	シュ	ショ
じゃ [dza]	じゅ [dzɯ]	じょ [dzo]	ジャ	ジュ	ジョ
ちゃ [tʃa]	ちゅ [tʃɯ]	ちょ [tʃo]	チャ	チュ	チョ
にゃ [ɲa]	にゅ [ɲɯ]	にょ [ɲo]	ニャ	ニュ	ニョ
ひゃ [ça]	ひゅ [çɯ]	ひょ [ço]	ヒャ	ヒュ	ヒョ
びゃ [bja]	びゅ [bjɯ]	びょ [bjo]	ビャ	ビュ	ビョ
ぴゃ [pja]	ぴゅ [pjɯ]	ぴょ [pjo]	ピャ	ピュ	ピョ
みゃ [mja]	みゅ [mjɯ]	みょ [mjo]	ミャ	ミュ	ミョ
りゃ [rja]	りゅ [rjɯ]	りょ [rjo]	リャ	リュ	リョ

词例：

おきゃく（客人）　　ぎゃく（相反）
しゃしん（照片）　　しゅるい（种类）
としょかん（图书馆）　しょくどう（食堂）
チョコレート（巧克力）　しゅんかん（瞬间）
さんびゃく（三百）　ちょっと（稍微）
さんみゃく（山脉）　りょかん（旅馆）

拗长音表

平假名			片假名		
きゃあ [kja:]	きゅう [kjɯ:]	きょう [kjo:]	キャア	キュウ	キョウ
ぎゃあ [gja:]	ぎゅう [gjɯ:]	ぎょう [gjo:]	ギャア	ギュウ	ギョウ
しゃあ [ʃa:]	しゅう [ʃɯ:]	しょう [ʃo:]	シャア	シュウ	ショウ
じゃあ [dʒa:]	じゅう [dʒɯ:]	じょう [dʒo:]	ジャア	ジュウ	ジョウ
ちゃあ [tʃa:]	ちゅう [tʃɯ:]	ちょう [tʃo:]	チャア	チュウ	チョウ
にゃあ [ɲa:]	にゅう [ɲɯ:]	にょう [ɲo:]	ニャア	ニュウ	ニョウ
ひゃあ [ça:]	ひゅう [çɯ:]	ひょう [ço:]	ヒャア	ヒュウ	ヒョウ
びゃあ [bja:]	びゅう [bjɯ:]	びょう [bjo:]	ビャア	ビュウ	ビョウ
ぴゃあ [pja:]	ぴゅう [pjɯ:]	ぴょう [pjo:]	ピャア	ピュウ	ピョウ

みゃあ	みゅう	みょう	ミャア	ミュウ	ミョウ
[mja:]	[mjɯ:]	[mjo:]			
りゃあ	りゅう	りょう	リャア	リュウ	リョウ
[rja:]	[rjɯ:]	[rjo:]			

词例：
　　けんきゅう（研究）　　　きょうしつ（教室）
　　しょうじき（诚实）　　　ちゅうごく（中国）
　　ニュース（新闻）　　　　しょくどう（食堂）
　　じしゅう（自习）　　　　びょういん（医院）
　　りょうり（菜肴）　　　　コンピュータ（计算机）

另外，随着同欧美各国交往的日益频繁，在音译某些外来语时，为了更接近原音，日本又采用了一些新的标音音节。比如：
　　ディスコ（迪斯科）　　　シェークスピア（莎士比亚）
　　ウィーク（周）　　　　　パーティー（宴会）
　　ファースト（第一）　　　フィルム（胶卷）

练　习

一、练习拗音、拗长音。

二、认真书写拗音、拗长音。

三、读熟本节词例的单词。

四、朗读下列单词。
　　しゅせき—しゅっせき　　ちょうど—ちょっと
　　りょこう—りょうこう　　じゅよう—じゅうよう

　　　　こうりゅう——こうりょう　　きゅうだい——きょうだい

五、听写下列单词。
　　　　ぎゃく——きゃく　　　しゃく——ひゃく
　　　　しゅるい——しょるい　　きょうと——きょうど

发音练习

一、诵五十音图、浊音、半浊音的假名。

二、听写。
　　　　かいきゅう——かいきょう　　しゅくじ——しょくじ
　　　　えんぴつ——えんびつ　　　　ロケット——ろけと
　　　　うんどう——ふんどう　　　　べんきょう——めんきょう
　　　　ひこうき——しこうき　　　　ニューヨーク——にゅうよく
　　　　りかい——ぎかい　　　　　　もんだい——むんだい
　　　　ばあい——ぼあい　　　　　　ちょしゃ——ちゅうしゃ
　　　　シャッター——シャター　　　せいと——せいど

三、朗读下列单词和词组。
　　　　ちゅうごく　　　にほん　　　ちゅうにちゆうこう
　　　　へいわきょうぞん　　　　　じゅんびかんりょう
　　　　ひゃっぱつひゃくちゅう　　ばんりのちょうじょう

四、朗读下列短句。
　　1．おなまえは？
　　　　わたしは○○○○といいます。
　　　　はじめまして、どうぞよろしく。
　　　　こちらこそ。

2. ごめんください。
　　よくいらっしゃいました。
　　しつれいいたします。
3. じゅぎょうをはじめます。
　　ほんをひらいてください。
　　わからないところはありませんか。
　　しつもんにこたえてください。
　　きょうのじゅぎょうはこれでおわります。

日语的声调

声调大体有两大类型——高低型和强弱型。

日语的声调（アクセント）是高低型。声调的变化发生在假名与假名之间。除拗音外，每个假名都代表一个音拍。

日语方言较多，声调也各不相同。这里介绍的是东京话的声调。

东京话的声调有三种：升调、降调、升降调。

日语中采用的重音符号很不统一。较常见有号码式重音符号。上述三种声调的类型用号码式符号表示，可分为以下若干种：

⓪型：第一拍低，以下各拍都高。
　　　如：おとな　わたし
①型：第一拍高，以下各拍都低。
　　　如：かぞく　てんき
②型：第二拍高，第一拍和第三拍以下都低。
　　　如：こころ　たかい
③型：第二、三拍高，第一拍和第四拍以下都低。
　　　如：じんみん
④型：第二、三、四拍高，第一拍和第五拍以下都低。
　　　如：にほんじんみん
⑤型：第二至第五拍高，第一拍和第六拍以下都低。
　　　如：ひょうおんもじ
⑥型：第二至第六拍高，第一拍和第七拍以下都低。
　　　如：にゅうがくしけん

以上⓪型为升调型，①型为降调型，②型、③型、④型、⑤型、⑥型为升降调型。由此可见，东京语的声调有两个规律：

1．每个假名中的第一拍和第二拍的发音高度不同。即第一拍高，第二拍必定是低的。反之，第一拍低的，第二拍必定是高的。

2．高调只出现在一个地方。如果出现二拍以上的高调时，这些高调一定是连在一起的，中间不会有低音调的假名。这一规律主要适用于读复合词。

如：ペキン①（北京）＋だいがく⓪（大学），构成复合词（北京大学）时，重音位置发生变化，应该读成④型。

又如：なつ②（夏天）＋やすみ⓪（休息），构成なつやすみ（暑假）时，应该读成③型。

以上介绍的只是单词的声调，当单词组成词组或句子时，其重音往往会发生变化，这需要在学习中逐步加以掌握。

练 习

按标注的重音符号正确朗读下列单词。

わたし⓪	せんせい③	うわぎ⓪
あなた②	がくせい⓪	くつした④
ちゅうごく①	じゅぎょう①	としょかん②
にほん②	ノート①	ゆうびんきょく③

日语的基本知识

一、日本的文字

日本的文字有假名和汉字两种。

假名是日语的字母，其中，平假名是借用中国汉字的草书演变而来的，片假名是借用汉字的偏旁部首创造出来的。日本目前经常使用的汉字有1945个，称为"常用漢字じょうようかんじ"。

日语中还有一种标记法，叫"罗马字拼音"，用拉丁字拼写，一般用于国际电报、通讯、商务、名片等。

二、日语中汉字的音、形、义

1．读音：日语中的汉字有音读（音読おんどく）和训读（訓読くんどく）两种读法。模仿我国汉字的读音叫音读；只借用汉字的形和义，读成日语的叫训读。例如：

音读：人民（じんみん）　　国家（こっか）
　　　学校（がっこう）　　方向（ほうこう）
训读：人（ひと）　　　　　国（くに）
　　　昼間（ひるま）　　　建物（たてもの）

同一个汉字，由于音读和训读的差别，或者由于一字多义等原因，往往有多种读音。例如：

　　　間（あいだ）　　　　時間（じかん）
　　　昼間（ひるま）　　　行列（ぎょうれつ）
　　　行進（こうしん）　　行宮（あんぐう）
　　　行く（いく）　　　　行う（おこなう）

2．字形：现代日语中的汉字字形和我国现在通用的汉字字形有很多是相同的。但由于两国在汉字的简化上有所不同，所以，有些字形也不尽相同。例如：

日文汉字：雑誌　　予習　　天気　　図書
中文汉字：杂志　　预习　　天气　　图书
此外，日语中还有一些日本人民创造的"汉字"。如：

　　　　畑・畠（はた・はたけ）/旱田
　　　　峠（とうげ）/山口
　　　　辻（つじ）/十字路口
　　　　凪（なぎ）/风平浪静

3．词义：日语中的汉语词有的和中文的词义相同，如"学生"、"铅笔"等。但也有许多词和中文完全不同或部分不同。例如：

勉強（べんきょう）/ 学习　　　怪我（けが）/受伤
丈夫（じょうぶ）/结实　　　　切手（きって）/邮票
油断（ゆだん）/麻痹大意　　　手紙（てがみ）/信

三、日语的词汇

日语的词汇从其来源上看，大致可以分为三类：

1．日本固有的词汇。如：
　　家（いえ）/房屋　　　　私（わたし）/我
　　一つ（ひとつ）/一个　　長い（ながい）/长

2．汉语词汇有两种：
　　直接采用汉语词汇的：帽子（ぼうし）/帽子
　　　　　　　　　　　　先生（せんせい）/老师，先生
　　　　　　　　　　　　去年（きょねん）/去年
　　利用汉字创造的：　　時計（とけい）/钟、表
　　　　　　　　　　　　自転車（じてんしゃ）/自行车

3．外来语词汇
　　近代从印欧语（多数来自英语）中输入的词汇。例如：
　　　　ノート（笔记本）　　バス（公共汽车）
　　　　パン（面包）　　　　タバコ（香烟）
　　　　カルテ（病历）　　　ナイフ（小刀）
　　此外，外国人名、地名也属于这一类。例如：

マルクス（马克思）　　トルストイ（托尔斯泰）
アメリカ（美国）　　　ロントン（伦敦）

四、日语语法的一般特征

世界上的语言有孤立语、屈折语和黏着语三大类。

日语是胶着语（也称黏着语）。在语法上有以下特征：

1．不是靠词尾的屈折（即变化），而是依靠助词和助动词的黏着（即附加）来表示词在句中的地位或语法职能。因此，这些黏着成分（助词、助动词）在日语语法上具有很重要的意义。

2．日语的部分词类（动词、形容词、形容动词、助动词）有词尾变化。但其变化不是直接以词的性、数、格等为转移，而是以后面的黏着成分为转移的。

3．句子成分有一定的语序。一般主语在前，谓语在后，宾语在动词前面，即主语—宾语—谓语。但不像汉语的语序那么严格。日语中也有句子成分的倒装和省略等情况。

4．修饰语一定在被修饰语之前，即定语或状语一定在它所修饰的名词或动词、形容词、形容动词之前。

五、日语的词类和相关语法术语

把词（語ご）按意义、形态或职能进行分类，所得到的类别叫作词类（品詞ひんし）日语语法学家把词分为九类、十类、十一类、十二类不等。本书把日语的词分为以下十二类：

(1) 动词（動詞）　　　　(2) 形容词（形容詞）
(3) 形容动词（形容動詞）　(4) 名词（名詞）
(5) 代词（代名詞）　　　(6) 数词（数詞）
(7) 副词（副詞）　　　　(8) 连体词（連体詞）
(9) 连词（接続詞）　　　(10) 叹词（感嘆詞）
(11) 助动词（助動詞）　　(12) 助词（助詞）

十二类词中，助词和助动词以外的十类词都是具有独立意义的，在句子中有独立的功能，所以统称为独立词（自立語じりつご）。而

助词和助动词只有语法职能，没有独立的意义，在句子中不能独立存在，只能附在独立词后面，起一定的语法作用，所以称为附属词（付属語ふぞくご）。

名词、代词和数词统称为体言。体言没有词尾变化，可以作主语、宾语、补语，也可以和判断助动词结合起来作谓语。

动词、形容词和形容动词统称为用言。用言可以单独或结合助动词作谓语。

各类词的语法职能和特征，将在以后结合课文具体讲解。

略 语 表

本书单词表中使用以下略语：

(名) 名词　　　　　　　(副) 副词
(代) 代词　　　　　　　(連) 连词
(数) 数词　　　　　　　(連体) 连体词
(形) 形容词　　　　　　(感) 感叹词
(形動) 形容动词　　　　(接) 接续词
(動) 动词　　　　　　　(接頭) 接头词
(他) 他动词　　　　　　(接尾) 接尾词
(自) 自动词　　　　　　(副助) 副助词
(五) 五段活用动词　　　(組) 词组
(一) 一段活用动词　　　(句) 句子
(サ) サ行变格活用动词　(復合) 复合动词
(カ) カ行变格活用动词　(接助) 接续助词

第一課

私は学生です

A：あなたは　学生ですか。
B：はい、私は　学生です。
B：いいえ、私は　学生では　ありません。

A：誰が　木村君ですか。
B：かれが　木村君です。
A：どれが　かのじょの　ペンですか。
B：あれが　かのじょの　ペンです。

A：これは　何ですか。
B：それは　日本の　新聞です。
A：これも　日本の　新聞ですか。
B：はい、それも　日本の　新聞です。
A：あれは　学校ですか。
B：いいえ、そうでは　ありません。あれは　病院です。

A：これは　山田さんの　ノートですか。
B：はい、そうです。それは　山田さんの　ノートです。
A：この　かさは　誰のですか。
B：その　かさは　木村さんのです。
A：山田さんの　自転車は　どれですか。
B：山田さんの　自転車は　あれです。

单词/単語

私[わたし]（代）	我
学生[がくせい]（名）	学生
あなた（代）	你
はい（感）	是、对、有、到
そうです（句）	是、是的
いいえ（感）	不、不是
誰[だれ]（代）	谁
木村[きむら]（名）	木村（姓氏）
～君[～くん]（接尾）	～君
かれ[彼]（代）	他
どれ（代）	哪个
かのじょ[彼女]（代）	她
ペン[pen]（名）	钢笔
あれ（代）	那个（远称）
これ（代）	这个（近称）
何[なん]（代）	什么
それ（代）	那个（中称）
日本[にほん]（名）	日本
新聞[しんぶん]（名）	报纸
学校[がっこう]（名）	学校
そうではありません（句）	不、不是
病院[びょういん]（名）	医院
山田[やまだ]（名）	山田（姓氏）
～さん（接尾）	～先生、女士（表示尊敬）
ノート[note]（名）	笔记本
この（连体）	这个（近称）

かさ（名）　　　　　　　　　傘
その（連体）　　　　　　　　那个（中称）
自転車[じてんしゃ]（名）　　自行车

语法 / 文法

一、判断句

用「体言＋です」做谓语，对事物作出判断或说明的句子叫判断句。判断句一般译作"……是……"。其基本句式是：

体言は　体言です　　　　　　　（……是……）
体言は　体言では　ありません　（……不是……）
体言は　体言ですか　　　　　　（……是……吗）

例如：
○ 私は　学生です。
○ 私は　学生では　ありません。
○ これは　何ですか。

二、提示助词「は」

「は」作为助词使用时，应读作「わ」。接在体言后表示对主题的提示或强调。例如：
○ これは　ノートです。
○ あれは　病院です。
○ かれは　木村君ですか。

三、判断助动词「です」（1）

接在体言后，与该体言一起构成判断句的谓语，表示对事物的断定。一般译作"是"。例如：
○ これは　新聞です。

○ あれは　学校です。

「です」は助动词，有活用变化。其否定形式是「ではありません」。一般译作"不是"。例如：
○ かれは　山田さんでは　ありません。
○ 私は　学生では　ありません。

四、提示助词「も」(1)

接在体言后，表示同类事物的重复。可译作"也"。例如：
○ あなたも　学生ですか。
→ はい、私も　学生です。

五、疑问助词「か」(1)

接在句尾，构成疑问句。例如：
① あなたは　学生ですか。
② これは　何ですか。

例①是不带疑问词的一般疑问句，其回答可以有肯定和否定两种。例如：
○ あなたは　学生ですか。
→ はい、私は　学生です。
→ いいえ、私は　学生では　ありません。

另外，在回答一般疑问句时，为了避免重复，常使用「そう」来代替句中相应的内容。例如：
○ あなたは　学生ですか。
→ はい、そうです。
→ いいえ、そうでは　ありません。

注意：回答一般疑问句时，为了表示郑重，要先回答「はい」或「いいえ」，不要省略。

例②是带疑问词的疑问句，回答时用名词代入即可。例如：
○ これは　何ですか。
→ それは　ペンです。

注意：回答时不要使用「はい」或「いいえ」。

六、格助词「の」（1）

接在体言后，与该体言一起构成定语，表示领属关系，一般译作"的"，或不译出。例如：

○ これは 山田さん<u>の</u> ノートですか。
→ はい、それは 山田さん<u>の</u> ノートです。

有时为了行文和说话的简洁，在不影响语义的情况下，「の」后面的体言可以省略。例如：

○ この かさは 誰のですか。
→ その かさは 私のです。 或（それは 私のです。）

七、指示代词（1）

1.「これ、それ、あれ、どれ」

「これ、それ、あれ、どれ」属于代词，可以单独使用，用来指代事物。注意后面不能直接接名词。

2.「この、その、あの、どの」

「この、その、あの、どの」属于"连体词"，用来修饰名词，不能单独使用。

近 称	中 称	远 称	不定称
これ	それ	あれ	どれ
这个	那个	那个	哪个
この～	その～	あの～	どの～
这（个）～	那（个）～	那（个）～	哪（个）～

具体用法：

これ/この：指代离说话人近的事物时使用。
それ/その：指代离听话人近的事物时使用。
あれ/あの：指代离说话人和听话人双方都较远的事物时使用。
どれ/どの：表示不确定。

当说话人和听话人就同一事物进行问答时，由于他们所处的位

置不同，在使用指示代词时也应有所不同。比如说话人用「これ」提问时，听话人应用「それ」来回答。反之，当说话人用「それ」提问时，听话人则应用「これ」来回答。当说话人指的是离自己和听话人都较远的事物时，应用「あれ」提问，听话人回答时也应该用「あれ」。例如：

○ <u>これ</u>は　山田さんの　自転車ですか。
→ はい、<u>それ</u>は　山田さんの　自転車です。
○ <u>それ</u>は　何ですか。
→ <u>これ</u>は　日本の　新聞です。
○ <u>この</u>　かさは　誰のですか。
→ <u>その</u>　かさは　木村さんのです。
○ <u>あれ</u>は　学校ですか。
→ はい、<u>あれ</u>は　学校です。

当使用不确定的「どれ/どの～」提问时，因为它们没有确切的内容，无法成为被说明的对象，所以要用格助词「が」来替代提示助词「は」，回答时也必须使用「が」。例如：

○ <u>どれが</u>　かのじょの　ペンですか。
→ <u>あれが</u>　かのじょの　ペンです。
○ <u>どのかさが</u>　木村さんのですか。
→ <u>このかさが</u>　木村さんのです。

课文中的「誰が　木村君ですか。→かれが　木村君です。」亦属此例。（「が」是格助词，接在体言后，表示主语。语法解释参见第5课和第8课等。）

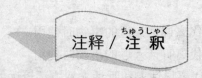

注释／注釈（ちゅうしゃく）

一、「さん」　接在人的姓、名或职务等后，表示对他的尊敬。注意：不能用于自己。

二、敬体　以「です」、「ます」结句的句子称为敬体，表示说话人对听话人的礼貌。也可用于书面语。本教材第1～11课使用的都是敬体。

三、日语的书写　日语可以竖写，也可以横写，但句首必须空一格。本教材第1～6课的课文以及语法、练习中的例句中间的空格是为了适应初学者，实际书写则不应空格。

练习/練習(れんしゅう)

一、写出下列单词的假名
　　学生　何　日本　学校　君

二、写出下列单词的汉字
　　だれ　しんぶん　びょういん　じてんしゃ　わたし

三、填助词
　　1．あなたは　学生ですか。
　　　→はい、わたし（　）学生です。
　　2．かれも　学生ですか。
　　　→いいえ、かれ（　）学生では　ありません。
　　3．誰（　）山田さんですか。
　　　→かのじょ（　）山田さんです。
　　4．それは　日本の　新聞ですか。
　　　→はい、これ（　）日本の　新聞です。
　　　　あれ（　）日本の　新聞ですか。
　　　→はい、あれ（　）日本の　新聞です。
　　5．それは　山田さん（　）自転車ですか。
　　　→いいえ、これは　山田さん（　）自転車では　ありませ

ん。
6．その　かさは　誰（　）ですか。
　→これは　木村君（　）です。
7．山田さん（　）ペンは　あれですか。
　→はい、山田さん（　）ペンは　あれです。

四、填入适当的词完成句子

1．これは　誰の　ペンですか。
　　＿＿＿は　木村さんのです。
2．それは　日本の　新聞ですか。
　　はい、＿＿＿は　日本の　新聞です。
3．あれは　学校ですか。
　　いいえ、＿＿＿は　学校では　ありません。
4．その　自転車は　山田さんのですか。
　　はい、＿＿＿自転車は　山田さんのです。
5．あの　先生は　あなたの　先生ですか。
　　いいえ、＿＿＿先生は　わたしの　先生では　ありません。

五、仿照例句变换说法

1．例＊わたしは　学生です。
　　→　わたしは　学生では　ありません。
　（1）あれは　学校です。
　（2）これは　新聞です。
　（3）これは　山田さんの　ノートです。
　（4）この　自転車は　山田さんのです。
2．例＊この　かさは　木村さんのです。
　　→　この　かさは　木村さんのですか。
　（1）これは　ペンです。
　（2）あれは　病院です。

(3) その　自転車は　山田さんのです。
(4) かのじょの　ペンは　あれです。

六、回答

例＊あなたは　学生ですか。
→ はい、わたしは　学生です。
→ いいえ、わたしは　学生では　ありません。

1. これは　ノートですか。
   →はい、＿＿＿＿＿＿＿＿＿＿＿＿。
   →いいえ、＿＿＿＿＿＿＿＿＿＿＿＿＿。
2. これは　日本の　新聞ですか。
   →はい、＿＿＿＿＿＿＿＿＿＿＿＿＿＿。
   →いいえ、＿＿＿＿＿＿＿＿＿＿＿＿＿＿＿＿。
3. この　かさは　山田さんのですか。
   →はい、＿＿＿＿＿＿＿＿＿＿＿＿＿＿。
   →いいえ、＿＿＿＿＿＿＿＿＿＿＿＿＿＿。
4. これも　山田さんの　自転車ですか。
   →はい、＿＿＿＿＿＿＿＿＿＿＿＿＿＿。
   →いいえ、＿＿＿＿＿＿＿＿＿＿＿＿＿＿＿。

七、日译汉

1. わたしは　学生です。
2. かれは　学生では　ありません。
3. どれが　日本の　新聞ですか。
4. 山田さんの　自転車は　あれです。
5. そのかさは　木村さんのです。
6. あれも　かのじょの　ペンです。

八、汉译日

1. 我是这个学校的学生。

2. 这是我的笔记本，不是木村君的。
3. 这把伞是山田君的吗？是的。那把伞也是山田君的吗？不，不是。
4. 哪辆自行车是你的？这辆是。

第二課
だいにか

お刺身はおいしいです

A：あの　古い　建物は　何ですか。
B：あれは　美術館です。大変　有名な　美術館です。
A：この　建物は　ホテルですか。
B：いいえ、ホテルでは　ありません。劇場です。
A：この　劇場は　大きいですか。
B：いいえ、あまり　大きく　ありません。

******　　　******

A：あなたは　果物が　好きですか。
B：はい、好きです。
A：何が　一番　好きですか。
B：みかんが　一番　好きです。
A：野菜も　好きですか。
B：はい、野菜も　好きです。
A：きらいな　野菜は　ありませんか。
B：いいえ、みんな　好きです。
A：日本料理は　どうですか。
B：きらいでは　ありません。
A：そうですか。お刺身は　どうですか。
B：好きです。大変　おいしいです。

单词 / 単語(たんご)

お[御]（接头）	冠于某些词汇前表示尊敬或礼貌
刺身[さしみ]（名）	生鱼片
おいしい[美味しい]（形）	好吃（的）
あの（连体）	那个（远称）
古い[ふるい]（形）	旧（的），老（的）
建物[たてもの]（名）	建筑物
美術館[びじゅつかん]（名）	美术馆
大変[たいへん]（副）	很、非常
有名[ゆうめい]（形动）	有名
ホテル[hotel]（名）	饭店、旅馆
劇場[げきじょう]（名）	剧场、剧院
大きい[おおきい]（形）	大（的）
あまり（副）	不太……、不怎么……
果物[くだもの]（名）	水果
何[なに]（代）	什么
好き[すき]（形动）	喜欢、爱好
一番[いちばん]（副）	最、顶
みかん（名）	桔子
野菜[やさい]（名）	蔬菜
きらい[嫌い]（形动）	讨厌、不喜欢
みんな（副）	都、全部、大家、所有的人
料理[りょうり]（名）	菜肴、饭菜
どう（副）	如何、怎么样
どうですか（句）	怎么样？
そうですか（句）	是嘛

语法 / 文法(ぶんぽう)

一、描写句

用形容词、形容动词做谓语的句子叫描写句。描写句表示事物的性质、特征和状态。其基本句式是：

体言は　形容詞です
体言は　形容動詞です

例如：
○ あの　建物は　大きいです。
○ この　美術館は　有名です。

二、形容词（1）

形容词属于用言，有词尾变化，即活用变化。形容词由"词干"和"词尾"两部分构成，基本形以「い」结尾。词干和词尾的区分如下：

基 本 形	词 干	词 尾
古い（ふるい）	ふる	い
大きい（おおきい）	おおき	い

根据用法的不同，形容词可以发生五种词尾变化。本课先介绍其中的终止形、连体形和连用形三种。

基 本 形		活　用　变　化			
词干	词尾	未然形	连用形	终止形	连体形	假定形
大き	い	略	く	い	い	略
主要用法及后续成分			中顿、接ない（ありません）	结句（简体）	接体言	

1．终止形

形容词做谓语结句时，要用其终止形。终止形与基本形在形态上相同，可以独立构成谓语，即简体形式。终止形后加上「です」，构成形容词的敬体形式。例如：

○　この　みかんは　おいしい（です）。
○　あの　美術館は　古い（です）。
○　あの　建物は　大きい（です）。

2．连体形

形容词做定语修饰体言时，要用其连体形。连体形与基本形在形态上相同。例如：

○　おいしい　お刺身
○　古い　建物
○　大きい　劇場

3．连用形

形容词连用形的用法之一是将形容词的词尾「い」变成「く」，后续否定助动词「ない」的敬体形式「ありません」，构成形容词的敬体否定形式。例如：

○　日本料理は　おいしく　ありません。
○　あの　建物は　古く　ありません。
○　この　劇場は　大きく　ありません。

另外，「形容词连用形く＋ないです」也可以构成形容词的敬体否定形式。例如：

○　日本料理は　おいしく　ないです。
○　あの　建物は　古く　ないです。
○　この　劇場は　大きく　ないです。

三、形容动词（1）

形容动词属于用言，有词尾变化，形容动词由"词干"和"词尾"两部分构成，基本形以「だ」结尾。词干和词尾的区分如下：

基本形	词干	词尾
好きだ（すきだ）	すき	だ
嫌いだ（きらいだ）	きらい	だ
有名だ（ゆうめいだ）	ゆうめい	だ

注：在辞典或者单词表上，一般只列词干，不列词尾。

同形容词一样，形容动词的活用变化均发生在词尾上。形容动词也有五种活用变化。本课先介绍其中的终止形、连体形和连用形三种。

基本形		活　用　变　化				
词干	词尾	未然形	连用形	终止形	连体形	假定形
有名	だ	略	で	だ	な	略
主要用法及后续成分			中顿、接ない（ありません）	结句（简体）	接体言	

1．终止形

形容动词的终止形与基本形相同，可做谓语，用来结句。用"基本形"结句，构成简体形式。将词尾「だ」变成「です」，便构成形容动词的敬体形式。例如：

○　あの　古い　ホテルは　有名だ（です）。
○　私は　みかんが　いちばん　好きです（だ）。

2．连体形

形容动词的连体形是将词尾「だ」变成「な」，在句子中可做定语修饰体言。例如：

○　きらいな　野菜
○　有名な　美術館
○　好きな　果物

3．连用形

形容动词连用形的用法之一是将词尾「だ」变成「で」，后续

否定助动词「ない」的敬体形式「ありません」，构成形容动词的敬体否定形式。使用时，一般在「で」与「ありません」之间插入提示助词「は」，成为「ではありません」。（与判断助动词「です」的否定形式在形态上完全一样）例如：

嫌いだ → 嫌いで → 嫌いでは ありません
有名だ → 有名で → 有名では ありません

○ 日本料理は 嫌いでは ありません。
○ あの 美術館は 有名では ありません。

四、疑问词「何」

「何」有「なに」和「なん」两种读法。「何」在句子中做主语、对象语、宾语、补语时读「なに」，做定语或与「です」等判断助动词构成谓语时读「なん」。例如：

○ 何（なに）が 好きですか。
○ これは 何（なん）ですか。
○ それは 何（なん）の 本ですか。

句型／文型

一、体言は 体言が（表示嗜好、欲求的用言）

该句型用于表示某人对某一事物的嗜好和欲求。「体言は」用来提示主题，「体言が用言」是由主谓结构构成的谓语部分，表示对主题的说明或叙述。「が」表示嗜好和欲求的对象。例如：

○ 私は 日本語が 好きです。
○ 山田さんは 野菜が 好きでは ありません。
○ 私は 果物が 嫌いです。
○ 私は パソコンが ほしいです。

二、あまり（用言否定形式）

「あまり」是副词，多与否定的谓语呼应使用。一般译作"不太……"。例如：
- この　劇場は　あまり　大きく　ありません。
- あの　美術館は　あまり　有名では　ありません。

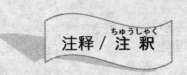

一、「きらいな　野菜は　ありませんか。」可译为"有没有不喜欢（吃）的蔬菜？"。语法解释参见第5课。

二、「そうですか。」表示轻微的感叹或附和，声调为降调。可译为"是嘛。"

三、接头词「お[御]」冠于某些词汇前表示尊敬或礼貌；也可构成"敬语"的表达形式（"敬语"表达形式参见第23课和第24课）。例如：

お刺身　お名前　お手紙　お父さん　お茶　お菓子

一、写出下列单词的假名

古い　建物　有名　野菜　料理　大きい

二、写出下列单词的汉字

びじゅつかん　げきじょう　くだもの　いちばん　さしみ

三、替換练习
　1．あの　古い　建物は　病院です。
　　　（1）あたらしい　（2）大きい　（3）たかい　（4）しろい
　2．あれは　有名な　劇場です。
　　　（1）奈良／静かだ／町　（2）王さん／親切だ／人
　　　（3）桜／きれいだ／花　（4）銀座／にぎやかだ／
　　　　　　　　　　　　　　　　　ところ
　3．わたしは　みかんが　好きです。
　　　（1）かれ／果物　　　　　（2）王さん／野菜
　　　（3）山田さん／スポーツ　（4）かのじょ／読書
　4．山田さんは　みかんが　嫌いです。
　　　（1）わたし／果物　　　　（2）木村さん／野菜
　　　（3）かれ／スポーツ　　　（4）王さん／読書

四、仿照例句变换说法
　1．例＊あの　劇場は　大きいです。
　　　→あの　劇場は　大きく　ありません。
　　　→あの　劇場は　大きく　ないです。
　　　（1）あの　建物は　高いです。
　　　（2）日本料理は　おいしいです。
　　　（3）あの　病院は　古いです。
　2．例＊あの　美術館は　有名です。
　　　→あの　美術館は　有名では　ありません。
　　　（1）あの　町は　にぎやかです。
　　　（2）その　花は　きれいです。
　　　（3）あの　教室は　静かです。
　3．例＊お刺身は　おいしいです。
　　　→お刺身は　あまり　おいしく　ありません。
　　　→お刺身は　あまり　おいしく　ないです。
　　　（1）あの　建物は　古いです。

(2) 今年は 寒いです。
(3) この 教室は 大きいです。
4. 例＊私は みかんが 好きです。
　→ 私は みかんが あまり 好きでは ありません。
(1) 私は 野菜が 嫌いです。
(2) あの 町は 静かです。
(3) その 花は きれいです。

五、问答

1. あの 古い 建物は 何ですか。
2. あの 劇場は 大きいですか。
3. あなたは 果物が 好き（嫌い）ですか。
4. 何が 一番 好き（嫌い）ですか。
5. 野菜は どうですか。

六、日译汉

1. あれは 大変 有名な 美術館です。
2. その 劇場は あまり 大きく ありません。
3. 私は みかんが 一番 好きです。
4. 嫌いな 野菜は あまり ありません。
5. お刺身は おいしいです。

七、汉译日

1. 那座旧的建筑物是美术馆。不太大。很有名。
2. 我很喜欢吃水果。最喜欢的水果是桔子。
3. 我也喜欢吃蔬菜，没有我不喜欢的蔬菜。
4. 生鱼片不太好吃。

补充单词 / 補足単語

日本語[にほんご]（代）	日语
パソコン[personal computer]（名）	个人电脑
ほしい[欲しい]（形）	想要
名前[なまえ]（名）	姓名、名字
手紙[てがみ]（名）	信
お父さん[おとうさん]（名）	父亲、令尊
お茶[おちゃ]（名）	茶
お菓子[おかし]（名）	点心
あたらしい[新しい]（形）	新（的）
たかい[高い]（形）	高（的）
しろい[白い]（形）	白（的）
奈良[なら]（名）	奈良（日本地名）
静か[しずか]（形動）	安静
町[まち]（名）	城镇、街道
王[おう]（名）	王（姓氏）
親切[しんせつ]（名・形動）	热情、亲切
人[ひと]（名）	人
銀座[ぎんざ]（名）	银座（地名）
にぎやか[賑やか]（形動）	热闹
ところ[所・処]（名）	地方、地点
桜[さくら]（名）	樱花
きれい[綺麗]（形動）	好看、漂亮；干净
花[はな]（名）	花
スポーツ[sports]（名）	体育
読書[どくしょ]（名）	读书

教室[きょうしつ]（名）　　　　　教室
今年[ことし]（名）　　　　　　今年
寒い[さむい]（形）　　　　　　冷、寒冷

第三課(だいさんか)

日本の四季

　日本は　四季が　あきらかです。

　三月と　四月と　五月の　三か月は　春です。
　春は　暖かくて　いい　季節です。桃や　桜などが　とても　きれいです。

　六月と　七月と　八月の　三か月は　夏です。
　夏は　大変　暑くて、私は　好きでは　ありません。

　九月から　十一月までは　秋です。
　秋の　夜は　静かで　涼しくて、私は　大好きです。月が　丸くて　とても　きれいです。

　十二月から　二月までは　冬です。
　冬は　大変　寒くて、私は　嫌いです。

四季[しき]（名）　　　　　　　　四季
あきらか[明らか]（形動）　　　　分明、明显
三月[さんがつ]（名）　　　　　　三月（份）

四月[しがつ]（名）	四月（份）
五月[ごがつ]（名）	五月（份）
三か月[さんかげつ]（名）	三个月
春[はる]（名）	春天、春季
暖かい[あたたかい]（形）	暖和（的）
いい（形）	好（的）
季節[きせつ]（名）	季节
桃[もも]（名）	桃（花）
桜[さくら]（名）	樱（花）
など（副助）	等
とても（副）	非常、很
きれい[綺麗]（形动）	好看、美丽、漂亮；干净
六月[ろくがつ]（名）	六月（份）
七月[しちがつ]（名）	七月（份）
八月[はちがつ]（名）	八月（份）
夏[なつ]（名）	夏天、夏季
暑い[あつい]（形）	热
九月[くがつ]（名）	九月（份）
十一月[じゅういちがつ]（名）	十一月（份）
秋[あき]（名）	秋天、秋季
夜[よる]（名）	晚上
静か[しずか]（形动）	安静
涼しい[すずしい]（形）	凉快
大好き[だいすき]（形动）	非常喜欢
月[つき]（名）	月亮
丸い[まるい]（形）	圆（的）
十二月[じゅうにがつ]（名）	十二月（份）
二月[にがつ]（名）	二月（份）
冬[ふゆ]（名）	冬天、冬季

语法 / 文法

一、形容词（2）

形容词的连用形く后续助词「て」，在句中可表示中顿或原因；也可用于连接形容词或形容动词，表示并列。例如：
- この　教室は　暖か<u>くて</u>、あの　教室は　寒いです。（中顿）
- 夏は　大変　暑<u>くて</u>、私は　嫌いです。（原因）
- 春は　暖か<u>くて</u>　いい　季節です。（并列）
- この　靴は　やす<u>くて</u>　じょうぶです。（并列）

二、形容动词（2）

形容动词的连用形「で」，在句中可表示中顿或原因；也可用于连接形容动词或形容词，表示并列。例如：
- この　町は　静か<u>で</u>、あの　町は　にぎやかです。（中顿）
- この　あたりは　静か<u>で</u>、私は　好きです。（原因）
- 秋の　夜は　静か<u>で</u>　涼しくて、私は　すきです。（并列）
- 中国人民は　勤勉<u>で</u>　勇敢です。（并列）

三、并列助词「や」

接在名词后，表示列举。多与副助词「など」呼应使用。例如：
- りんご<u>や</u>　みかん<u>など</u>が　好きです。
- 野菜<u>や</u>　果物は　どうですか。

四、格助词「から」、「まで」

「から」接在体言后，与该体言一起构成补语，表示时间或空间的起点。一般译作"从……"、"由……"。例如：

○ 休みは　七月<u>から</u>です。
○ 新学期は　九月<u>から</u>です。

「まで」接在体言后，表示时间或空间的终点。一般译作"到……"、"至……"。例如：
○ 休みは　あした<u>まで</u>です。
○ 今学期は　七月<u>まで</u>です。

「から」与「まで」经常呼应使用，表示时间或空间的范围。一般译作"从……到……"。例如：
○ 十二月<u>から</u>　二月<u>まで</u>は　冬です。
○ 休みは　七月<u>から</u>　九月<u>まで</u>です。

五、并列助词「と」

「と」用于连接两个以上的体言，表示并列。多用「体言と体言」的形式，有时也用「体言と体言と」的形式。一般译作"……和……"。例如：
○ 春<u>と</u>　秋は　いい　季節です。
○ 山田さん<u>と</u>　鈴木さん<u>と</u>は　友だちです。

六、数词（1）

1．基数词　①（汉语性基数词）

日语中的基数词可分为两类：汉语性基数词和日语固有的基数词。本课先介绍汉语性基数词。

汉语性基数词与我国的汉语数词的结构相同，读法采用音读。例如：

いち	に	さん	し/よん	ご	ろく	しち/なな
一	二	三	四	五	六	七
はち	く/きゅう	じゅう	じゅういち	……	にじゅう	……
八	九	十	十一		二十	
さんじゅう	よんじゅう	……	きゅうじゅう	ひゃく	にひゃく	さんびゃく
三十	四十		九十	百	二百	三百
よんひゃく	ごひゃく	ろっぴゃく	ななひゃく	はっぴゃく	きゅうひゃく	せん
四百	五百	六百	七百	八百	九百	千
にせん	さんぜん	……	きゅうせん	まん	いちまん	……
二千	三千		九千	万	一万	

じゅうまん 十万	ひゃくまん 百万	せんまん 千万	おく 億	ぜろ/れい 零		

2．助数词

月份的读法：

いちがつ 一月	にがつ 二月	さんがつ 三月	しがつ 四月	ごがつ 五月	ろくがつ 六月
しちがつ 七月	はちがつ 八月	くがつ 九月	じゅうがつ 十月	じゅういちがつ 十一月	じゅうにがつ 十二月
なんがつ 何月					

～个月的读法：

いっげつ 一か月	にげつ 二か月	さんげつ 三か月	よんげつ 四か月	ごげつ 五か月
ろっげつ 六か月	しちげつ 七か月	はちげつ 八か月	きゅうげつ 九か月	じゅうげつ 十か月
じゅういちげつ 十一か月	じゅうにげつ 十二か月			なんげつ 何か月

句型 / 文型（ぶんけい）

体言は　体言が　用言

这是日语中最典型的句型之一。它是一个主谓结构做谓语的复句，用于先提出话题，然后再就其中的部分进行叙述或说明的场合。「体言は」用于提示需要说明或叙述的话题或主题，「体言が用言」表示对话题或主题局部的叙述。例如：

○　王さんは　背が　高いです。
○　日本は　四季が　明らかです。
○　中国は　人口が　多いです。
○　日本は　山が　多いです。

注释 / 注釈

「日本は四季があきらかな国です。」这是一个主从复句。谓语部分的「四季があきらかな」是主谓结构做定语的成分，用来修饰后面的体言「国」。(「あきらかだ」是形容动词，其连体形是「あきらかな」)全句可译为"日本是（一个）四季分明的国家"。

练习 / 練習

一、写出下列单词的假名

四季　春　夏　秋　冬　夜　月

二、写出下列单词的汉字

あたたかい　きせつ　さくら　あつい　しずか　すずしい　まるい　さむい

三、填助词

1. 新学期は　九月（　）（　）です。
2. 今学期は　来年の　二月（　）（　）です。
3. 北京の　冬は　十二月（　）（　）二月（　）（　）です。
4. 九月（　）（　）十一月（　）（　）は　秋です。
5. 三月（　）四月（　）五月の　三か月は　春です。
6. 私（　）木村君は　友だちです。
7. 桃（　）桜（　）（　）が　とても　きれいです。
8. 野菜（　）果物（　）大変　好きです。
9. 春（　）桜（　）きれいです。

四、连接句子

1. 例*秋の 夜は 月が 丸いです。きれいです。
   → 秋の 夜は 月が 丸くて きれいです。
   （1）春は あたたかいです。いい 季節です。
   （2）秋の 夜は 静かです。涼しいです。
   （3）冬の 町は 寒いです。さびしいです。
   （4）かれは とても 親切です。いい 人です
   （5）この パソコンは 軽いです。便利です。
2. 例*夏は 大変 暑いです。私は 嫌いです。
   → 夏は 大変 暑くて、私は 嫌いです。
   （1）秋は 涼しいです。私は 大好きです。
   （2）冬は 大変 寒いです。私は あまり 好きでは ありません。
   （3）この あたりは とても 静かです。私は 好きです。
   （4）あの 町は 人が 多いです。私は 好きでは ありません。

五、问答

1. 日本の 春は 何月から 何月までですか。
2. 春は どんな 季節ですか。
3. あなたは 秋が 好き（嫌い）ですか。なぜですか。
4. 何月と 何月が 冬ですか。
5. あなたは 冬が 嫌いですか。

六、日译汉

1. 北京の 秋は 涼しくて、とても いい 季節です。
2. 夜の 町は 人が 少なくて、とても 静かです。
3. 私は みかんと バナナが 一番 好きです。
4. 山田さんや 木村君などは みな 私の 友だちです。
5. 午前の 授業は 八時から 十二時までです。

七、汉译日
1．中国也是一个四季分明的国家，风景非常美丽。
2．3、4、5三个月是春天。
3．春天（气候）温暖。桃花非常漂亮。
4．6、7、8三个月是夏天。
5．夏天很热，我不太喜欢。
6．我最喜欢秋天。
7．秋天的夜晚安静，凉快。月亮又大又圆。
8．北京的冬天很冷，我不太喜欢。

补充单词／補足単語(ほそくたんご)

靴[くつ]（名）	鞋子
やすい[安い]（形）	便宜
じょうぶ[丈夫]（形动）	结实
あたり[辺り]（名）	附近、一带
中国[ちゅうごく]（名）	中国
人民[じんみん]（名）	人民
勤勉[きんべん]（形动）	勤劳
勇敢[ゆうかん]（形动）	勇敢
休み[やすみ]（名）	休息
新学期[しんがっき]（名）	新学期
あした[明日]（名）	明天
今学期[こんがっき]（名）	本学期
鈴木[すずき]（名）	铃木（姓氏）
みな[皆]（副）	都
友だち[ともだち]（名）	朋友
背が高い[せがたかい]（组）	个子高

人口[じんこう]（名）	人口
多い[おおい]（形）	多
来年[らいねん]（名）	明年
北京[ペキン]（名）	北京
さびしい[寂しい]（形）	寂寞
軽い[かるい]（形）	轻
便利[べんり]（形動）	方便、便利、轻便
どんな（連体）	什么样的；怎样
なぜ[何故]（副）	为什么
バナナ[banana]（名）	香蕉
少ない[すくない]（形）	少
午前[ごぜん]（名）	上午
授業[じゅぎょう]（名）	授课
景色[けしき]（名）	风景
美しい[うつくしい]（形）	美丽、好看

第四課
だい よん か

おとといは日曜日でした

A：この　りんごは　青森産でしょう。
B：はい、そうです。大変　おいしい　りんごですよ。
A：ひとつ　いくらですか。
B：大きいのは　七十円で、小さいのは　五十円です。
A：それでは　大きいのを　十個　ください。
B：はい、ありがとうございます。十個で　七百円です。

　　　　　　＊＊＊＊＊＊　　　　＊＊＊＊＊＊

　おとといは　日曜日でした。朝から　大変　いい　天気でしたから、友だちと　山へ　行きました。電車も　バスも　人で　いっぱいでした。山の　空気は　とても　すがすがしかったです。坂も　あまり　急では　ありませんでした。空は　とても　青かったです。山の　緑も　美しかったです。大変　楽しい　一日でした。

単词/単語
たんご

おととい[一昨日]（名）　　　　前天
日曜日[にちようび]（名）　　　星期天
りんご[林檎]（名）　　　　　　苹果
青森[あおもり]（名）　　　　　青森（日本県名）

産[さん]（名）	产（指产地）
ひとつ[一つ]（数）	一、一个
いくら（名・副）	多少（指价格、重量等）
七十[ななじゅう]（数）	七十
円[えん]（名）	元（指日元）
小さい[ちいさい]（形）	小（的）
五十[ごじゅう]（数）	五十
それでは（接）	那么、那就
十[じゅう・とお]（数）	十
個[こ]（名）	个
十個[じっこ・じゅっこ]（数）	十个
～をください（句型）	请给（我）……
ありがとうございます（句）	谢谢
七百[ななひゃく]（数）	七百
朝[あさ]（名）	早晨
天気[てんき]（名）	天气
友だち[とも達]（名）	朋友
山[やま]（名）	山
行きました[いきました]（自五）	去「行く」的敬体过去式
電車[でんしゃ]（名）	电车
バス[bus]（名）	公共汽车、巴士
人[ひと]（名）	人
いっぱい[一杯]（副）	满
空気[くうき]（名）	空气
すがすがしい（形）	清新
坂[さか]（名）	坡路
急[きゅう]（形动）	陡、急
空[そら]（名）	天空
青い[あおい]（形）	蓝
緑[みどり]（名）	绿

美しい[うつくしい]（形）　　　美丽、好看
楽しい[たのしい]（形）　　　愉快、高兴
一日[いちにち]（名）　　　一天、一日

语法 / 文法

一、判断助动词「です」（2）

判断助动词「です」属于用言，有活用变化。其活用变化如下：

基本形	连用形	终止形	连体形	假定形	推量形
です	（で）① でし②	です	（です）	○	でしょ
主要用法及 后续成分	①中顿、否定 ②接た、て	结句	仅接ので、 から		う

1．「です」的过去式「でした」

「です」的连用形「でし」后续过去助动词「た」，即构成「です」的过去式，表示对过去事物的判断或说明。例如：

○ 昨日は　日曜日でした。

○ ここは　以前　学校でした。

2．「です」的过去否定式「では　ありませんでした」

「です」的否定式「では　ありません」后加上「でした」，即构成「です」的过去否定式。例如：

○ 昨日は　日曜日では　ありませんでした。

○ ここは　以前　学校では　ありませんでした。

3．「です」的推量式「でしょう」

「です」的推量形「でしょ」后续推量助动词「う」，即构成「です」的推量式，表示推测。例如：

○ 明日は　木曜日でしょう。

○ あの 人は 山田さんでしょう。

4．「です」的中顿式「でして」

「です」的连用形「でし」后续接续助词「て」，即构成「です」的中顿式，在句子中可表示中顿、并列等意思。不过，在现代日语中一般多用判断助动词「だ」的中顿形式「で」来表示中顿和并列等。例如：

○ これは 青森産で、あれは 福島産です。
○ 私は 学生で、あのかたは 先生です。

二、形容词（3）

形容词活用表

基本形		活用变化				
词干	词尾	未然形	连用形	终止形	连体形	假定形
大き	い	かろ.	く① かっ②	い	い	けれ
主要用法及后续成分		う	①中顿；作状语；接て、ない ②接た	结句	接体言	ば

1．形容词的过去式

形容词的简体过去式由连用形「かっ」加上过去助动词「た」构成，在句子可做谓语结句。其敬体形式是「～かったです」。例如：

○ 空は とても 青かった（です）。
○ 山の 緑も 美しかった（です）。
○ 私も 大変 楽しかった（です）。

2．形容词的过去否定式

在「形容词词干くありません」后加上「でした」，即构成形容词的敬体过去否定式。例如：

○ 昨日の ハイキングは あまり 楽しく ありませんで

した。
○ 天気は あまり よく ありませんでした。

3．形容词的推量式

　　形容词未然形「かろ」后续推量助动词「う」，即构成形容词的简体推量式，表示推测。但在现代口语中，「～かろう」这种形式已不常使用，而多用「形容词终止形＋だろう」的形式。「形容词终止形＋だろう」的敬体形式为「形容词终止形＋でしょう」。例如：

美しかろう　――　美しいだろう　――　美しいでしょう
寒かろう　　――　寒いだろう　　――　寒いでしょう

○ 山の 緑も とても 美しかろう。　　（不常用）
○ 山の 緑も とても 美しいだろう。　（简体）
○ 山の 緑も とても 美しいでしょう。（敬体）
○ 冬は 大変 寒かろう。　　　　　　（不常用）
○ 冬は 大変 寒いだろう。　　　　　（简体）
○ 冬は 大変 寒いでしょう。　　　　（敬体）

三、形容动词（3）

形容动词活用表

基本形		活用　变　化				
词干	词尾	未然形	连用形	终止形	连体形	假定形
好き	だ	だろ	だっ① で ② に ③	だ	な	なら
主要用法 及 后续成分		う	①接た ②中顿；接（は）ない ③作状语	结句	接体言	ば

1．形容动词的过去式

形容动词的简体过去式由连用形「だっ」加过去助动词「た」构成。敬体过去式与判断助动词「です」的过去式在形式上完全相同，为「形容动词词干＋でした」。例如：
- その　頃　この　学校は　とても　有名でした（だった）。
- 子どもの　時から　野菜は　とても　好きでした（だった）。

2．形容动词的过去否定式

「形容动词词干では　ありません」加上「でした」，即构成形容动词的敬体过去否定式。例如：
- 坂も　あまり　急では　ありませんでした。
- 野菜が　好きでは　ありませんでした。

3．形容动词的推量式

形容动词的未然形「だろ」后续推量助动词「う」，即构成形容动词的简体推量式，其敬体形式为「でしょう」。例如：

有名だろう　──　有名でしょう

好きだろう　──　好きでしょう

- 坂も　とても　急だろう。　　　　（简体）
- 坂も　とても　急でしょう。　　　（敬体）
- あなたも　野菜が　好きだろう。　（简体）
- あなたも　野菜が　好きでしょう。（敬体）

四、形式体言「の」（1）

在句子中仅仅从形式上起到体言的作用但无实质意义的词称为"形式体言"。形式体言「の」接在用言连体形后，可替代前面已经提到过的名词，或使前面的句节和句子具有体言的资格，在句子中可作主语和宾语等。例如：
- 大きいのを　十個　ください。
- 小さいのは　五十円です。

五、接续助词「から」

接在用言和助动词的终止形后,表示原因或理由。可译作"……因为,所以……"。例如:
- 朝から 大変 いい 天気でしたから、友だちと 山へ 行きました。
- この りんごは 青森産ですから、大変 美味しいです。
- 秋ですから、涼しいです。

六、**格助词「で」(1)**

接在数词或时间词后,表示数量或范围。例如:
- この りんごは 十個で 七百円です。
- 小さいのは 十個で いくらですか。

句型/文型（ぶんけい）

一、**体言 も 体言 も**

该句型表示两个以上并列的事物均处于同一状态。可译作"……和……都"。例如:
- 山田さんも 鈴木さんも 北京大学の 留学生です。
- 野菜も 果物も （みんな） 好きです。
- 彼は 英語も 日本語も 上手です。

二、**体言 を ください**

该句型表示"请为我做……"的意思。一般译作"请给(我)……"。例如:
- 大きいのを 二個 ください。
- 今日の 新聞を ください。

三、体言は 体言で いっぱいです

该句型表示"（某处）全是……"的意思。例如：
○ バスは 人で いっぱいです。
○ 教室の 前は 自転車で いっぱいです

附一：

星期的读法

月曜日（星期一）	火曜日（星期二）	水曜日（星期三）
木曜日（星期四）	金曜日（星期五）	土曜日（星期六）
日曜日（星期日）	何曜日（星期几）	

附二：

「です」、形容词、形容动词的敬体、简体对照表

			敬体	简体
です	现在	肯定	学生です	学生だ
		否定	学生ではありません	学生ではない
	过去	肯定	学生でした	学生だった
		否定	学生ではありませんでした	学生ではなかった
形容词	现在	肯定	大きいです	おおきい
		否定	大きく（は）ありません	大きくない
	过去	肯定	大きかったです	大きかった
		否定	大きく（は）ありませんでした	大きくなかった
形容动词	现在	肯定	有名です	有名だ
		否定	有名ではありません	有名ではない
	过去	肯定	有名でした（～だったです）	有名だった
		否定	有名ではありませんでした（～ではなかったです）	有名ではなかった

注释/注釈（ちゅうしゃく）

一、「大変おいしいりんごですよ。」句尾的「よ」是终助词，接在句尾，表示强调。注意「よ」的发音要轻。

二、「友だちと山へ行きました。」该句的意思为"和朋友一起去爬山了。"（语法解释参见第6课和第7课）

练习/練習（れんしゅう）

一、写出下列单词的假名

十個　七百円　日曜日　山　道　朝　人

二、写出下列单词的汉字

てんき　でんしゃ　たのしい　あおい　うつくしい　そら

三、填空

1. 今日は　朝（　）（　）天気が　いいです。
2. あの　町は　人が　少ない（　）（　）、とても　静かです。
3. 昨日は　日曜日でした（　）（　）、人が　多かったです。
4. その　りんごは　十個（　）七百円です。
5. 昨日（　）今日（　）雨です。
6. 北京（　）上海（　）天津（　）大都会です。
7. 大きい（　）は　七十円です。
8. 小さい（　）は　五個　ください。
9. 電車は　いつも　人（　）いっぱいです。

10. 一番　高い（　）は　これです。

四、替换练习
 1．<u>大きいのを　（十個）</u>ください。
　　（1）小さい　りんご（五個）　（2）ビール（五本）
　　（3）新聞　　　　　　　　　（4）ざっし
 2．<u>この</u>　りんごは　<u>青森産</u>でしょう。
　　（1）あした／いい天気　　（2）今晩／雪
　　（3）あの町／にぎやか　　（4）その本／おもしろい
　　（5）あのへや／暖かい　　（6）山のもみじ／きれい

五、仿照例句变换说法
 1．例＊大きいのは　七十円です。小さいのは　五十円です。
　　→大きいのは　七十円で、小さいのは　五十円です。
　　（1）これは　李さんの　ノートです。あれは　王さんのペンです。
　　（2）この　人は　労働者です。あの　人は　農民です。
　　（3）彼は　私の　大学の　同級生です。いい　友だちです。
　　（4）張さんは　女性です。医者です。
 2．例＊おとといは　日曜日でした。
　　→おとといは　日曜日では　ありませんでした。
　　（1）昨日は　雪でした。
　　（2）李さんは　日本語の　先生でした。
　　（3）朝から　いい　天気でした。
　　（4）彼は　労働者でした。
 3．例＊坂は　急では　ありませんでした。
　　→坂は　あまり　急では　ありませんでした。
　　（1）あの　人は　元気でした。
　　（2）あの　町は　静かでした。

(3) 新しい 店は りっぱでした。
(4) あの 町は にぎやかでした。
4．例＊山の 空気は すがすがしいです。
→ 山の 空気は すがすがしかったです。
(1) その 本は とても おもしろいです。
(2) 雨は 大変 ひどいです。
(3) お刺身は おいしいです。
(4) あの 有名な 劇場は 大きいです。

六、回答

1．その りんごは 青森産ですか。
2．ひとつ いくらですか。
3．十個で いくらですか。
4．おとといは 何曜日でしたか。
5．電車も バスも 人で いっぱいでしたか。
6．山の 緑は どうでしたか。
7．どんな 一日でしたか。

七、日译汉

1．明日は 火曜日でしょう。
2．これは 新しい 本で、それは 古い 本です。
3．本屋も デパートも いつも 人で いっぱいです。
4．朝から 大変 いい 天気ですから、気持も いいです。
5．その日 空は とても 青かったです。山の 緑も 美しかったです。

八、汉译日

1．昨天是星期天，所以公共汽车和马路上人都很多。
2．山田先生是日本人，是我的老朋友。
3．这个镇上过去人很少，所以不太热闹。

4．他大概就是李先生吧。
5．请把那本日本的杂志给我。
6．大的苹果十个七百日元。
7．那天天非常蓝。
8．教室门前摆满了自行车。

补充单词／補足単語

昨日[きのう]（名）	昨天
以前[いぜん]（名）	以前
ここ（代）	这儿
あのかた（代）	那位（敬称）
先生[せんせい]（名）	老师、先生
ハイキング[hiking]（名）	郊游
頃[ころ]（接尾）	前后、左右（指时间）
子ども[こども]（名）	小孩、孩子
時[とき]（名）	时候
北京大学[ペキンだいがく]（名）	北京大学
留学生[りゅうがくせい]（名）	留学生
英語[えいご]（名）	英语
上手[じょうず]（形動）	擅长、棒、好
前[まえ]（名）	前、前面
今日[きょう]（名）	今天
上海[シャンハイ]（名）	上海
天津[てんしん]（名）	天津
大都会[だいとかい]（名）	大城市

いつも（副）	总是、经常
高い[たかい]（形）	贵
五個[ごこ]（数）	五个
ビール[bier]（名）	啤酒
五本[ごほん]（数）	五瓶
ざっし[雑誌]（名）	杂志
今晩[こんばん]（名）	今晚
雪[ゆき]（名）	雪
おもしろい[面白い]（形）	有趣、有意思
へや[部屋]（名）	房间、房子
もみじ[紅葉]（名）	枫叶
李[り]（名）	李（姓氏）
労働者[ろうどうしゃ]（名）	工人
農民[のうみん]（名）	农民
同級生[どうきゅうせい]（名）	同班同学
張[ちょう]（名）	张（姓氏）
女性[じょせい]（名）	女性
医者[いしゃ]（名）	医生、大夫
元気[げんき]（形动）	精神、健康
店[みせ]（名）	店
りっぱ[立派]（形动）	出色、气派
雨[あめ]（名）	雨
ひどい（形）	厉害、严重
本屋[ほんや]（名）	书店
デパート[depart]（名）	百货商店
気持ち[きもち]（名）	心情、情绪
日本人[にほんじん]（名）	日本人

ふるくからの友だち（组）	老朋友
昔[むかし]（名）	以前、过去、很久以前
その日[そのひ]（名）	那天、当天

第五課
だい ご か

中村さんの下宿

　中村さんの　下宿は　中野に　あります。
　下宿の　門の　そばには　大きな　松の　木が　あります。庭には　梅の　木も　あります。梅の　木の　下に　小さい　池が　あります。
　この　うちには　ご主人と　奥さんの　ほかに　子どもが　二人　います。今日は　月曜日ですから、みんな　うちに　いません。
　この　うちには　部屋が　七つ　あります。廊下の　左側に　応接間と　茶の間が　あります。右側には　お手洗いと　ふろ場が　あります。台所は　茶の間の　隣です。
　中村さんの　部屋は　二階に　あります。六畳の　洋間です。部屋には　電話が　ありません。窓の　下に　机が　あります。その　上に　小さな　写真が　あります。中村さんの　家族の　写真です。

単词/単語
たんご

中村[なかむら]（名）　　　中村（姓氏）
下宿[げしゅく]（名）　　　寄宿、宿舎
中野[なかの]（名）　　　　中野（地名）
ある（自五）　　　　　　　有、在

門[もん]（名）	门
そば[傍・側]（名）	旁边、附近
大きな[おおきな]（连体）	大的
松[まつ]（名）	松（树）
木[き]（名）	树、木头
松の木[まつのき]（名）	松树
庭[にわ]（名）	庭院、院子
梅[うめ]（名）	梅（树）
梅の木[うめのき]（名）	梅树
下[した]（名）	下、下面
いけ[池]（名）	池塘
うち[家]（名）	家
ご[御]（名）	冠于某些词汇前表示尊敬或礼貌
主人[しゅじん]（名）	丈夫、家长、主人
奥さん[おくさん]（名）	太太、夫人
ほか[外・他]（名）	以外、另外、其他
子ども[こども]（名）	小孩
二人[ふたり]（数）	两人、二（个）人
いる（自一）	有、在
今日[きょう]（名）	今天
月曜日[げつようび]（名）	星期一
部屋[へや]（名）	房间
七つ[ななつ]（数）	七、七个
廊下[ろうか]（名）	走廊
左[ひだり]（名）	左
側[がわ]（接尾）	……边、……侧
応接間[おうせつま]（名）	客厅
茶の間[ちゃのま]（名）	饭厅、起居室
右[みぎ]（名）	右

手洗い[てあらい]（名）	厕所、洗手间
ふろ場[風呂ば]（名）	浴室
台所[だいどころ]（名）	厨房
隣[となり]（名）	隔壁
二階[にかい]（名）	二层、二楼
六畳[ろくじょう]（名）	六叠（一叠约为1.62平方米）
洋間[ようま]（名）	西式房间
電話[でんわ]（名）	电话
窓[まど]（名）	窗
机[つくえ]（名）	书桌、桌子
上[うえ]（名）	上、上面
小さな[ちいさな]（连体）	小的
写真[しゃしん]（名）	照片
家族[かぞく]（名）	家人、家属

语法 / 文法（ぶんぽう）

一、存在句

　　用表示存在的动词「ある（あります）」或「いる（います）」做谓语的句子叫存在句。「ある（あります）」表示事物的存在；「いる（います）」表示人或动物的存在。

　　基本句式：

　　～に（は）～が あります（います）　①

　　～は ～に あります（います）　　　②

　　①表示"在（某处）有（物、人及其他）"；②表示"（物、人等）在（某处）"。现分别介绍如下：

　　表示"在（某处）有（物、人及其他）"的句式有：

　　～に（は）～が（も）あります（います）

～に（は）～が（は、も）ありません（いません）
～に（は）～が（は、も）ありますか（いますか）
例如：
○ 庭に 梅の 木が あります。
○ この うちに 子どもが 二人 います。
○ 部屋に 電話が ありません。
○ 教室に 学生が いません。
○ その 上に 何が ありますか。
○ 庭に 犬が いますか。

表示"（物、人及其他）在（某处）"的句式有：
～は（も）～にあります（います）
～は（も）～に（は）ありません（いません）
～は（も）～に ありますか（いますか）
○ 中国は 日本の 西に あります。
○ 父は いま 山田さんの うちに います。鈴木さんも 山田さんの うちに います。
○ 美術館は 劇場の 左側には ありません。 右側に あります。
○ 小鳥は 梅の 木の 上に いません。
○ 写真は その 上に ありますか。
○ お父さんは うちに いますか。
→ いいえ、父は うちに いません。

当「ある（あります）」或「いる（います）」以否定形式出现在句中时，一般多以提示助词「は」来替代格助词「が」。当强调"……不在某处"、"某处没有……"时，格助词「に」后面要加上提示助词「は」来强调存在的场所。例如：

① 教室に テレビが ありますか。
→ いいえ、教室に テレビは ありません。

② 庭に 犬が いますか。
→ いいえ、庭に 犬は いません。

○ 門の　そばに　松の　木が　ありますか。
→ いいえ、門の　そばには　松の　木が　ありません。
○ この　うちに　子どもが　いますか。
→ いいえ、この　うちには　子どもが　いません。
○ 中村さんの　下宿は　中野に　ありますか。
→ いいえ、中村さんの　下宿は　中野には　ありません。
○ 子どもは　いま　部屋に　いますか。
→ いいえ、子どもは　いま　部屋には　いません。

以上①②中的「→いいえ、教室に　テレビは　ありません。」和「→いいえ、庭に　犬は　いません。」的划线部分可以后接终助词「か」，构成否定形式的疑问句。第2课出现的「きらいな　野菜は　ありませんか。」即属此例。例如：

○ 教室に　テレビは　ありませんか。
○ 庭に　犬は　いませんか。

另外，判断句的句式在一定的条件下也可以表示人或事物的存在。例如：

○ 台所は　茶の間の　隣です。（台所は　茶の間の　隣にあります。）
○ 十一月　私は　東京でした。（十一月　私は　東京に　いました。）

二、格助词「に」（1）

接在体言后，与表示存在的动词「ある」、「いる」等一起表示人或事物存在的场所。例如：

○ 山田さんは　教室に　います。
○ 机の　上に　写真が　あります。
○ 学校は　駅の　前に　あります。

三、格助词「が」（1）

接在体言后，与存在动词「ある」、「いる」等一起表示存在的

主体（人或事物）。例如：
- 庭に 梅の 木が あります。
- 教室に 学生が います。

四、数词（2）

1. 基数词②（日本固有的基数词）

日本固有的基数词现在常用的仅有十个。当数目大于十时，用汉语性基数词表示。例如：

ひと 一つ	ふた 二つ	みっ 三つ	よっ 四つ	いつ 五つ	むっ 六つ
なな 七つ	やっ 八つ	ここの 九つ	とお 十	じゅういち 十一	じゅうに 十二
……	いく 幾つ				

2. 人的数法

ひとり 一人	ふたり 二人	さんにん 三人	よにん 四人	ごにん 五人	ろくにん 六人
しち/ななにん 七人	はちにん 八人	く/きゅうにん 九人	じゅうにん 十人	じゅういちにん 十一人	じゅうににん 十二人
……	なんにん 何人				

注意：「一人」、「二人」用训读，「三人」以上用音读，并注意「四人」的读法。

日语中，数词兼有名词和副词的性质，可以直接作状语修饰动词，表示事物的量。例如：
- この うちには、部屋が 七つ あります。
- 教室に 学生が 二人 います。
- それでは、大きいのを 十個 ください。

句型 / 文型

体言の ほか〔に〕

该句型相当于汉语的"除了……之外，还……"。例如：
- この うちには ご主人と 奥さんの ほかに 子どもが 二人 います。
- 部屋には ベットの ほか 机や 椅子が あります。

注释 / 注釈

接头词「ご〔御〕」 冠于某些词汇前表示尊敬或礼貌，也可构成"敬语"的表达形式（"敬语"表达形式参见第 23 课和第 24 课）。例如：

　　ご主人　ご両親　ご家族　ご説明　ご意見　ご親切　ご挨拶

练习 / 練習

一、写出下列单词的假名

　　松　木　梅　池　左側　茶の間　洋室　写真

二、写出下列单词的汉字

　　へや　ろうか　おうせつま　おてあらい　だいどころ
　　でんわ　かぞく

三、填助词

1. 庭（　）松の　木が　あります。
2. 中村さんの　下宿（　）中野に　あります。
3. 山田さん（　）今　教室（　）います。
4. この　家（　）子ども（　）二人　います。
5. 私の　部屋（　）二階です。
6. 部屋（　）テレビ（　）ありますか。
   →はい、部屋（　）テレビ（　）あります。
   冷蔵庫（　）ありますか。
   →いいえ、［部屋（　）］冷蔵庫（　）ありません。
7. 李先生（　）隣の　教室（　）いますか。
   →はい、李先生（　）隣の　教室（　）います。
   張先生（　）いますか。
   →いいえ、張先生（　）隣の　教室（　）いません。

四、替换练习

1. 学校に（は）<u>教室</u>が　あります。
   （1）病院　（2）図書館　（3）郵便局　（4）食堂
2. 部屋に（は）<u>中村さん</u>が　います。
   （1）先生　　　　　　　（2）李さんと　王さん
   （3）犬と　猫　　　　　（4）中村さんの　友だち
3. 机の　上に（は）<u>りんご</u>が　<u>三つ</u>　あります。
   （1）みかん/三個　　　　（2）バナナ/九つ
   （3）本/五冊　　　　　　（4）ビール/五本
4. 台所は　<u>茶の間の　隣</u>です。
   （1）私の　うち/学校の　隣　（2）病院/宿舎の　後
   （3）駅/この　あたり　　　　（4）郵便局/食堂の　前

五、仿照例句变换说法

1. 例＊はい、門の　そばに　松の　木が　あります。

→いいえ、門の　そばには　松の　木が　ありません。
　　　（1）はい、庭に　梅の　木が　あります。
　　　（2）はい、右側に　お手洗いと　ふろ場が　あります。
　　　（3）はい、左側に　応接間と　茶の間が　あります。
　　　（4）はい、部屋に　電話が　あります。
 2．例＊はい、この　うちに　子どもが　います。
　　　　→いいえ、この　うちには　子どもが　いません。
　　　（1）はい、庭に　犬と　猫が　います。
　　　（2）はい、教室に　先生と　学生が　います。
　　　（3）はい、部屋に　男の　子が　います。
　　　（4）木の　上に　鳥が　います。
 3．例＊二階には　中村さんの　部屋が　あります（います）。
　　　　→中村さんの　部屋は　二階に　あります（います）。
　　　（1）窓の　下に　机が　あります。
　　　（2）机の　上に　ノートが　あります。
　　　（3）隣の　部屋に　妹が　います。
　　　（4）研究室に　先生が　います。
 4．例＊中村さんの　下宿は　どこに　ありますか。
　　　　→中村さんの　下宿は　どこですか。
　　　（1）郵便局は　どこに　ありますか。
　　　（2）電話は　机の　上に　ありますか。
　　　（3）王さんは　いま　教室に　いますか。
　　　（4）先生は　いま　研究室に　いますか。

六、回答

 1．例＊教室には　机が　ありますか。
　　　　→はい、教室には　机が　あります。
　　　　→いいえ、教室には　机は　ありません。
　　　（1）中村さんの　部屋は　二階に　ありますか。
　　　　　→はい、＿＿＿＿＿＿＿＿＿＿＿＿＿＿＿＿＿。

→いいえ、_____。
　　（2）窓の　下に　机が　ありますか。
　　　　→はい、_____。
　　　　→いいえ、_____。
　　（3）台所は　茶の間の　隣ですか。
　　　　→はい、_____。
　　　　→いいえ、_____。
 2．根据课文的内容回答。
　　（1）中村さんの　下宿は　どこに　ありますか。
　　（2）庭には　何が　ありますか。
　　（3）この　うちに　誰と　誰が　いますか。

七、日译汉

1．この　うちには　部屋が　七つ　あります。
2．今日は　日曜日ですから、みんな　うちに　いません。
3．その　上に　小さな　写真が　あります。中村さんの　家族の　写真です。
4．病院は　学校の　真中に　あります。
5．学校には　松の　木が　たくさん　あります。銀杏の　木も　あります。

八、汉译日

1．宿舍的后面有一栋旧的建筑物，是医院。
2．医院的左面是食堂。
3．食堂的右面是教室。
4．食堂里现在有许多学生。山田君也在里面。
5．桌子上有一本日本杂志。
6．小张现在在图书馆里。
7．这家有两个小孩。
8．因为今天是星期天，所以大家都不在宿舍。

补充単词 / 補足単語(ほそくたんご)

犬[いぬ]（名）	狗
西[にし]（名）	西、西方
小鳥[ことり]（名）	小鸟
父[ちち]（名）	父亲
テレビ[televi(sion)]（名）	电视
いま[今]（名）	现在、目前
東京[とうきょう]（名）	东京
駅[えき]（名）	站
ベット[bed]（名）	床
椅子[いす]（名）	椅子
両親[りょうしん]（名）	双亲
説明[せつめい]（名）	说明
意見[いけん]（名）	意见
挨拶[あいさつ]（名）	打招呼、寒暄、致辞
冷蔵庫[れいぞうこ]（名）	冰箱
図書館[としょかん]（名）	图书馆
猫[ねこ]（名）	猫
三個[さんこ]（数）	三个
九つ[ここのつ]（数）	九
本[ほん]（名）	书
五冊[ごさつ]（数）	五册
男[おとこ]（名）	男人、男性
女[おんな]（名）	女人、女性
宿舎[しゅくしゃ]（名）	宿舍
後[うしろ]（名）	后面
郵便局[ゆうびんきょく]（名）	邮局

食堂[しょくどう]（名）　　食堂
子[こ]（名）　　　　　　孩子、小孩
妹[いもうと]（名）　　　妹妹
鳥[とり]（名）　　　　　鸟
研究室[けんきゅうしつ]（名）　研究室
真中[まんなか]（名）　　正中间
銀杏[いちょう]（名）　　银杏（树）

第六課

一日の生活

A：おはようございます。
B：おはようございます。今日は いい お天気ですね。
A：そうですね。
B：周さんは、朝 何時に 起きますか。
A：六時に 起きます。
B：早い ですね。私は 八時頃 起きます。夜は 何時頃 寝ますか。
A：十一時頃 ねます。
B：学校は 何時に 始まりますか。
A：八時に 始まります。
B：何時に 家を 出ますか。
A：たいてい 七時十五分頃 家を 出ます。
B：学校は 何時頃 終りますか。
A：三時頃です。
B：すぐ 家へ 帰りますか。
A：いいえ、たいてい 学校の 図書館で 五時頃まで 本を 読みます。
B：夜は 何を しますか。
A：晩ご飯の あと、 しばらく 音楽を 聞きます。それから 勉強を 始めます。

単词 / 単語(たんご)

生活[せいかつ]（名）	生活
おはようございます（句）	早晨好
周[しゅう]（名）	周（姓氏）
何時[なんじ]（名）	几点
起きる[おきる]（自一）	起床、发生
六時[ろくじ]（名）	六点
早い[はやい]（形）	早、快
八時[はちじ]（名）	八点
頃[ごろ]（接尾）	……左右、……前后
寝る[ねる]（自一）	睡觉
十一時[じゅういちじ]（名）	十一点
始まる[はじまる]（自五）	开始
出る[でる]（自一）	去、来、离开
たいてい（副）	一般、大都
七時[しちじ]（名）	七点
十五分[じゅうごふん]（名）	十五分、一刻
終る[おわる]（自五）	结束、完了
三時[さんじ]（名）	三点
すぐ（副）	立刻、马上
帰る[かえる]（自五）	回、归
図書館[としょかん]（名）	图书馆
五時[ごじ]（名）	五点
本[ほん]（名）	书
読む[よむ]（他五）	读、念、看
する（他サ）	做、干
晩ご飯[ばんごはん]（名）	晚饭

あと（名）	后、之后
しばらく（副）	稍微、一会儿
音楽[おんがく]（名）	音乐
聞く[きく]（他五）	听、问
それから（接）	然后
勉強[べんきょう]（名）	学习
始める[はじめる]（他一）	开始

语法 / 文法(ぶんぽう)

一、叙述句

用动词（「いる」、「ある」等存在动词除外）做谓语，叙述人或事物的动作、行为和状态的句子叫叙述句。

叙述句可以分为两大类，一类是用自动词（不及物动词）做谓语的；一类是用他动词做谓语的。自动词不要求宾语，而他动词则要求宾语。例如：

○ 山田さんは　八時頃　起きます。（自动词做谓语）

○ 晩ご飯の　あと、しばらく　音楽を　聞きます。

（他动词做谓语）

二、动词的分类

动词属于用言，有词尾变化，即「活用」。根据活用变化规律，动词可分为五段活用动词、一段活用动词、サ行变格活用动词和カ行变格活用动词四大类。各类活用动词的词干、词尾区分如下：

	基本形	词干	词尾
五段活用动词	書(か)く	書(か)	く
五段活用动词	帰(かえ)る	帰(かえ)	る

一段活用动词	起きる	起	きる
一段活用动词	始める	始	める
サ行变格活用动词	勉強する	勉強	する
サ行变格活用动词	する	する	する
カ行变格活用动词	来る	来る	来る

1．五段活用动词（简称五段动词）

五段动词的词尾只有一个，均为「う」段假名。因此此类动词都在五十音图同一行的「あ、い、う、え、お」五段上进行词尾变化，所以称为「五段动词」。例如：

書く 泳ぐ 殺す 打つ 死ぬ 遊ぶ 読む 知る 買う 帰る

注意：词尾为「る」，而「る」前面的假名为「い」段或「え」段的动词，除个别（如「帰る（かえる）」、「入る（はいる）」）外，均不是五段动词。

2．一段活用动词（简称一段动词）

一段动词的词尾一般由二个假名构成，其中后一个假名都是「る」，而「る」前面的假名必定是「い」段或「え」段的。因为这类动词都在五十音图同一行的「い」段或「え」段上发生变化，所以称为一段动词。词尾「る」前面的假名为「い」段的动词叫「上一段活用动词」；词尾「る」前面的假名为「え」段的动词叫「下一段活用动词」。例如：

用いる 起きる 感じる（上一段活用动词）
答える 寝る 始める（下一段活用动词）

3．サ行变格活用动词（简称サ变动词）

サ变动词以「する」为词尾。一般汉语性动词都属于サ变动词。动词「する」本身也是サ变动词。サ变动词属于特殊型活用动词。例如：

勉強する　する

4．カ行変格活用动词（简称カ变动词）

カ变动词只有一个，即「くる」。属于特殊型活用动词。

三、动词的连用形

动词做谓语时，有敬体和简体之分。敬体是在动词连用形后加上敬体助动词「ます」。比如课文中的「起きます」、「寝ます」等。动词以基本形（简体）或「〜ます」的形态（即现在式）结句时，一般表示现在的习惯性动作、说话人的意志或将要发生的事情。

1．动词连用形＋ます

（1）五段动词连用形＋ます

将词尾的假名由「う」段移到「い」段，即构成连用形。例如：

書く → 書き＋ます → 書きます
泳ぐ → 泳ぎ＋ます → 泳ぎます
殺す → 殺し＋ます → 殺します
死ぬ → 死に＋ます → 死にます
遊ぶ → 遊び＋ます → 遊びます
読む → 読み＋ます → 読みます
知る → 知り＋ます → 知ります
買う → 買い＋ます → 買います
帰る → 帰り＋ます → 帰ります

（2）一段动词连用形＋ます

将词尾「る」去掉，即构成连用形。例如：

用いる → 用い＋ます → 用います
起きる → 起き＋ます → 起きます
感じる → 感じ＋ます → 感じます
答える → 答え＋ます → 答えます
寝る → 寝　＋ます → 寝ます
始める → 始め＋ます → 始めます

（3）サ变动词连用形＋ます

将「する」变成「し」，即构成连用形。例如：
　　勉強する　→　勉強し＋ます　→　勉強します
　　する　　　→　し＋ます　　　→　します
（4）カ变动词连用形＋ます
将「くる」变成「き」，即构成连用形。例如：
　　くる　→　き＋ます　→　きます
　2．动词连用形在句子中可表示并列和中顿。例如：
　　○　私は　八時に　起き、彼は　六時半に　起きます。
　　○　山田さんは　朝　七時に　起き、晩　十二時に　寝ます。

四、格助词「を」

接在体言后，与该体言一起构成他动词的宾语，表示动作、行为所涉及的对象。例如：
　　○　小説を　読みます。
　　○　音楽を　聞きます
　　○　お茶を　飲みます。
「を」除了表示他动词的宾语外，还可以做某些自动词的补语，表示动作、行为经过或离开的场所。例如：
　　○　私は　たいてい　七時十五分頃　家を　出ます。
　　○　この　バスは　美術館の　前を　通りますか。

五、格助词「に」（2）

接在表示时间的名词后，表示动作进行和发生的时间。例如：
　　○　朝　何時に　起きますか。
　　○　学校は　九時に　始まります。

六、格助词「へ」

「へ」作为格助词使用时，读作「え」。接在体言后，与该体言一起构成补语，表示方向或目的地。例如：

○ 山へ 行きます。
○ 家へ 帰ります。
○ 図書館へ 行きます。

七、格助詞「で」(2)

接在体言后，与该体言一起构成补语，表示动作、行为发生和进行的场所。例如：

○ 図書館で 本を 読みます。
○ 運動場で テニスを します。

八、接続詞「それから」

用于连接两个句子，表示前后两个动作在时间上的先后关系。相当于汉语的"然后"。例如：

○ 私は 毎朝 散歩を します。それから 朝ご飯を 食べます。
○ 毎晩 三十分ぐらい 音楽を 聞きます。それから 勉強を 始めます。

附一：

小时的读法

いちじ 一時	にじ 二時	さんじ 三時	よじ 四時	ごじ 五時	ろくじ 六時	しちじ 七時
はちじ 八時	くじ 九時	じゅうじ 十時	じゅういちじ 十一時	じゅうにじ 十二時	なんじ 何時	

注意：「四時」不要读成「しじ」或者「よんじ」；「七時」不要读成为「ななじ」

附二：

分的读法

いっぷん 一分	にふん 二分	さんぷん 三分	よんぷん 四分	ごふん 五分	ろっぷん 六分
ななしちふん 七 分	はっぷん 八分	きゅうふん 九 分	じっ/じゅっぷん 十 分	じゅういっぷん 十一分	……
じゅうよんぷん 十四分	なにぷん 何分				

注意：「九分」不要读成「くふん」。

注釈／注釈（ちゅうしゃく）

一、「B おはようございます。今日はいい天気ですね。」和「A そうですね。」为对话。句末的「ね」是终助词，接在句尾。B 句表示向对方述说自己的看法，并希望得到对方的赞同；A 句表示赞同对方的看法。

二、「B 早いですね。〜」句中的「ね」为终助词，接在句尾，表示轻微的感叹、惊讶或赞美。

练习／練習（れんしゅう）

一、写出下列单词的假名

勉強　晩ご飯　頃　音楽　寝る　終わる　生活

二、指出下列动词的自、他动词，分别属于哪类活用动词，并说出其「连用形＋ます」的形式。

起きる　始める　出る　帰る　読む　する　聞く　始まる　終わる

三、填助词

1．あなたは　朝　何時（　）起きますか。
2．午前の　授業は　八時（　）始まります。
3．夜は　たいてい　学校の　図書館（　）十一時まで　本（　）読みます。
4．私は　毎日　日本語の　録音（　）聞きます。
5．私は　毎日　北京図書館の　前（　）通ります。

6．かれは　たいてい　七時半に　家（　）出ます。
7．これから　教室（　）行きます。
8．教室（　）日本語の　録音を　聞きます。
9．晩ご飯の　あと　家（　）帰ります。

四、替換练习
1．<u>私</u>は　<u>六時</u>に　<u>起き</u>ます。
　　（1）私/十一時/寝る　　（2）学校/八時/始まる
　　（3）授業/十二時/終る　（4）かれ/七時半/家を　でる
2．<u>部屋</u>で　<u>音楽</u>を　<u>聞き</u>ます。
　　（1）図書館/本/読む　　（2）教室/勉強/する
　　（2）応接間/テレビ/見る（4）食堂/ご飯/食べる

五、用「それから」连接句子
　　例＊手を　洗います。/ご飯を　食べます。
　　→　手を　洗います。それから、ご飯を　食べます。
　　（1）私は　毎朝　三十分ぐらい　新聞を　読みます。/朝ご飯を　食べます。
　　（2）私は　毎晩　おふろに　入ります。/晩ご飯を　食べます。
　　（3）私は　毎晩　二時間ぐらい　勉強します。/テレビを　見ます。
　　（3）私は　毎晩　歯を　磨きます。/寝ます。

六、回答
1．あなたは　朝　何時に　起きますか。
2．あなたは　夜　何時に　寝ますか。
3．あなたは　何時に　朝ご飯を　食べますか。
4．あなたは　夜　たいてい　どこで　勉強しますか。
5．朝ご飯の　あと　どこへ　行きますか。

6．あなたは 毎日 家へ 帰りますか。
7．あなたは 朝 たいてい 何時に 家を 出ますか。

七、日译汉

　　私は 毎朝 六時に 起きます。寮の 前で ラジオ体操を します。それから 食堂で 朝ご飯を 食べます。七時半頃 寮を 出ます。午前の 授業は 八時に 始まり、十二時に 終ります。昼休みが 二時間 あります。それから、午後の 勉強を 始めます。その あと、運動場で バスケットボールを やります。夜は 自習の 時間です。教室で 復習や 予習を します。私は いつも 日本語の 録音を 聞きます。

八、汉译日

1．我每天早晨六点起床。
2．我一般七点半离开家。
3．学校八点开始上课。
4．他每天都从这儿经过。
5．下午一般在图书馆看书看到三点。
6．下午四点到五点在操场打网球。
7．我总是在家吃晚饭。
8．晚饭后看一会儿电视，然后开始学习。

补充单词／補足単語（ほそくたんご）

晩［ばん］（名）　　　　　　晚上
小説［しょうせつ］（名）　　 小说
飲む［のむ］（他五）　　　　 喝、饮

通る[とおる]（自五）	通过，经过
運動場[うんどうじょう]（名）	运动场，操场
テニス[tennis]（名）	网球
毎朝[まいあさ]（名）	每天早晨
散歩[さんぽ]（名）	散步
朝ご飯[あさごはん]（名）	早饭
食べる[たべる]（他一）	吃
毎晩[まいばん]（名）	每天晚上
三十分[さんじゅっぷん]（名）	三十分钟
毎日[まいにち]（名）	每天
録音[ろくおん]（名）	录音
北京図書館[ペキンとしょかん]（名）	北京图书馆
これから（名）	现在，从现在开始
半[はん]（名）	半
ご飯[ごはん]（名）	饭
手[て]（名）	手
おふろにはいる[お風呂に入る]（组）	洗澡
二時間[にじかん]（名）	两小时
勉強する[べんきょうする]（他サ）	学习
見る[みる]（他一）	看
歯を磨く[はをみがく]（组）	刷牙
ラジオ[radio]（名）	收音机
ラジオ体操[～たいそう]（名）	广播体操
昼休み[ひるやすみ]（名）	午休
間[かん]（接尾）	表示时间和空间等的范围或量
バスケットボール[basket ball]（名）	篮球

やる（他五）	做、干
自習[じしゅう]（名）	自习
復習[ふくしゅう]（名）	复习
予習[よしゅう]（名）	预习

第七課
だい しち か

食堂で

大野：木村さん、あなたはもう食事をしましたか。
木村：いいえ、まだです。
大野：それでは、いっしょに地下の食堂で食事をしませんか。
木村：ええ、いいですね。いっしょに行きましょう。

　　大野さんは木村さんと廊下を歩きました。そしてエレベーターに乗りました。食堂の入口で木村さんはタバコを買いました。

大野：私はカレーライスを食べます。木村さんは何にしますか。
木村：僕は昨日も一昨日もカレーライスを食べましたから、今日はすしにします。
大野：木村さんは、ゆうべ三チャンネルのコメディーを見ましたか。
木村：いいえ、私は見ませんでした。
大野：うちでは、よくテレビを見ます。ゆうべも八時から九時半まで見ました。木村さんはあまり見ませんか。
木村：はい、あまり見ません。晩は早く寝ます。そのかわり、朝は六時頃起きます。
大野：そうですか。早起きですね。
木村：鈴木さんは今日会社に出ませんでしたね。
大野：ええ、彼は出張しました。

　　二人は食堂を出ました。そして、隣の喫茶店に入り、コーヒーを飲みました。それからエレベーターで五階の事務室に戻り

ました。

単语/単語(たんご)

食堂[しょくどう]（名）	食堂
大野[おおの]（名）	大野（姓氏）
もう（副）	已经
食事[しょくじ]（名）	饭
食事をする[～をする]（组）	吃饭
まだ（副）	尚未、还未
いっしょに[一緒に]（副）	一起
地下[ちか]（名）	地下
歩く[あるく]（自五）	走
そして（接）	然后
エレベーター[elevator]（名）	电梯
乗る[のる]（自五）	乘、坐、骑
入口[いりぐち]（名）	入口
タバコ[煙草・tabaco]（名）	香烟
買う[かう]（他五）	买
カレーライス[curry rice]（名）	咖喱饭
食べる[たべる]（他一）	吃
僕[ぼく]（代）	我
昨日[きのう]（名）	昨天
すし[寿司]（名）	寿司、饭卷
ゆうべ[夕べ]（名）	昨晚
チャンネル[channel]（名）	频道
コメディー[comedy]（名）	喜剧

見る[みる]（他一）	看
よく（副）	经常、很好地
九時[くじ]（数）	九点
半[はん]（名）	半
晩[ばん]（名）	晚上
早く[はやく]（副）	早
そのかわり（接）	不过、但是
早起き[はやおき]（名）	早起
鈴木[すずき]（名）	铃木（姓氏）
会社[かいしゃ]（名）	公司
会社に出る（组）	来（去）公司（上班）
ええ（感）	是、对、嗯
出張する[しゅっちょうする]（自サ）	出差
喫茶店[きっさてん]（名）	（供应茶点的）饮食店
入る[はいる]（自五）	进、入
コーヒー[coffee]（名）	咖啡
飲む[のむ]（他五）	喝、饮
五階[ごかい]（名）	五楼、五层
事務室[じむしつ]（名）	办公室
戻る[もどる]（自五）	返回

语法 / 文法

一、敬体助动词「ます」

敬体助动词「ます」属于用言，有活用变化。其活用规律如下：

基本形	未然形	连用形	终止形	连体形	假定形	命令形	推量形
ます	ませ	まし	ます	ます	ますれ	ませ まし	ましょ
主要用法及后续成分	接ぬ或ん	接た等	结句	接ので或のに	ば		う

本课先介绍其中的未然形、连用形、终止形和推量形。

1．未然形

「ます」的未然形「ませ」后续否定助动词「ぬ」的音便形式「ん」，即构成「ます」的否定形式。「ません」一般译作"不……"。「ません」的过去式位「ませんでした」，一般译作"没……"。例如：

○ 今日私はテレビを見ません。　　　（否定）

○ 昨日私はテレビを見ませんでした。（过去否定）

2．连用形

「ます」的连用形「まし」后续过去助动词「た」，即构成「ます」的过去式「ました」，表示动作、行为的完成，或对过去的动作、行为、状态的叙述。例如：

○ あなたはもう食事をしましたか。

○ 二人は食堂を出ました。

○ 昨日もカレーライスを食べました。

3．终止形

「ます」的终止形同基本形。可用来直接结句。例如：

○ 十時に家を出ます。

○ 山にはきれいな花があります。

4．推量形

「ます」的推量形「ましょ」后续过去助动词「う」，即构成「ます」的推量形，表示说话人的意志，或对他人的劝诱。例如：

○ お茶を入れましょう。　（意志）

○ それでは、いっしょに行きましょう。　（劝诱）

二、格助词「に」（3）

接在体言后，表示行为、动作的目的地和归着点。例如：
○ 明日　北京に　行きます。
○ 鈴木さんは　今日　会社に　出ませんでした。
○ 隣の　喫茶店に　入りました。
○ エレベーターに　乗りました。
○ ソファーに　座ります。

三、格助词「で」（3）

接在名词后，用来限定范围。例如：
○ うちではよくテレビを見ます。
○ クラスで周さんが一番若いです。

四、格助词「で」（4）

接在体言后，表示动作进行时所使用的手段、工具等。翻译时须灵活。例如：
○ エレベーターで五階の事務室に戻りました。
○ バスで学校へ行きます。
○ そのニュースはラジオで聞きました。

五、格助词「と」（1）

接在名词后，表示共同进行某一动作的对象。可译作"和……"、"同……"。例如：
○ 昨日友達と山へ行きました。
○ 大野さんは木村さんと廊下を歩きました。
○ 喫茶店で山田さんと会いました。

句型 / 文型(ぶんけい)

一、いっしょに 动词连用形 ませんか

该句型以询问的形式，劝诱或邀请对方做某事。可译作"一起……，怎么样？"例如：

○ いっしょに食事をしませんか。
○ いっしょにデパートへ行きませんか。

二、あまり 动词连用形 ません

「あまり」是副词，与否定的谓语相呼应，表示不经常做某一动作。可译作"不太……"、"不怎么……"。例如：

○ あまり地下の食堂で食事をしません。
○ あまり山へ行きません。

三、体言 にします

该句型表示选择和决定。例如：

○ 今日はすしにします。
○ （三時です）お茶にしましょう。
○ 会議は明日にしましょう。

附：

表示年、月、周、日的词汇

	过去	←	现在		将来
年	一昨年(おととし) （前年）	去年(きょねん) （去年）	今年(ことし) （今年）	来年(らいねん) （明年）	再来年(さらいねん) （后年）
月	先々月(せんせんげつ) （上上个月）	先月(せんげつ) （上个月）	今月(こんげつ) （本月）	来月(らいげつ) （下个月）	再来月(さらいげつ) （再下个月）

周	先々週せんせんしゅう (上上周)	先週せんしゅう (上周)	今週こんしゅう (本周)	来週らいしゅう (下周)	再来週さらいしゅう (下下周)
日	一昨日おととい (前天)	昨日きのう (昨天)	今日きょう (今天)	明日あした (明天)	明後日あさって (后天)

练习 / 練習れんしゅう

一、写出下列单词的假名

食堂　地下　昨日　入口　出張　会社

二、写出下列单词的汉字

かう　のる　きっさてん　じむしつ　もどる　のむ

三、填助词

1．私は毎日大学の前でバス(　)乗ります。
2．田中さんは電話(　)そのことを聞きました。
3．私はいつも汽車(　)故郷へ帰ります。
4．あの人はいつもボールペン(　)字を書きます。
5．李さんと王さんはいっしょに教室(　)入りました。
6．今日の昼ご飯はギョーザ(　)します。
5．これは中国(　)一番有名なお酒です。

四、替换练习

1．木村さんはあまり<u>テレビ</u>を<u>見</u>ません。
　　(1)雑誌 / 読む　　　(2)手紙 / 書く
　　(3)校内 / 散歩する　(4)あまい もの / 食べる
2．<u>晩は早く寝ます</u>。そのかわり<u>朝は早く起きます</u>。
　　(1)映画を見ません。/ よくテレビを見ます。

121

（2）小説を読みません。／よく雑誌を読みます。
（3）お酒を飲みません。／コーラを飲みます。

五、用詞造句

わたし あなた	は	電車 バス 自転車	で	学校 家 教室	へ に	行き 帰り 戻り	ます ません
かれ 李さん		ラジオ 新聞 電話 なん		そのこと その話 なに	を	聞き 読み 知り	ました ませんでした

か

六、仿照例句変換说法

例＊木村さんと一緒に行きます。
→ 木村さんと一緒に行きましょう。

（1）日本語の録音を聞きます。
（2）昼ご飯はカレーライスにします。
（3）これから食堂へ行きます。
（4）早く家へ帰ります。

七、回答

1．大野さんは誰と一緒に食事をしましたか。
2．大野さんは食事を何にしましたか。木村さんは？
3．木村さんはよくテレビを見ますか。
4．鈴木さんは今日会社に出ましたか。どこへ行きましたか。
5．大野さんと木村さんは喫茶店で何を飲みましたか。

八、日译汉

今日は大掃除の日です。中村さんの下宿では、みんな早く

起きました。子どもたちはみんな外へ出ました。大人の人たちは掃除の用意をしました。まず中村さんの部屋を掃除しました。机と窓のガラスもふきました。それから田中さんの部屋も木村さんの部屋も掃除しました。今日みんなよく働きましたから、疲れました。

九、汉译日

1. 今天晚上我要看电影。
2. 明天我不去学校。
3. 昨天我和小李一起吃了午饭。
4. 小王前天晚上没回家。
5. 用日语唱支歌吧。
6. 一起去喝杯茶怎么样?
7. 我不怎么看电视。
8. 我每天骑自行车去学校。

补充单词 / 補足単語

お茶を入れる[おちゃをいれる]（组）	沏茶
ソファー[sofa]（名）	沙发
座る[すわる]（自五）	坐、跪坐
クラス[class]（名）	班
若い[わかい]（形）	年轻
ニュース[news]（名）	新闻、消息
会う[あう]（自五）	见面、遇见
会議[かいぎ]（名）	会议
田中[たなか]（名）	田中（人名）
こと[事]（名）	事情

汽車[きしゃ]（名）	火车
故郷[こきょう]（名）	故乡、老家
ボールペン[ball pen]（名）	圆珠笔
字[じ]（名）	字
昼ご飯[ひるごはん]（名）	午饭
ギョーザ（名）	饺子
お酒[おさけ]（名）	酒
校内[こうない]（名）	校内
散歩する[さんぽする]（自サ）	散步
あまい[甘い]（形）	甜
もの[物]（名）	物、东西
映画[えいが]（名）	电影
コーラ[kola]（名）	可乐
話[はなし]（名）	话、事
知る[しる]（自五）	知道、了解、理解
大掃除[おおそうじ]（名）	大扫除
外[そと]（名）	外面
大人[おとな]（名）	大人
用意[ようい]（名）	准备
まず（副）	先、首先
ガラス[glas]（名）	玻璃
ふく[拭く]（他五）	擦
働く[はたらく]（自五）	劳动、干活
疲れる[つかれる]（自一）	累、疲倦
歌[うた]（名）	歌
歌う[うたう]（他五）	唱歌

第八課
だい はっ か

昨日何をしましたか

　午後、馬さんと周さんは、四時から五時まで一時間テニスをしました。それから、二人は近くの喫茶店に入りました。そこで、いろいろな話をしました。
　A：昨日の午前はひどい雨でしたね。
　B：ほんとにひどかったですね。あの時、あなたはどこにいましたか。
　A：駅前の本屋にいました。
　B：何かいい本がありましたか。
　A：ええ、面白い小説がみつかりました。ところで、周さんはどこかへ行きましたか。
　B：午前中はどこへも出かけませんでした。呉さんと二人で部屋をきれいに掃除しました。午後はデパートへ買物に行きました。
　A：何を買いましたか。
　B：セーターを買いました。

　　　　　　＊＊＊＊＊＊　　＊＊＊＊＊＊

　昨日は一日中雨が降りました。今日も雨が降りました。そして、朝から風も強く吹きました。
　昼ごろ雨が止みました。風も弱くなりました。午後からは天気になりました。昨日雨にぬれて風邪を引きました。頭がすこし痛いです。学校の帰りに、薬屋によりました。風邪薬を買いました。
　先生も風邪で学校を休みました。ほかの先生がかわりに講義を

しました。

 単词/単語

午後[ごご]（名）	下午
馬[ば]（名）	马（姓氏）
四時[よじ]（名）	四点
一時[いちじ]（名）	一点
間[かん]（接尾）	表示时间和空间等的范围或量
テニス[tennis]（名）	网球
近く[ちかく]（名）	附近
そこ（代）	那里
いろいろ（副　形动）	各种各样
話（し）[はなし]（名）	话、故事
話をする[はなしをする]（组）	说话、讲话
午前[ごぜん]（名）	上午
ひどい[酷い]（形）	严重、厉害
雨[あめ]（名）	雨
ほんとに（副）	真、实在
時[とき]（名）	时候
あの時[あのとき]（名）	那时
どこ（代）	哪里
駅前[えきまえ]（名）	站前
本屋[ほんや]（名）	书店
面白い[おもしろい]（形）	有趣、有意思
小説[しょうせつ]（名）	小说
みつかる[見付かる]（自五）	找到、发现

ところで（接）	（转话题）可是、那么
行く[いく]（自五）	去
中[ちゅう]（接尾）	……之中、正在……中
でかける[出掛ける]（自一）	出去、外出
呉[ご]（名）	吴（姓氏）
掃除する[そうじ]（他サ）	扫除、打扫
デパート[depart]（名）	百货商店
買物[かいもの]（名）	买东西、购物
セーター[sweater]（名）	毛衣
中[じゅう]（接尾）	全……、整个……
降る[ふる]（自五）	下、降（指雨雪）
今朝[けさ]（名）	今晨
風[かぜ]（名）	风
強い[つよい]（形）	强烈、厉害
吹く[ふく]（自五）	刮、吹
昼[ひる]（名）	白天、中午
止む[やむ]（自五）	停、止
弱い[よわい]（形）	弱
なる（自五）	成为、变成
天気になる[てんきになる]（组）	转晴、晴天
ぬれる[濡れる]（自一）	淋湿、沾湿
雨にぬれる[あめに濡れる]（组）	挨雨淋
風邪[かぜ]（名）	感冒、伤风
ひく[引く]（他五）	得、吸、抽、退、拉
風邪をひく[かぜを引く]（组）	感冒、伤风
頭[あたま]（名）	头、脑袋
すこし[少し]（副）	稍微、一点
痛い[いたい]（形）	疼、痛
帰り[かえり]（名）	回来、回去的路上
薬屋[くすりや]（名）	药店

127

よる[寄る]（自五）	顺路、顺便去
風邪薬[かぜぐすり]（名）	感冒药
先生[せんせい]（名）	老师、先生、大夫
休む[やすむ]（自他五）	休息
学校を休む[がっこうをやすむ]（组）	（请假）没上学
かわりに[代（わ）りに]（副）	代替
講義[こうぎ]（名）	上课、讲课

语法 / 文法

一、形容词的连用形

形容词的连用形「く」除了具有第2、3课所讲的作用和意义外，还可以在句子中做状语修饰动词。例如：

○ 風も 強く 吹きました。

○ お刺身を おいしく 食べました。

○ 朝 早く 起き、夜 おそく 寝ます。

二、形容动词的连用形

将形容动词的词尾「だ」变成「に」，即构成形容动词连用形的另一种形式，在句子中可做状语修饰动词。例如：

○ 部屋を きれいに 掃除しました。

○ みんな 静かに 先生の 話を 聞きました。

三、格助词「が」（2）

就某一现象进行具体的叙述或描写时，动作、状态、变化的主体用「が」表示。例如：
- 昨日は一日中雨が降りました。
- 昼ごろ雨が止みました。
- 頭がすこし痛いです。
- 面白い小説がみつかりました。
- ほかの先生がかわりに講義をしました。

四、格助词「で」（5）

接体言后，表示动作、行为进行的方式和状态。例如：
- 二人で部屋をきれいに掃除しました。
- みんなで歌いましょう。
- 一人で大丈夫ですか。
- 大声で叫びました。

五、格助词「で」（6）

接在某些名词后，表示原因。注意：谓语部分不能使用带有意志成分的表达形式。例如：
- 風邪で学校を休みました。
- 出張で会社に出ませんでした。
- 雪で新幹線が止まりました。

六、副助词「か」

接在「なに」、「どこ」、「どれ」、「だれ」等疑问词后，表示不定。例如：

なに（什么） → なにか （某种东西）
どこ（哪里） → どこか （某个地方）
どれ（哪个） → どれか （某一个）

だれ（谁）　→　だれか（某个人）

○ 何かいい本がありましたか。
○ 周さんはどこかへ行きましたか。
○ どれか一つください。
○ 部屋には誰かいます。

注意：如果「部屋には誰かいます。」以「部屋には誰かいますか。」这样的疑问形式出现时，它不是问房间里具体有谁在，而是问房间里是否有人。肯定的回答应是：

○ はい、います。

否定的回答应是：

○ いいえ、部屋には誰もいません。

七、提示助词「は」「も」与其他助词的重叠使用

本课出现的「今朝からは風も強く吹きました。」中的「からは」是补格助词「から」与提示助词「は」的重叠使用。这与第5课「このうちには部屋が七つあります。」中的「には」和第7课「うちでは、よくテレビを見ます。」中的「では」意义相同，都表示对补语的强调或提示。

另外，提示助词「も」也可以同部分助词重叠使用，提示或强调补语成分，并增添"也"的意思。例如：

○ 教室には誰もいません。
○ 学校へは自転車で十五分ぐらいかかります。
○ 昨日はどこへも行きませんでした。
○ どの部屋にも電話がありません。

八、指示代词（2）

「ここ、そこ、あそこ、どこ」

「ここ、そこ、あそこ、どこ」属于代词，用来指代场所。它们之间的区别及用法大致与「これ、それ、あれ、どれ」相同。具体

用法如下：

近　称	中　称	远　称	不定称
ここ	そこ	あそこ	どこ
这里	那里	那里	哪里

ここ：　指代离说话人近的场所时使用。
そこ：　指代离听话人近的场所时使用。
あそこ：指代离说话人和听话人双方都较远的场所时使用。
どこ：　表示疑问和不确定。

例如：
○ <u>ここ</u>は北京大学です。
○ 新聞は<u>そこ</u>にあります。
○ <u>あそこ</u>に犬がいます。
○ 周さんは<u>どこ</u>か へ行きましたか。

句型 / 文型

一、体言へ　动作性名词/动词连用形 に 行く

该句型表示："去（某处）做……"。有时也可用「动作性名词 に 行く」的形式表示"去（做）……"。句型中的「に」表示动作、行为的目的。例如：
○ 薬屋<u>へ</u>薬を買い<u>に</u>行きます。
○ 喫茶店<u>へ</u>コーヒーを飲み<u>に</u>行きました。
○ 図書館へ本を借りみに行きます。
○ デパート<u>へ</u>買物に行きました。
○ 中国へ歴史の勉強に行きます。

二、与「一」有关的数量词 も 动词否定形式

「も」接在与「一」有关的数量词后，与动词的否定形相呼应，表示对事物的全面否定。可译作"连一……也没（不）……"。例如：

○ 今週は一度も晴れませんでした。
○ 喫茶店にはお客さんが一人もいません。
○ 空は青く、一つも雲がありませんでした。

三、疑问词も 动词否定形式

该句型表示全面否定疑问词所表示范围内的事物。翻译时需灵活。例如：

○ 午前中はどこへも出掛けませんでした。
○ 部屋にはなにもありません。
○ 誰も風邪を引きませんでした。

四、形容词连用形く/形容动词连用形に/名词に なる

「なる」是自动词，具有"变化、转变、成为"等意思。该句型表示事物的转变和变化。名词后的「に」是格助词，表示变化的结果。例如：

○ 昼ごろ風も弱くなりました。
○ 王さんはだいぶ元気になりました。
○ 今年二十歳になります。
○ 昨日雨にぬれて病気になりました。

附一：接尾词「間（かん）」

接在表示时间和空间的词汇后，表示范围或量。可译作"……间""……期间""……中间"等。例如：

五分間　一時間　一か月間　東京大阪間　中日間　日米間

附二：接尾词「中（ちゅう）」与「中（じゅう）」

「中（ちゅう）」和「中（じゅう）」都是接尾词，「中（ちゅう）」

表示"……之中"、"正在……中"的意思,「中(じゅう)」表示"全……"、"整个……"的意思。例如:

「中(ちゅう)」
○ 会議中です。
○ 電話が話し中です。
○ 午前中はどこへも出かけませんでした。

「中(じゅう)」
○ 部屋中捜しました。
○ 一晩中寝ませんでした。
○ 昨日は一日中雨が降りました。

附三:自他动词用例对照表

他动词	自动词
ドアを閉める	ドアが閉まる
食事を始める	食事が始まる
車を止める	車が止まる
電話をかける	電話がかかる
水を出す	水が出る
自転車をこわす	自転車がこわれる
小説をみつける	小説がみつかる

练习／練習

一、写出下列单词的假名
  駅前　面白い　買物　雨　今朝　風邪

二、写出下列单词的汉字
  てんき　あたま　くすりや　こうぎ　ほんや　しょうせつ

三、填空
  1．填入适当的疑问词
    （1）教室には（　）かいますか。
    （2）（　）かいいものがありますか。
    （3）田中さんは（　）かへ行きました。
    （4）（　）か一つください。
  2．填助词
    （1）みんな（　）歌を歌いましょう。
    （2）二人（　）映画を見に行きました。
    （3）田中さんは一人（　）出掛けました。
    （4）自分（　）料理を作ります。
  3．填入形容词、形容动词的适当形式
    （1）今朝からは風も（　）吹きました。（強い）
    （2）昨日雨が（　）降りました。（ひどい）
    （3）壁を（　）ぬりました。（白い）
    （4）部屋を（　）掃除しました。（きれいだ）
    （5）戦士たちは（　）戦いました。（勇敢だ）

四、替换练习
  1．今週は<u>一度</u>も<u>晴れ</u>ませんでした。

　　　　（1）一回 ／ 読む　　　　（2）一度 ／ 会う
　　　　（3）一個 ／ 食べる　　　（4）一杯 ／ 飲む
　2．周さんはどこへも出掛けませんでした。
　　　　（1）何 ／ 買う　　　　　（2）どれ ／ 好きだ
　　　　（3）どこへ ／ 行く　　　（4）誰と ／ 会う
　3．デパートへ買物に行きます。
　　　　（1）上海 ／ 出張　　　　（2）公園 ／ 散歩
　　　　（3）図書館 ／ 勉強　　　（4）レストラン ／ 食事

五、仿照例句变换说法
　1．例＊先生は風邪をひきましたから、学校を休みました。
　　　→　先生は風邪で学校を休みました。
　　　（1）病気になりましたから、昨日学校へ行きませんでした。
　　　（2）雨が降りましたから、運動会をやめました。
　　　（3）台風が来ましたから、木が倒れました。
　2．例＊風が弱い。
　　　→　風が弱くなりました。
　　　（1）色が白い。
　　　（2）背が高い。
　　　（3）いい天気です。
　　　（4）冬です。
　　　（5）静かです。
　　　（6）にぎやかです

六、回答
　1．昨日の午前あなたはどこへ行きましたか。
　2．なにかいい本を買いましたか。
　3．デパートで何を買いましたか。
　4．今週の天気はどうでしたか。

5．学校の帰りに何をしましたか。
6．先生は学校へ来ましたか。
7．誰が講義をしましたか。

七、日译汉

　　日本の春は3月から5月までです。春は暖かくて、いろいろな花がたくさん咲きます。桜の花が咲いて、とても綺麗です。大勢の人が花見に行きます。
　　日本の夏は6月から8月までです。6月から梅雨に入ります。たくさん雨が降ります。7月と8月はとても蒸し暑いです。若い人たちは海へ泳ぎに行きます。

八、汉译日

1．昨天下了一天的雨。
2．因为今天有事，没去公司。
3．隔壁房间里有人吗？有。是谁？
4．书包里面什么也没有。
5．小张恢复了健康。
6．下午去图书馆看书。
7．上午我和小王二人去了书店。
8．从学校回来的路上随便去了书店。

一人[ひとり]（名）	一个人
大丈夫[だいじょうぶ]（形动）	没关系，不要紧
大声[おおごえ]（名）	大声
叫ぶ[さけぶ]（他五）	叫、喊

新幹線[しんかんせん]（名）	新干线
止まる[とまる]（自五）	停止、停住、不通
かかる（自五）	花费
あそこ（代）	那里
歴史[れきし]（名）	历史
お客さん[おきゃくさん]（名）	客人
雲[くも]（名）	云
一つ[ひとつ]（名）	一个
だいぶ[大分]（副）	很、颇
今年[ことし]（名）	今年
二十歳[はたち]（名）	二十岁
大阪[おおさか]（名）	大阪
日米[にちべい]（名）	日美
捜す[さがす]（他五）	寻找
一晩[ひとばん]（名）	一晚上
ドア[door]（名）	门
閉める[しめる]（他一）	关、闭、合（上）
閉まる[しまる]（自五）	关上
始める[はじめる]（他一）	开始
車[くるま]（名）	车
止める[とめる]（他一）	停下、堵住
電話をかける[でんわをかける]（组）	打电话
電話がかかる[でんわがかかる]（组）	打来电话
出す[だす]（他五）	放、拿出
出る[でる]（自一）	出来
こわす[壊す]（他五）	弄坏
こわれる[壊れる]（自一）	坏
みつける[見付ける]（他一）	找到、发现

壁[かべ]（名）	墙
ぬる[塗る]（他五）	涂
戦士[せんし]（名）	战士
たち[達]（接尾）	们
今週[こんしゅう]（名）	本周
一度[いちど]（名）	一次一回
晴れる[はれる]（自一）	晴
一回[いっかい]（名）	一遍、一次
一個[いっこ]（名）	一个
一杯[いっぱい]（名）	一杯
公園[こうえん]（名）	公园
レストラン[restaurant]（名）	餐馆
病気[びょうき]（名）	病
運動会[うんどうかい]（名）	运动会
やめる[止める]（他一）	停止、取消
台風[たいふう]（名）	台风
倒れる[たおれる]（自一）	倒
咲く[さく]（自五）	（花）开
大勢[おおぜい]（名・副）	许多（人）
花見[はなみ]（名）	赏花
梅雨[つゆ]（名）	梅雨
蒸し暑い[むしあつい]（形）	闷热
海[うみ]（名）	海
泳ぐ[およぐ]（自五）	游泳

第九課
だい きゅう か

私の寮

　私は朝六時に起きました。歯をみがき、顔を洗って、すぐ朝食をとりました。それから、急いでバス停へ行って動物園行きのバスを待ちました。七時半ごろ、やっとバスが来ました。私はバスに乗って学校へ行きました。学校まで十五分間かかりました。今日は授業がいつもより多かったです。五時頃、学校から帰ってきました。夕食後、父は新聞を読み、私と母はテレビを見ました。

　　　　　　＊＊＊＊＊＊　　＊＊＊＊＊＊

　私たちの寮はキャンパスの南の外れにあります。寮のまわりは、木が多く、小鳥も沢山います。寮は駅から遠くて、少し不便ですが、とても静かで、なかなかいいところです。私の部屋は304号室で、趙さんの隣の部屋です。部屋にはベットのほか、机や椅子があり、冷蔵庫もあります。冷蔵庫の上には、花が置いてあります。机の横は本棚で、その上には、辞書や専門書が並べてあります。

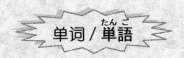

寮[りょう]（名）　　　　　宿舎
歯[は]（名）　　　　　　　牙

みがく[磨く]（他五）	刷、磨、擦
顔[かお]（名）	脸
洗う[あらう]（他五）	洗
朝食[ちょうしょく]（名）	早饭
とる（他五）	吃
急ぐ[いそぐ]（自五）	急、赶紧
バス停[バスてい]（名）	公共汽车站
動物園[どうぶつえん]（名）	动物园
ゆき[行き]（接尾）	去……
待つ[まつ]（他五）	等
やっと（副）	终于、好容易
来る[くる]（自カ）	来
かかる（自五）	花费、需要
授業[じゅぎょう]（名）	授课、讲课
いつも（名・副）	平时；总是、经常
多い[おおい]（形）	多
夕食[ゆうしょく]（名）	晚饭
ご[後]（名）	后、以后
母[はは]（名）	母亲
父[ちち]（名）	父亲
たち[達]（接尾）	们、等（表示复数）
キャンパス[campus]（名）	校园
南[みなみ]（名）	南、南方
外れ[はずれ]（名）	尽头
まわり（名）	周围
小鳥[ことり]（名）	小鸟
沢山[たくさん]（名・副・形動）	许多、足够
駅[えき]（名）	车站（指地铁、轻轨、火车）
遠い[とおい]（形）	远
不便[ふべん]（形動）	不方便

なかなか（副）	很、相当、非常
ところ[所]（名）	地方
304[さんびゃくよん・さんぜろよん]（数）	304
号[ごう]（名）	号
室[しつ]（名）	室
趙[ちょう]（名）	赵（姓氏）
ベット[bed]（名）	床
椅子[いす]（名）	椅子
冷蔵庫[れいぞうこ]（名）	冰箱
花[はな]（名）	花
置く[おく]（他五）	放、摆
横[よこ]（名）	旁边、侧面
本棚[ほんだな]（名）	书架、书柜
辞書[じしょ]（名）	字典、词典
専門書[せんもんしょ]（名）	专业书
並べる[ならべる]（他一）	排列

语法 / 文法

一、接续助词「て」(1)

1．「て」接在形容词的连用形后，表示并列、中顿或轻微的原因等（参见第三课）。例如：

○ おもしろくて いい 小説が みつかりました。（并列）
○ 頭が いたくて、体が だるい。（中顿）
○ 寮は 駅から 遠くて、少し 不便です。（原因）

2．「て」接在动词的连用形后，具有多种意义。其接续法如下：

（1）一段动词、サ变动词、カ变动词、词尾为サ行假名的

五段动词可直接用连用形接「て」。例如：

（一段动词）	晴れる→晴れ→晴れ＋て→晴れて
（一段动词）	起きる→起き→起き＋て→起きて
（サ变动词）	する　→し　→し＋て　→して
（カ变动词）	来る　→き　→き＋て　→きて
（五段动词サ行词尾）	話す　→話し→話し＋て→話して

（2）五段动词（词尾为サ行假名的除外）接「て」时，为了发音方便，其连用形要发生语音变化。这种语音变化，日语称为「音便（おんびん）」。音便分「い音便」、「促音便」、「拨音便」三类。

①词尾为「カ」「ガ」两行假名的五段动词的连用形发生「い音便」，其连用形要变成「い」，后续「て」。注意词尾为「ガ」行假名的五段动词后续「て」时，要相应变成「で」。例如：

	基本形	连用形	音　便	后续て
（カ行）	あるく	あるき	あるい	あるいて
（カ行）	きく	きき	きい	きいて
（ガ行）	いそぐ	いそぎ	いそい	いそいで
（ガ行）	ぬぐ	ぬぎ	ぬい	ぬいで

②词尾为「タ」「ラ」「ワ」三行假名的五段动词的连用形发生「促音便」，其连用形变成促音「っ」，后续「て」。例如：

	基本形	连用形	音　便	后续て
（タ行）	たつ	たち	たっ	たって
（タ行）	うつ	うち	うっ	うって
（ラ行）	とまる	とまり	とまっ	とまって
（ラ行）	はじまる	はじまり	はじまっ	はじまって
（ワ行）	かう	かい	かっ	かって
（ワ行）	うたう	うたい	うたっ	うたって

③词尾为「ナ」「マ」「バ」三行假名的五段动词的连用形发生「拨音便」，其连用形变成拨音「ん」，后续「て」。注意接在「拨音便」后的「て」要发生浊音变化，变成「で」。例如：

基本形　　连用形　　音　便　　后续て

（ナ行）	しぬ	しに	しん	しんで
（マ行）	よむ	よみ	よん	よんで
（マ行）	やすむ	やすみ	やすん	やすんで
（バ行）	まなぶ	まなび	まなん	まなんで
（バ行）	あそぶ	あそび	あそん	あそんで

3.「て」接在动词连用形后，一般具有以下几种作用和意义：

（1）表示行为、动作、状态的先后顺序。例如：
　　○　歯をみがき、顔を洗っ<u>て</u>、すぐ朝食をとりました。
　　○　新聞を読ん<u>で</u>、ご飯を食べ<u>て</u>、家を出ました。

（2）表示中顿、并列。例如：
　　○　学校は何時に始まっ<u>て</u>、何時に終りますか。
　　○　父は新聞を読ん<u>で</u>、母はテレビを見ました。

（3）表示行为、动作的进行方式，在句中做状语。例如：
　　○　バスに乗っ<u>て</u>学校へ行きました。
　　○　急い<u>で</u>バス停へ行きました。
　　○　テレビを見<u>て</u>日本語の勉強をします。

（4）表示行为、动作、状态发生的原因。（本课略，参见第12课）

（5）后续补助动词，使动词增添新的意义。（本课的补助动词「ある」，便是其中之一。）

二、格助词「に」(4)

接在体言后，表示行为、动作所涉及的对象和场所。例如：
　　○　母<u>に</u>手紙を書きます。
　　○　王さん<u>に</u>電話をかけます。
　　○　質問<u>に</u>答えます。
　　○　冷蔵庫の上<u>に</u>花を置きました。
　　○　ノート<u>に</u>名前を書きます。

三、补助动词「ある」

「ある」接在「他动词连用形＋て」之后，表示动作、行为完成后所留下的状态。也被称为动词的「存続形式」。例如：
① 冷蔵庫の上に花が置い<u>てあります</u>。
② 壁には地図が貼っ<u>てあります</u>。
③ ノートに名前が書い<u>てあります</u>。

例①表示「冷蔵庫の上に花を置きました。」的结果的存续。
例②表示「壁に地図を貼りました。」的结果的存续。
例③表示「ノートに名前を書きました。」的结果的存续。

在使用「他动词连用形＋てある」做谓语的句子中，原来的宾语要变成主语。即将上述例句中的「花を、地図を、名前を」变成「花が、地図が、名前が」。

四、格助词「より」

接在体言后，表示比较、选择的对象和基准，在句中做补语。可译作"比……"。例如：
○ 今年の冬は去年<u>より</u>寒いです。
○ 日本語は英語<u>より</u>難しいです。
○ 今日は授業がいつも<u>より</u>多かったです。

五、接续助词「が」（1）

接在动词、形容词、形容动词及助动词的终止形后，可连接前后两个句子，表示轻微的逆态转折关系。一般译作"虽然……可是……"。例如：
○ 少し不便です<u>が</u>、とても静かで、なかなかいいところです。
○ 昼間は暖かくなりました<u>が</u>、夜はまだ寒いです。
○ 薬を飲みました<u>が</u>、風邪は少しもよくなりませんでした。

注释 / 注釈

一、「学校から帰ってきました。」该句的意思为"从学校回来。"（语法解释参见第 16 课）

二、「駅から遠い。」句中的「から」为格助词，表示时间或空间的起点。可译作"离……"。

练习 / 練習

一、写出下列单词的假名

朝食　授業　夕食　本棚　横　不便

二、写出下列单词的汉字

れいぞうこ　せんもんしょ　とり　ならべる　おく

三、填助词

1．李さんは王さん（　）（　）背が高いです。
2．この本はあの本（　）（　）面白いです。
3．今日は昨日（　）（　）暖かいです。
4．毎日三時間ぐらい日本語を勉強します（　）、あまりうまくなりません。
5．ゆうべ早く寝ました（　）、まだねむいです。

四、替换练习

1．録音を聞いて、日本語の勉強をします。
　　（1）辞書をひく　　　　（2）テレビを見る

　　　　（3）日本の新聞を読む　　（4）日本人と話す
　2．顔を洗って、朝食をとります。
　　　　（1）散歩をする　　　　（2）新聞を読む
　　　　（3）少し休む　　　　　（4）テレビでニュースを見る
　3．<u>たくさん仕事をして</u>、疲れました。
　　　　（1）おそくまで勉強する　（2）遠くまで行く
　　　　（3）旅行に行く　　　　（4）はげしい運動をする
　4．冷蔵庫の上には花が置いてあります。
　　　　（1）黒板/字/書く　　　（2）壁/服/かける
　　　　（3）庭/花/植える　　　（4）ノート/名前/書く

五、回答
　1．あなたは朝起きて、何をしますか。
　2．あなたはどうやって、学校へ来ますか。
　3．寮のまわりはどんな様子ですか。
　4．寮はどんなところですか。
　5．304号室には何がありますか。

六、日译汉
　　先週の日曜日、ぼくはバスに乗っておばの家へ行きました。バスは動物園のあたりから込みだしました。そこで一人の足の悪いおじいさんが乗りました。私はそれを見て、すぐ立って、席をゆずりました。

七、汉译日
　1．书架上摆着许多书。
　2．昨天我看书（按照书）做了菜。
　3．学校离车站很远，不太方便。
　4．今天比昨天冷。
　5．今天虽然是星期天，但是还要工作。

6．我的房间里除了收音机之外，还有电视机。
7．坐公共汽车到学校需要半个小时。
8．我的房间是208，在小周的隔壁。

补充单词 / 補足単語

体[からだ]（名）	身体
だるい（形）	懒倦
書く[かく]（他五）	写
質問[しつもん]（名）	问题
答える[こたえる]（自一）	回答
地図[ちず]（名）	地图
貼る[はる]（他五）	贴、粘
名前[なまえ]（名）	名字
英語[えいご]（名）	英语
難しい[むずかしい]（名）	难
昼間[ひるま]（名）	白天
まだ（副）	还
寒い[さむい]（形）	冷
少しも[すこしも]（副）	一点也不
ぐらい（副助）	大约、左右
うまい（形）	顺利
ねむい[眠い]（形）	困
辞書をひく[じしょを引く]（组）	查字典
たくさん[沢山]（副・形动）	许多、足够
仕事[しごと]（名）	工作、事
おそく[遅く]（名）	晚、迟
遠く[とおく]（名）	远

旅行[りょこう]（名）	旅行
はげしい[激しい]（形）	激烈
運動[うんどう]（名）	运动
黒板[こくばん]（名）	黑板
服[ふく]（名）	衣服
かける（他一）	挂
植える[うえる]（他一）	种、栽
どうやって（副）	如何
様子[ようす]（名）	样子
先週[せんしゅう]（名）	上周
日曜日[にちようび]（名）	星期天
ぼく[僕]（名）	我
おば（名）	伯母、舅母
動物園[どうぶつえん]（名）	动物园
込みだす[込み出す]（自五）	拥挤起来
おじいさん（名）	老大爷
足[あし]（名）	脚
悪い[わるい]（形）	不好、坏
すぐ[直ぐ]（副）	马上
立つ[たつ]（自五）	站、立
席[せき]（名）	座位
ゆずる[譲る]（他五）	让

第十課
公　園

　公園にはいろとりどりの花が咲いています。緑も美しいです。子どもが大勢遊んでいます。小鳥がさえずりながら、枝から枝に飛び移っています。池には橋がかかっています。水がいっぱいになって、鯉が泳いでいます。

******　　******

　私たちは先週の土曜日、お弁当を持って、公園へ行きました。池のまわりをしばらく散歩してから、ベンチで休みました。私は本を読み、妹は写生をしました。それから、木陰で歌を歌ったり、ギターを弾いたりしました。小学生がボールを投げたり、すもうをとったりして遊んでいました。私たちは後の丘に登って町を見下ろしました。電車が走っていました。遠くに川が光っていました。私たちはその川の近くに住んでいます。

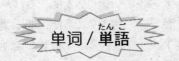

公園[こうえん]（名）　　　　　公园
いろ[色]（名）　　　　　　　　颜色
とりどり（名）　　　　　　　　繁多、各式各样
咲く[さく]（自五）　　　　　　（花）开、开放

大勢[おおぜい]（名）	许多（人）
遊ぶ[あそぶ]（自五）	玩、玩耍
さえずる[囀る]（自五）	鸣、叫
枝[えだ]（名）	树枝
飛び移る[とびうつる]（自五）	飞来飞去
橋[はし]（名）	桥
水[みず]（名）	水
鯉[こい]（名）	鲤鱼
泳ぐ[およぐ]（自五）	游、游泳
先週[せんしゅう]（名）	上周
土曜日[どようび]（名）	星期六
弁当[べんとう]（名）	饭盒
持つ[もつ]（他五）	拿、带、持
散歩する[さんぽする]（自サ）	散步
ベンチ[bench]（名）	长椅、长凳
写生[しゃせい]（名）	写生
木陰[こかげ]（名）	树阴
歌[うた]（名）	歌
歌う[うたう]（他五）	唱
ギター[guitar]（名）	吉他
弾く[ひく]（他五）	弹、拨
小学生[しょうがくせい]（名）	小学生
ボール[ball]（名）	球
投げる[なげる]（他一）	投、扔、抛
すもう[相撲]（名）	相扑、摔跤
すもうをとる[相撲を取る]（组）	相扑、摔跤
後[うしろ]（名）	后面
丘[おか]（名）	山岗、土丘
登る[のぼる]（自五）	登、爬、攀
町[まち]（名）	城镇、街道

見下ろす[みおろす]（他五）　　俯视
走る[はしる]（自五）　　　　行驶、跑
遠く[とおく]（名）　　　　　远处
川[かわ]（名）　　　　　　　河
光る[ひかる]（自五）　　　　发光、闪亮

语法 / 文法

一、补助动词「います（いる）」

1．「います」接在「动词连用形（五段动词须发生音便）＋て」后，即构成动词的进行式，可以表示：①动作、行为等正在进行；②动作、行为等完成后所产生的结果和状态；③经常进行或持续着的动作、行为、状态等。一般可译作"正在……"、"……着……"等，有时需灵活翻译。例如：

① 王さんはテレビを見ています（いる）。
① 雨が降っています（いる）。
② 池には橋がかかっています（いる）。
② いろとりどりの花が咲いています（いる）。
③ 遠くに川が光っています（いる）。
③ 暇なとき、いつも音楽を聞いています（いる）。

2．「います」的否定形式「いません」表示尚未进行的动作或尚未出现的状态。一般译作"没……"。例如：

○ 学校はまだ始まっていません。
○ その話はまだ聞いていません。
○ ドアにかぎがかかっていません。

3．「います」的过去式「いました」表示在过去某一时间内正在进行的动作或持续的状态。例如：

○ 昨年までこの近くに住んでいました。

○　午前英語の小説を読んでいました。
　　4．「いました」的否定形式「いませんでした」表示在过去某一时间内尚未出现的状态或尚未完成的动作等。例如：
　　　○　その時はまだ読んでいませんでした。
　　　○　去年の四月まだ大学に入っていませんでした。
　　　○　「あなたがついたとき、誰かいましたか。」
　　→　「いいえ、まだ誰も来ていませんでした。」

二、接续助词「ながら」（1）

　　接在动词连用形后，表示同时进行两个动作。相当于汉语的"一边……，一边……"。例如：
　　　○　辞書を引きながら日本の小説を読みます。
　　　○　お茶を飲みながら音楽を聞きます。
　　　○　小鳥がさえずりながら枝から枝に飛び移っています。

三、并列助词「たり」

　　「たり」接在动词及部分形容词、形容动词、助动词的连用形（五段动词的音便形式）后，表示动作、行为的交替进行；也可并列两个以上的行为动作。一般译作"有时……，有时……"、"或者……，或者……"、"又……，又……"等。多以「～たり～たりする（します）」的形式出现。例如：
　　　○　子どもがテレビをつけたり消したりしている。
　　　○　今日は雨が降ったりやんだりしている。
　　　○　この頃の天候は寒かったり暑かったりして大変不順です。
　　　○　町は静かだったりにぎやかだったりします。
　　有时，也用「～たりする（します）」的形式，表示列举，即举出一个动作，暗示还有类似其他的动作。例如：
　　　○　昨日山に登ったりして疲れました。
　　　○　日曜日は本を読んだりしています。
　　另外，还可以用「～たり～なかったりです」的形式，表示"有

时……，有时不……"的意思。例如：
- 仕事が忙しいので、昼ご飯は食べたり食べなかったりです。
- このごろは子どもからは手紙が来たり来なかったりです。

注意：形容词接「たり」时，用其连用形「かっ」。形容动词接「たり」时，用其连用形「だっ」。词尾为「ガ」、「ナ」、「マ」、「バ」行假名的五段动词接「たり」时，「たり」要发生浊音变化，浊化为「だり」。

句型 / 文型

动词连用形 てから

该句型表示动作、行为的先后顺序相当于汉语的"……之后"。注意：词尾为「が」、「な」、「ま」、「ば」行假名的五段动词接「てから」时，要发生浊音变化，浊化为「でから」。

- テレビを見てから勉強します。
- 新聞を読んでから寝ます。
- しばらく散歩してから、ベンチで休みました。
- 私が日本に来てから、もう三年経ちました。
- 遊びに行くのは仕事が終ってからだ。

附：「もう」与「まだ」

「もう」和「まだ」都是副词。「もう」相当于汉语的"已经"；「まだ」相当于汉语的"尚未"。例如：

- もう食事をしましたか。
  → はい、もうしました。
  → いいえ、まだしていません。（いいえ、まだです。）

另外，「もう」还可表示"再"和"将要"的意思；「まだ」还可以表示"还"和"仍"的意思。例如：

○ <u>もう</u>一度聞きます。
○ <u>もう</u>来るでしょう。
○ 雨が<u>まだ</u>降っている。
○ 彼は<u>まだ</u>若いです。

练习 / 練習(れんしゅう)

一、写出下列单词的假名

橋　遊ぶ　咲く　先週　散歩　妹

二、写出下列单词的汉字

べんとう　おか　ひかる　はしる　うたう　かわ

三、连接句子

1. 例＊英語を教える。日本語を勉強する。
   → 英語を教えたり、日本語を勉強したりします。
   （1）テレビを見る。ラジオを聞く。
   （2）電話をかける。話をする。
   （3）掃除をする。洗濯する。
   （4）部屋に入る。出る。
   （5）町は静かだ。にぎやかだ。
   （6）近頃寒い。暑い。

2. 例＊辞書を引く。日本の小説を読む。
   → 辞書を引きながら日本の小説を読みます。
   （1）コーヒーを飲む。テレビを見る。
   （2）本を見る。料理を作る。
   （3）ご飯を食べる。新聞を読む。
   （4）テープを聞く。日本語の勉強をする。

四、仿照例句変換说法

1. 例＊家に帰ります。それからテレビを見ます。
   → 家に帰ってからテレビを見ます。
   (1) 朝ご飯を食べます。それから学校へ行きます。
   (2) 映画を見ます。それから買物をします。
   (3) 勉強をします。それからシャワーを浴びます。
   (4) 授業が終る。それから図書館へ行く。
2. 例＊星がいっぱい出ました。
   → 星がいっぱい出ています。
   (1) 授業はもう始まりました。
   (2) 友だちが来ました。
   (3) ねずみが死にました。
   (4) あの人はもう発ちました。
3. 例＊その時電車が走っていました。
   → その時電車が走っていませんでした。
   (1) その時雨が降っていました。
   (2) その時花が咲いていました。
   (3) その時かのじょが来ていました。
   (4) その時私は日本語を勉強していました。

五、回答

1. 公園にはどんな花が咲いていますか。
2. 子どもは大勢何をしていますか。
3. 小鳥は何をしていますか。
4. 先週の土曜日あなたはどこへ行きましたか。
5. そこで何をしましたか。

六、日译汉

　　目がさめるとすぐ飛び起きて、庭に出ました。空は青く晴れていて、雲一つありません。朝日が庭いっぱいさしていま

す。夕べの雨にぬれた木の葉がきらきら光っています。ほんとうに気持ちのいい朝です。私は胸いっぱい朝のきれいな空気を吸いながら、やわらかい土を踏んで庭を歩きました。私はしばらく庭を散歩してから、部屋に戻って、朝ご飯まで新聞を読みました。

七、汉译日
1. 小张正在操场上打网球。
2. 我家住在北京市内。
3. 我还没看那本书。
4. 当时我还没学日语。
5. 昨天晚上一直在下雨。
6. 他总是一边听音乐一边学习。
7. 星期天我总是洗洗衣服，看看杂志什么的。
8. 昨天一天做了扫除什么的，非常累。

补充单词 / 補足単語（ほそくたんご）

暇[ひま]（名・连体）	余暇
かぎがかかる[鍵がかかる]（组）	上锁
昨年[さくねん]（名）	去年
その時[そのとき]（名）	那时
去年[きょねん]（名）	去年
つく[着く]（自五）	到、到达
つける[点ける]（他一）	开（灯）
消す[けす]（他五）	关掉、熄灭
やむ[止む]（自五）	停止、止
この頃[このごろ]（名）	近来、最近

天候[てんこう]（名）	气候，天气
不順[ふじゅん]（名・形動）	不順，不正常
仕事[しごと]（名）	工作
忙しい[いそがしい]（形）	忙
三年[さんねん]（名）	三年
経つ[たつ]（自五）	过，经
遊び[あそび]（名）	玩
教える[おしえる]（他一）	教
掃除[そうじ]（名）	扫除
洗濯する[せんたくする]（他サ）	洗衣服
近頃[ちかごろ]（名）	近来
料理を作る[りょうりをつくる]（组）	做饭
テープ[tape]（名）	磁带
シャワーを浴びる[shower をあびる]（组）	洗淋浴
星[ほし]（名）	星星
ねずみ[鼠]（名）	老鼠
死ぬ[しぬ]（自五）	死
発つ[たつ]（自五）	出发
あの人[あのひと]（名）	那个人，他
目が覚める[めがさめる]（组）	醒来
と（接助）	一……
飛び起きる[とびおきる]（自一）	一跃而起
朝日[あさひ]（名）	晨曦，朝阳
さす[射す]（自五）	射，照
木の葉[きのは]（组）	树叶
きらきら（副）	闪烁，耀眼
ほんとうに（副）	实在，真
気持ちのいい[きもちのいい]（组）	心情舒畅
胸[むね]（名）	胸，心里

吸う[すう]（他五）　　　　　　吸、抽
やわらかい[柔らかい]（形）　　柔软
土[つち]（名）　　　　　　　　土地、土
踏む[ふむ]（他五）　　　　　　踏、踩

第十一課

キャンプに行く

　今日は山中湖へキャンプに行く日です。朝早く起きました。急いで支度をして新宿駅に行きました。集合時間にはまだ十五分も間があるのですが、もうみんな来ていました。

　みんなおもいおもいの格好をしています。登山帽をかぶり、大きなリュックサックをかついで山登りの格好をしている者もいます。きちんとネクタイをしめ、上着を着て旅行用のかばんを持ち、都会見物の格好をしている者もいます。…みんなそれぞれ楽しいキャンプ生活を胸に描きながら、うれしそうににこにこしています。

　プラットホームは団体客で一杯でした。電車が来ました。始発駅なので、みんなこしかけることができました。

　私たちは終点の一つ手前の駅で電車を降りました。電車を降りると、すぐ駅の前に待っていた貸切バスに乗って目的地へ向かいました。

キャンプ[camp]（名）	野営、露営
山中湖[やまなかこ]（名）	山中湖
日[ひ]（名）	日子
支度[したく]（名）	准备、打扮

新宿[しんじゅく]（名）	新宿（地名）
集合[しゅうごう]（名）	集合
時間[じかん]（名）	时间
間[ま]（名）	时间、工夫
おもいおもい（副）	各自、各行其是
格好[かっこう]（名）	样子、装束、姿态
登山帽[とざんぼう]（名）	登山帽
かぶる（他五）	戴
リュックサック[Rucksack]（名）	背囊
かつぐ（他五）	背、扛、挑
山登り[やまのぼり]（名）	登山
者[もの]（名）	人
きちんと（副）	整整齐齐、规规矩矩
ネクタイ[necktie]（名）	领带
しめる[締める]（他一）	系、勒紧
上着[うわぎ]（名）	上衣
着る[きる]（他一）	穿
旅行[りょこう]（名）	旅行
用[よう]（名）	……用
かばん（名）	皮包、提包、公文包
都会[とかい]（名）	都市、城市
見物[けんぶつ]（名）	观光、旁观、围观
それぞれ（副）	分别
胸[むね]（名）	胸、心里
描く[えがく]（他五）	画、描绘
うれしい[嬉しい]（形）	高兴、快乐
にこにこ（副・自サ）	笑眯眯
プラットホーム[platform]（名）	站台、月台
団体客[だんたいきゃく]（名）	团体客
始発駅[しはつえき]（名）	始发站

こしかける[腰掛ける]（自一）	坐
終点[しゅうてん]（名）	终点
手前[てまえ]（名）	前、前面
降りる[おりる]（自一）	下、降
前[まえ]（名）	前
貸切バス[かしきりバス]（名）	租用的巴士
向かう[むかう]（自五）	向、朝……走

语法 / 文法

一、动词的连体形与终止形

动词有七种活用变化，即：未然形、连用形、终止形、连体形、假定形、命令形、推量形。

动词的连用形已做过介绍（参见第六课），本课讲动词的连体形和终止形。

从形态上看，连体形和终止形完全一样，与动词的基本形相同。

	基本形	连体形	终止形
五段动词：	行く	行く	行く
五段动词：	読む	読む	読む
一段动词：	起きる	起きる	起きる
一段动词：	食べる	食べる	食べる
サ变动词：	勉強する	勉強する	勉強する
カ变动词：	来る	来る	来る

1. 动词连体形可以在句子中直接做定语修饰体言。例如：
   ○ 今日はキャンプに行く日です。
   ○ 夜寝る前に散歩をします。
2. 动词终止形用于结句（简体），并可后续一些助词。例如：
   ○ そこからバスが来る。

○ 午後部屋を掃除する。
○ 明日試験がある。
○ 雨が降るから、早く帰りましょう。

二、补助动词「いる」

「いる」是「います」的简体形式，接续法及语法作用与「います」完全相同。它按一段动词（与动词「いる」相同）发生词尾变化。「いる」本身既是终止形，也是连体形。

「いる」的过去式是「いた」。它们在句子中可以直接做定语修饰体言，也可以用来结句（简体）。例如：

○ あそこに立っている人が姉です。
○ 山登りの格好をしている者もいます。
○ 駅の前に待っていたバスに乗りました。
○ 暇なときはいつも音楽を聞いている。
○ 雨が降っている。
○ 昨年までこの近くに住んでいた。
○ 午前中英語の小説を読んでいた。

三、格助词「に」（5）

接在体言后，表示进行比较和认定的基准。翻译时须灵活。例如：

○ 寮は駅に近いから、大変便利です。
○ 集合時間にはまだ十五分ある。
○ 今年は去年に比べて雪が少ないです。
○ 太郎は父に似ている。

四、提示助词「も」（2）

接在数词后，用来强调数量之多，程度之甚。例如：

○ 駅から学校まで三十分もかかります。
○ 東京の人口は京都の八倍もあります。

○ 集合時間にはまだ十五分も間があるが、もうみんな来ていました。

五、样态助动词「そうだ」

接在动词、助动词连用形或形容词、形容动词词干后，①表示说话人根据眼前的情况所做出的"眼看就要……"的判断。②表示说话人根据对外表的观察所做出的某种不确定的主观推测，意思相当于汉语的"好像……"、"看样子……"等。「そうだ」形同形容动词，活用变化按形容动词进行。注意：①接形容词「ない」和「いい」时，要分别变为「なさそうだ」和「よさそうだ」。②「そうだ」的否定形式分别为：「动词连用形＋そうもない」、「形容词连用形く＋なさそうだ」、「形容动词词干＋ではなさそうだ」。例如：

○ 今にも雨が降りそうです。
○ 棚から荷物が落ちそうですよ。
○ あ、シャツのボタンがとれそうですよ。
○ 周さんは得意そうな顔をしている。
○ 鯉が気持ちよさそうに泳いでいる。
○ これはおいしそうなケーキですね。
○ みんなうれしそうににこにこしています。
○ 王さん今日はあまり元気がなさそうだね。
○ 雨が降りそうもありません。
○ そのりんごは甘くなさそうです。
○ この靴は丈夫ではなさそうだ。
○ 明日は天気がよくなさそうだ。

六、接续助词「と」（1）

接在动词、助动词终止形后，表示前后两个动作发生的时间间隔很近，或几乎同时发生。也可以表示因某种条件的成立而产生某种结果。可译作"一……就……"。例如：

○ 六時になるとすぐ起きます。

○ 電車を降りると、すぐ貸切バスに乗りました。
○ 三月の末になると 桜が咲きます。
○ 自動ドアの前に立つと、ドアが開きます。

「と」接在补助动词「いる」后，可表示"正……的时候，……"，但仍具有前后两个动作发生的时间间隔很近的意思。例如：
○ 道を歩いていると雨が降り出しました。
○ 勉強をしていると友だちが来ました。

七、接续助词「ので」

「ので」接在用言和助动词的连体形后，表示原因和理由。可译作"因为……，所以……"。注意：接判断助动词「だ」时，要用其连体形「な」（语法解释参见第13课）。例如：
○ よく分からないので、先生に聞きました。
○ 説明が上手なので、よく分かります。
○ 駅から遠いので、不便です。
○ 始発駅なので、みんなこしかけることができました。

附：「ので」与「から」的区别

1．接续法不同：「ので」接在用言和助动词的连体形后；「から」接在用言和助动词的终止形后。

2．「ので」多用于客观叙述导致后项结果的理由和原因；而「から」则重点强调前项所叙述的理由和原因。所以，后项谓语中带有命令、意志、愿望、劝诱、推测等表达形式时，一般使用「から」。其他场合，「ので」和「から」可以互换。比较如下：
○ 天気がいいから、みんなでハイキングに行きましょう。
○ 天気がいいので、みんなでハイキングに行きました。
○ よく分からないから、先生に聞きましょう。
○ よく分からないので、先生に聞きました。

句型 / 文型

动词连体形 ことができる

该句型表示"能……"、"会……"、"能够……"的意思。（句型中的「こと」为形式体言，接在动词连体形后，使前面的动词或动宾结构变成名词性的词组。）例如：

○ 王さんは日本語を話すことができます。
○ バスの中ではたばこを吸うことができません。
○ 始発駅なので、みんなこしかけることができました。

注释 / 注釈

简体 以用言（包括各类助动词）终止形结句的句子称为简体。一般用于关系密切者之间，或上级对下级、长辈对晚辈等的会话。也可用于文章。

练习 / 練習

一、写出下列单词的假名

格好　登山帽　都会　団体客　胸　者

二、写出下列单词的汉字

うわぎ　やまのぼり　したく　けんぶつ　じかん　てまえ

三、选择「から」和「ので」填空
　　1．今日は病気な（　）、学校を休んでいます。
　　2．少し暑い（　）、窓を開けてください。
　　3．疲れた（　）、少し休みませんか。
　　4．雨が降っている（　）、みんな傘をさして歩いています。
　　5．昨日はとても寒かった（　）私はうちにいました。
　　6．明日の朝早い（　）、早く寝なさい。

四、填入「そうだ」的适当形式，完成句子
　　1．今度の試験はむずかし_____です。
　　2．子どもたちは楽し_____遊んでいます。
　　3．丈夫_____かばんですね。
　　4．周さんは得意_____話している。
　　5．雨が降り_____空だ。
　　6．王さんは元気がなさ_____です。

五、选词造句

私	は	六時に 起きる 日本語を 話す 自転車に 乗る 上手に 泳ぐ ここで 休む	ことができ	ます（か） ません ました（か） ませんでした
あなた				
あの人				

六、仿照例句变换说法
　　例＊周さんはめがねをかけています。
　　→めがねをかけている人は周さんです。
　　（1）田中さんは私の前にこしかけています。
　　（2）李さんは教室で話しています。
　　（3）先生は黒板に字を書いています。
　　（4）友だちは部屋でテレビを見ています。

七、用「と」连接句子

例＊六時になります。すぐ起きます。
→ 六時になるとすぐ起きます。
（1）休みになります。学生は山や海に行きます。
（2）お酒を飲みます。顔が赤くなります。
（3）自動販売機にお金を入れます。品物が出ます。
（4）電車を降ります。すぐバスに乗りました。

八、日译汉

東京は京都よりずっとにぎやかです。東京に住んでいる人の数は京都の八倍もあります。ですから、電車はいつも込んでいます。京都には古いお寺や古い建物がたくさんあります。休みの時にはそれを見に行く人がたくさんきます。町は大変にぎやかになります。

九、汉译日

1．刚才打电话的人是谁？
2．好像马上就要下雨了。
3．他高兴地说着。
4．一到春天，花就开了。
5．那个戴眼镜的人是谁？
6．站在门口的那个人是小王吗？
7．我会说简单的日语。
8．昨天是星期天，(所以)公共汽车上人很多。(用「ので」)

补充单词 / 補足単語（ほそくたんご）

試験[しけん]（名）　　　　　　考试

姉[あね]（名）	姐姐
去年[きょねん]（名）	去年
比べる[くらべる]（他一）	比较
太郎[たろう]（名）	太郎
似る[にる]（自一）	相似
京都[きょうと]（名）	京都
八倍[はちばい]（名）	八倍
今にも[いまにも]（副）	马上、眼看
棚[たな]（名）	棚、架子
荷物[にもつ]（名）	行李、东西
落ちる[おちる]（自一）	掉下
シャツ[shirt]（名）	衬衣
ボタン[batão]（名）	纽扣
とれる（自一）	脱落、掉
得意[とくい]（形动）	拿手、擅长
顔をする[かおをする]（组）	一副……的样子
ケーキ[cake]（名）	糕点
明日[あした]（名）	明天
自動[じどう]（名）	自动
開く[ひらく]（自五）	开启
降り出す[ふりだす]（自五）	下起来
分かる[わかる]（自五）	知道、明白
たばこ[煙草 tabako]（名）	香烟
開ける[あける]（他一）	打开
傘をさす[かさをさす]（组）	打伞
今度[こんど]（名）	这次
楽しい[たのしい]（形）	愉快、高兴
自転車に乗る[じどうしゃにのる]（组）	骑自行车
めがねをかける[目鏡を掛ける]（组）	戴眼镜
ずっと（副）	……得多、很

赤い[あかい]（形）	红
自動販売機[じどうはんばいき]（名）	自动售货机
お金[おかね]（名）	钱
入れる[いれる]（他一）	放入
品物[しなもの]（名）	物品、货物
数[かず]（名）	数目
ですから（接续）	所以
込む[こむ]（自五）	拥挤
お寺[おてら]（名）	寺庙
簡単[かんたん]（形动）	简单

第十二課

日記

一

　一月八日（木）雪
　昨日、病気で学校を休んだ。一昨日の夜から頭が痛くて、ぜんぜん勉強ができなかった。それで夜は早く寝た。
　昨日の朝は、熱があって苦しかったので、病院へ行った。お医者さんは「ひどい風邪ですから、薬を飲んで、部屋で静かに休んでください。」と言った。だから、一日中寝ていた。注射をして薬を飲んだので、今日は元気になった。

二

　十月二十日（金）雨
　今日は北京空港へ友だちの山田さんを迎えに行った。山田さんは中国文学の勉強に来たのだ。
　天候が悪くて、飛行機の到着が遅れたので、空港で大分待った。山田さんには長い間会っていなかったので、顔が分かるかどうかと心配だったが、すぐ分かってほっとした。五年ぶりに彼にあうことができて、とてもうれしかった。出発前、大変忙しかったので、少し痩せたと彼は言っていた。

単词 / 単語

日記[にっき]（名）	日记
一月[いちがつ]（名）	一月
八日[ようか]（名）	八日
木[もく]（名）	（「木曜日」的略语）星期四
雪[ゆき]（名）	雪
病気[びょうき]（名）	病
ぜんぜん（副）	（与否定形式呼应）一点都（不），根本（不）
できる（自一）	能、会、完成、做好
それで（接）	因此、于是
熱[ねつ]（名）	发烧、热度
苦しい[くるしい]（形）	难受、痛苦、困难
医者[いしゃ]（名）	大夫、医生
薬[くすり]（名）	药
言う[いう]（他五）	说
だから（接）	所以
注射[ちゅうしゃ]（名）	注射
元気[げんき]（名）	精神、健康
十月[じゅうがつ]（名）	十月
二十日[はつか]（名）	二十日
金[きん]（名）	（「金曜日」的略语）星期五
北京[ぺきん]（名）	北京
空港[くうこう]（名）	机场
迎える[むかえる]（他一）	迎接
中国[ちゅうごく]（名）	中国
文学[ぶんがく]（名）	文学

天候[てんこう]（名）	天气、气候
悪い[わるい]（形）	恶劣、不好、不正常
飛行機[ひこうき]（名）	飞机
到着[とうちゃく]（名）	到达、抵达
遅れる[おくれる]（自一）	迟、晚
大分[だいぶ]（副）	相当、很
長い[ながい]（形）	长、远、久
間[あいだ]（名）	间、时间、期间
会う[あう]（自五）	见面、遇到
分かる[わかる]（自五）	知道、了解、懂、会、认出
心配[しんぱい]（形动）	担心
ほっとする（自サ）	安心、放心
ぶり[振（り）]（接尾）	（接在表示时间的名词、数词后）相隔……
出発[しゅっぱつ]（名）	出发
忙しい[いそがしい]（形）	忙
痩せる[やせる]（自一）	瘦

语法 / 文法

一、动词的未然形

动词的未然形后续否定助动词「ない」，即构成动词的简体否定形式。下面介绍各类动词的未然形和接否定助动词「ない」的接续法。

1．五段词将词尾的假名由「う」段变成「あ」段的假名。例如：

| 基本形 | 未然形 | 接否定助动词「ない」 |
| いく | → いか | → いかない |

よむ → よま → よまない
いそぐ → いそが → いそがない
かえる → かえら → かえらない
しぬ → しな → しなない
かう → かわ → かわない
もつ → もた → もたない

2．一段动词将词尾去掉即可。例如：
基本形　　　未然形　　　接否定助动词「ない」
いる → い → いない
できる → でき → できない
ねる → ね → ねない
おしえる → おしえ → おしえない

3．サ变动词将词尾「する」变成「し」即可。例如：
基本形　　　未然形　　　接否定助动词「ない」
する → し → しない
ほっとする → ほっとし → ほっとしない

4．カ变动词将词尾「くる」变成「こ」即可。例如：
基本形　　　未然形　　　接否定助动词「ない」
くる → こ → こない

二、否定助动词「ない」

否定助动词「ない」接在动词及补助动词未然形后，表示对动作、行为、状态的否定。用「动词未然形＋ない」做谓语结句的是简体形式；用「动词连用形＋ません」做谓语结句的是敬体形式。一般译作"不……""没……"。例如：

　　　　　　　基本形　　简　体　　　敬　体
五段动词：いく → いかない → いきません
五段动词：やすむ → やすまない → やすみません
一段动词：おきる → おきない → おきません
一段动词：ねる → ねない → ねません

サ変动词：する　→　しない　→　しません
カ变动词：くる　→　こない　→　きません

否定助动词「ない」有活用变化，其规律如下：

基本形	未然形	连用形	终止形	连体形	假定形
ない	なかろ	なかっ① なく②	ない	ない	なけれ
主要用法及后续成分	う	①接た等 ②接て	结句	体言	ば

三、形容词「ない」

形容词「ない」的敬体形式是「ありません」，可以单独使用，表示对事物存在的否定。例如：

○ 部屋には電話がない（ありません）。

○ 住むところがない（ありません）。

形容词「ない」还可以接在形容词、形容动词、判断助动词「だ」的连用形后，构成它们的简体否定形式。例如：

	基本形	连用形	简体否定	敬体否定
形容词	おいしい	おいしく	おいしくない	おいしくありません
形容动词	きれいだ	きれいで	きれいで（は）ない	きれいではありません
判断助动词	だ	で	で（は）ない	ではありません

注：形容词、判断帮助动词的连用形后续「ない」时，一般需要插入「は」

四、过去助动词「た」

1．「た」接在动词连用形（五段动词的音便形式）后，构成动词的简体过去式，表示已经发生或已经结束行为、动作和状态。接词尾为「ガ」、「ナ」、「マ」、「バ」行假名的五段动词的连用形时，要发生浊音变化，变成「だ」。例如：

（一段动词）	おきる	→	おき	→	おきた
（五段动词）	いく	→	いっ	→	いった
（五段动词ガ行）	いそぐ	→	いそい	→	いそいだ
（五段动词ナ行）	しぬ	→	しん	→	しんだ
（五段动词マ行）	のむ	→	のん	→	のんだ
（五段动词バ行）	まなぶ	→	まなん	→	まなんだ
（サ変动词）	する	→	し	→	した
（カ変动词）	くる	→	き	→	きた

○ それで夜は早く寝た（寝ました）。
○ 昨日の朝は病院へ行った（行きました）。
○ 注射をして薬を飲んだ（飲みました）。
○ 日本語の勉強をした（しました）。
○ あ、バスが来た（来ました）。

2．「た」可以接在形容词连用形「かっ」，形容动词、判断助动词「だ」的连用形「だっ」后，构成它们的简体过去式。例如：

	基本形	连用形	简体过去式	敬体过去式
形容词	ない	なかっ	なかった	ありませんでした
形容词	楽しい	楽しかっ	楽しかった	楽しかった
形容动词	静かだ	静かだっ	静かだった	静かだった
判断助动词	だ	だっ	だった	でした

3．「た」还可以接在否定助动词「ない」的连用形「なかっ」后，构成过去否定形式。例如：

基本形	简体否定形式	简体过去否定形式	敬体过去否定形式
行く	行かない	行かなかった	行きませんでした
読む	読まない	読まなかった	読みませんでした
起きる	起きない	起きなかった	起きませんでした
寝る	寝ない	寝なかった	寝ませんでした
する	しない	しなかった	しませんでした
来る	来ない	来なかった	来ませんでした
寒い	寒くない	寒くなかった	寒くありませんでした
静かだ	静かではない	静かではなかった	静かではありませんでした
だ	ではない	ではなかった	ではありませんでした

五、判断助动词「だ」

「だ」是「です」的简体形式。「だ」的活用变化如下：

基本形	连用形	终止形	连体形	假定形	推量形
だ	だっ① で②	だ	な	なら	だろ
主要用法及 后续成分	①接た ②中顿	结句	接ので のに	(ば)	う

「だ」和「です」的区别：

	否定形	中顿式	连体形	终止形	过去式	推量形
だ	ではない	で	な	だ	だった	だろう
です	ではあり ません	(でして)	(です)	です	でした	でしょう

注：①连体形「な」可接「ので」、「のに」。「です」可接「ので」。

②推量形「だろう」、「でしょう」均可接动词、形容词、助动词终止形后，分别构成它们的敬体、简体推量形，表示推量。

③中顿式「でして」一般很少使用。

例如：
- 彼はこの学校の先生ではない（ではありません）。
- 山田さんは二十一歳で、歴史学部の学生だ。
- 鈴木君は病気なので、学校に来ませんでした。
- ここは学校だ（です）。
- ここは以前学校だった（でした）。
- 明日あなたは来ないだろう（でしょう）。
- 彼は来るでしょう（だろう）。
- 李君を知らない人はいないだろう（でしょう）。
- 病気になっただろう（でしょう）。
- この二、三日むこうは暑いだろう（でしょう）。

六、格助詞「が」（3）

接在体言后，与「できる、分かる、上手だ、下手だ、得意だ」等用言一起表示能力的对象。例如：
- 彼は日本語ができます。
- 私は車の運転ができません。
- 王さんは歌が上手です。
- この漢字の読み方が分かりますか。
- 周さんは水泳が得意です。

七、「のだ（のです）」的用法

「のだ（のです）」由形式体言「の」加上判断助动词「だ（です）」构成。接在简体的句子后，使句子带有解释、说明和强调的语气。口语中一般用「んだ（んです）」的形式。例如：
- 山田さんは中国文学の勉強をしに来たのだ（のです）。
- 私は昨日学校を休みました。熱があったんです。
- 急いでください。みんな待っているんです（んだ）。

八、格助词「と」(2)

接在体言、词组或句子后，表示称谓、引用、思维等的内容。一般与「言う」、「聞く」、「思う」、「考える」等动词呼应使用。例如：
- 私は周といいます。
- 「今日どこかへ行きましたか」と先生は聞きました。
- この漢字はなんと読みますか。

九、接尾词「ぶり」

接在表示时间的词汇后，相当于汉语的"相隔……"的意思。例如：
- お久しぶりですね。
- 五年ぶりに会った。
- これは五十年ぶりの大雪です。

另外,「ぶり」还可以接在部分体言或动词连用形后,构成名词,表示"样子"、"情况"、"状态"等。例如：
- 生活ぶり
- 話しぶり
- 仕事ぶり
- 手ぶり
- 身ぶり

十、接续助词「て」(2)

「て」接在动词连用形后，可以表示轻微的原因。例如：
- すぐ分かってほっとした。
- 五年ぶりに彼にあうことができて、とてもうれしかった。
- 風邪をひいて学校を休みました。

句型／文型

一、**动词连用形 てください**

该句型表示请求、劝诱对方做某事。可译作"请……"。例如：
- 少し暑いから窓を開け<u>てください</u>。
- 日本語で話し<u>てください</u>。
- 部屋で静かに休ん<u>でください</u>。

二、**动词连用形／动作性名词 に 来る**

该句型表示"来（做）……"的意思。例如：
- 夕べ友達が遊び<u>に来ました</u>。
- 日本へ文学を勉強し<u>に来た</u>。

三、**〜かどうか**

接动词、助动词、形容词的终止形或体言、形容动词词干后，表示在肯定和否定之间进行选择或判断。可译作"是否……"、"是……、还是……"。注意：句中的动作主体多用「が」表示。例如：
- 顔が分かる<u>かどうか</u>と心配だった。
- いい<u>かどうか</u>分からない。
- 日曜日休み<u>かどうか</u>まだ分かりません。
- 明日、山田さんが 来る<u>かどうか</u>、教えてください。

附一：接续词「それで」和「だから（ですから）」

「それで」和「だから」意思相近。可以用来连接两个句子，使前句的陈述成为导致后句结果的原因或理由，有承上启下的作用。例如：
- 今朝、朝寝坊をしました。<u>それで</u>、授業に遅れました。

- 台風が来ました。<u>それで</u>、電車が止まりました。
- お医者さんは「静かに 休んでください。」と言った。<u>だから</u>、一日中寝ていた。
- 東京の人口は京都の八倍もあります。<u>ですから</u>、電車はいつも込んでいます。

附二：
日期的读法

ついたち 一日	ふつか 二日	みっか 三日	よっか 四日	いつか 五日
むいか 六日	なのか 七日	ようか 八日	ここのか 九日	とおか 十日
じゅういちにち 十一日	じゅうににち 十二日	じゅうさんにち 十三日	じゅうよっか 十四日	じゅうごにち 十五日
じゅうろくにち 十六日	じゅうしちにち 十七日	じゅうはちにち 十八日	じゅうくにち 十九日	はつか 二十日
にじゅういちにち 二十一日	にじゅうににち 二十二日	にじゅうさんにち 二十三日	にじゅうよっか 二十四日	にじゅうごにち 二十五日
にじゅうろくにち 二十六日	にじゅうしちにち 二十七日	にじゅうはちにち 二十八日	にじゅうくにち 二十九日	さんじゅうにち 三十日
さんじゅういちにち 三十一日	なんにち 何日			

附三：
动词敬体、简体对照表

			敬　体	简　体
遊ぶ （五段动词）	现在	肯定	遊びます	遊ぶ
		否定	遊びません	遊ばない
	过去	肯定	遊びました	遊んだ
		否定	遊びませんでした	遊ばなかった
起きる （一段动词）	现在	肯定	起きます	起きる
		否定	起きません	起きない
	过去	肯定	起きました	起きた
		否定	起きませんでした	起きなかった

勉強する （サ変動词）	現在	肯定	勉強します	勉強する
		否定	勉強しません	勉強しない
	過去	肯定	勉強しました	勉強した
		否定	勉強しませんでした	勉強しなかった
来る （カ変动词）	現在	肯定	きます	くる
		否定	きません	こない
	過去	肯定	きました	きた
		否定	きませんでした	こなかった

练习 / 練習

一、写出下列单词的假名

八日　雪　病気　医者　空港　飛行機

二、写出下列单词的汉字

しんぱい　げんき　むかえる　ながい　ねつ　まえ

三、说出下列动词「未然形＋ない」、「連用形＋た」、「連用形＋ている」的形式

休む　聞く　寝る　迎える　起きる　注射する　話す　来る

四、填空（根据句子后给出的词，填入适当的形态）

1．今日は病気（　　）ので、学校を休んでいます。　　（だ）
2．鈴木さんは日本人（　　）、私の友だちです。　　（だ）
3．ここは以前学校（　　）。　　（だ）
4．薬を（　　）ので、今日は元気になった。　　（飲む）
5．熱が（　　）ので、病院へ行った。　　（ある）
6．そこに（　　）人は周さんだ。　　（立つ）

7．私が（　）とき、まだ誰も来ていませんでした。（つく）
8．いま王さんとテニスを（　）人は誰ですか。　　（する）

五、替换练习
1．王さんは水泳ができる。
　　（1）あなた／車の運転／できますか
　　（2）周さん／テニス／上手です
　　（3）私／英語／分かります
　　（4）彼／ダンス／得意です
2．顔が分かるかどうか心配だった。
　　（1）明日　行く／決めていない
　　（2）できる／心配だ
　　（3）好きだ／分からない
　　（4）ほしい／知らない
　　（5）前に座っている人は王さんだ／分からない
3．部屋で静かに休んでください。（注意音便）
　　（1）ゆっくり本を読む　　（2）テレビを見る
　　（3）李さんと話す　　　　（4）コーヒーを飲む
　　（5）質問に答える　　　　（6）日本語の録音を聞く

六、用「それで」连接句子
1．今朝朝寝坊をした。／朝ご飯も食べなかった。
2．セールになりました。／セーターは安くなりました。
3．長い間雨が降りませんでした。／木の葉が枯れています。
4．大雪が降りました。／新幹線が止まりました。

七、日译汉
　　昔、日本へ来た西洋人は、日本の家を見て、木と紙の家だと言いました。伝統的な家はもう少なくなり、最近、都会では西洋風の家が多くなりましたが、そういう家にも畳の部屋

はまだ残っています。畳の部屋を和室(日本間)といいます。日本では部屋の広さを畳の数で表します。例えば、畳が6枚敷いてある部屋は6畳間といいます。

八、汉译日

1. 下一周是否去郊游还不知道。
2. 昨天没去学校，因为感冒了。
3. 请用日语说。
4. 不去的人请举手。
5. 我叫周强，是北京大学的学生。
6. 她说她晚上还来。
7. 我会开车。
8. 请快一点，大家都等着呢。

补充单词 / 補足単語

むこう[向こう]（名）	对面，那边儿
漢字[かんじ]（名）	汉字
運転[うんてん]（名）	开车，驾驶
読み方[よみかた]（名）	读法
水泳[すいえい]（名）	游泳
お久しぶりです[おひさしぶりです]（句）	好久不见了
大雪[おおゆき]（名）	大雪
身[み]（名）	身体
朝寝坊をする[あさねぼうをする]（组）	睡懒觉
ダンス[danse]（名）	舞

決める[きめる]（他一）	決定
ゆっくり（副）	慢、不着急、舒适
質問に答える[しつもんにこたえる]（組）	回答問題
セール[sale]（名）	甩卖、减价
安い[やすい]（形）	便宜
長い間[ながいあいだ]（組）	好长时间
枯れる[かれる]（自一）	枯萎
西洋人[せいようじん]（名）	西方人
紙[かみ]（名）	纸
伝統的[でんとうてき]（形动）	传统的
最近[さいきん]（名）	最近
西洋風[せいようふう]（名）	西式、欧式
そういう（連体）	那样的
畳[たたみ]（名）	榻榻米、草席
残る[のこる]（自五）	保留、留下
間[ま]（名）	房间
和室[わしつ]（名）	和式房间
日本間[にほんま]（名）	和式房间
広さ[ひろさ]（名）	大小
数[かず]（名）	数、数量
表す[あらわす]（他五）	表示
例えば[たとえば]（副）	比如
枚[まい]（量）	张、枚
敷く[しく]（他五）	铺
六畳間[ろくじょうま]（名）	六叠间
手を挙げる[てをあげる]（組）	举手

第十三課

趣味

ローバート：茂さん、碁や将棋を習いたいんですが、どうすればいいですか。

茂：そうですね。碁や将棋を習いたければ、まず本を読むといいですよ。本を読んで規則を覚えれば、すぐできますよ。

ベティー：本だけ読めば、よろしいんですか。

茂：本を見れば、早いですね。でも、実際にやらなければ、うまくなりませんよ。碁と将棋と、どちらを先に覚えたいですか。

ローバート：私は碁の方を先に覚えたいです。

茂：では、碁盤と石を先に買いなさい。そして、うちに来れば、私が教えますよ。

ローバート：ありがとうございます。ぜひ教えてください。いつ伺えばよろしいでしょうか。

茂：毎週、土曜日の午後はちょっとどうですか。

ローバート：すみませんが、土曜日の午後はちょっと都合が悪いんです。ほかの日ではいけませんか。

茂：そうですねえ。ほかの日でもいいですよ。月・水・金の午後ならうちにいますよ。もし、私がいなければ父に習えばいいでしょう。

ローバート：私は、水曜か金曜が、一番いいんですが。おさしつかえがなければ、今週から伺いたいと思いますが。

茂： では、曜日は父と相談して決めてください。一年勉強すれば、きっとうまくなるでしょう。

ベティー： よかったわねえ。みんながうらやましがるわよ。

単词/単語

趣味[しゅみ]（名）　　　　　　愛好、嗜好
ローバート[robert]（名）　　　罗伯特（人名）
茂[しげる]（名）　　　　　　　茂（人名）
碁[ご]（名）　　　　　　　　　围棋
将棋[しょうぎ]（名）　　　　　日本象棋、将棋
習う[ならう]（他五）　　　　　学习
規則[きそく]（名）　　　　　　规则
覚える[おぼえる]（他一）　　　记住、掌握、学会
ベティー[betty]（名）　　　　　蓓提
よろしい[宜しい]（形）　　　　好、行、可以
でも（接）　　　　　　　　　　不过、但是
実際[じっさい]（副）　　　　　实际、真的
やる（他五）　　　　　　　　　做、干
うまい（形）　　　　　　　　　好、棒、高明；好吃
どちら（代）　　　　　　　　　哪边
先[さき]（名）　　　　　　　　先
方[ほう]（名）　　　　　　　　指比较的一方
では（接）　　　　　　　　　　那么
碁盤[ごばん]（名）　　　　　　围棋盘
石[いし]（名）　　　　　　　　围棋子、石子
教える[おしえる]（他一）　　　教、告诉
ぜひ[是非]（副）　　　　　　　务必、一定

いつ[何時]（代）	何时
伺う[うかがう]（他五）	拜访；请教；听说
毎週[まいしゅう]（名）	每周
すみませんが（句）	对不起
都合[つごう]（名）	情况、方便
都合が悪い[つごう]（句）	不方便
いける（自一）	行、会、能做
月[げつ]（名）	「月曜日」的略称
水[すい]（名）	「水曜日」的略称
もし（副）	假如、如果
水曜[すいよう]（名）	「水曜日」的略称
金曜[きんよう]（名）	「金曜日」的略称
さしつかえ[差し支え]（名）	妨碍、不方便
思う[おもう]（他五）	想、思考、认为
曜日[ようび]（名）	星期几
相談する[そうだんする]（他サ）	商量、协商
一年[いちねん]（名）	一年
勉強する[べんきょうする]（他サ）	学习
きっと（副）	一定、肯定
よい（形）	好
うらやましい[羨ましい]（形）	羡慕
がる（接尾）	显得……、露出……

语法 / 文法(ぶんぽう)

一、动词、形容词的假定形

1．各类动词的假定形

	基本形	假定形	变化要领	后续
五段动词	読む	読め	词尾假名由「う段」移到同行「え段」	接续助词ば
五段动词	習う	習え	词尾假名由「う段」移到同行「え段」	接续助词ば
一段动词	見る	見れ	词尾的「る」变成「れ」	接续助词ば
一段动词	覚える	覚えれ	词尾的「る」变成「れ」	接续助词ば
サ变动词	する	すれ	将「する」变成「すれ」	接续助词ば
カ变动词	来る	来れ	将「くる」变成「くれ」	接续助词ば

2．形容词的假定形

将形容词的词尾「い」变成「けれ」，即构成形容词的假定形。例如：

よろしい　→よろしけれ
はやい　　→はやけれ
おおい　　→おおけれ

注意：

（1）「いい」的假定形是「よけれ」，而不是「いけれ」。

（2）否定助动词「ない」和愿望助动词「たい」的假定形与形容词的假定形一样，分别是「なけれ」和「たけれ」。

二、接续助词「ば」和动词、形容词的假定式

「ば」是表示假定的接续助词。接在动词、形容词、助动词的

假定形后，构成其假定式。相当于汉语的"如果……，就……"。例如：
- 本を読んで規則を覚えれば、すぐできますよ。
- 雨が降れば、うちで本を読んだりします。
- 値段が安ければ、買います。
- 都合がよければ、いっしょに行きませんか。
- 実際にやらなければ、うまくなりませんよ。

三、愿望助动词「たい」

「たい」接在动词连用形后，表示说话人的希望和愿望，相当于汉语的"我想……"。当动词为及物动词时，一般用「～を动词连用形＋たい」的形式表示强调「希望……」的动作本身；而用「～が动词连用形＋たい」的形式表示强调说话人「希望……」的对象。「たい」的词尾变化规则与形容词相同。注意：由于「たい」表示内心的希望和愿望，所以，以「たい」结句时，一般表达的是第一人称的希望和愿望。要用于第二人称或第三人称时，须发生相应的变化（如：疑问、假定、说明、引用等形式）。例如：
- ビールを飲みたい。
- ビールが飲みたい。
- 私は日本語を勉強したい。
- 体がだるくて何もやりたくない。
- 碁や将棋を習いたければ、本を読むといいですよ。
- あなたも飲みたいですか。
- 彼も行きたいと言った。

四、接续助词「が」（2）

「が」接在两个句子之间，除了表示轻微的逆态转折关系外，还可以用来表示顺接的确定关系。此时的「が」用于提出话题或连接句子，表示客气或犹豫。有时后面句子可以省略。
- 碁や将棋を習いたいんですが、どうすればいいですか。

○ パソコンが動かないんですが、ちょっと見てくださいませんか。
○ 昨日、周さんに会ったんですが、元気でしたよ。
○ 私は水曜か金曜が、一番いいんですが。

五、副助词「だけ」

接在体言、用言连体形及部分助动词后，①表示对程度、范围、数量等的限定。相当于汉语的"仅仅"、"只"。②相当于汉语"尽量"、"尽可能"的意思。③接「これ、それ、あれ、どれ」后，表示达到的程度或限度，翻译时须灵活。例如：
○ みんな出かけて私だけうちにいます。
○ お金が足りないので、本を三冊だけ買いました。
○ 彼にだけ連絡した。
○ 新聞だけは毎日読む。
○ 本だけ読めば、よろしいですか。
○ ほしいだけ持って帰りなさい。
○ たくさんありますから、好きなだけ飲んでください。
○ これだけ勉強したのに、まだわからないんです。
○ あれだけ練習してもうまくならないのは、彼に才能がないのだろう。

六、判断助动词「だ」的连体形和假定形

如第11、12课所示，「だ」的连体形为「な」，可以后接「ので」、「のに」等。（接「のに」的用例参见第21课）例如：
○ 彼女はまだ子どもなのだ。
○ 今日は日曜日なので、道が空いている。

「だ」的假定形为「なら」，接在体言、用言（形容动词词干）、助动词的连体形后，表示：①假设的条件，相当于汉语的"如果……"、"要是……"。②就对方的话题进行说明，翻译时须灵活。例如：

○ 金曜日の午後ならうちにいますよ。
○ 暑いなら上着をぬいでください。
○ 好きならあげます。
○ 君が行くならぼくも行く。
○ パソコンを買いたいんです。
→ パソコンなら秋葉原がいいですよ。
○ 周さん、いませんか。→周さんなら、さっき出かけました。

七、接尾词「がる」

接在形容词、形容动词、助动词的词干及部分名词后，构成五段活用动词。表示流露在外表的感情，多用于第三人称。意思相当于汉语的"显得……"、"露出……"。例如：
○ 馬さんはパソコンをほしがっている。
○ 夏になると、みな海に行きたがる。
○ あの子は寒がって震えている。
○ みんながうらやましがるわよ。
○ 彼はみんなの前で通がっている。

八、指示代词（3）

「こちら、そちら、あちら、どちら」

「こちら、そちら、あちら、どちら」属于代词，用来指代方位。它们之间的区别及用法大致与「これ/ここ、それ/そこ、あれ/あそこ、どれ/どこ」相同。在较为郑重的场合，「こちら、そちら、あちら、どちら」可代替「ここ、そこ、あそこ、どこ」使用。具体用法如下：

近称	中称	远称	不定称
こちら	そちら	あちら	どちら
这边	那边	那边	哪边

- ○ どうぞ、こちらへ。
- ○ そちらは東です。
- ○ あちらは南です。
- ○ エレベーターはどちらですか。
- → エレベーターはあちらです。

句型 / 文型

一、动词假定形 ばいい/よい/よろしい

该句型表示建议或允许对方做某事，相当于汉语的"可以……"。其疑问形式用于询问该如何做的场合。例如：

- ○ 電車の中に忘れ物をしたんですが、どうすればいいですか。
- → いちばん近い駅で聞けばいいです。
- ○ 君は先に帰ればいいですよ。
- ○ いつ伺えばよろしいですか。
- ○ 疲れたら、隣の部屋で休めばいい。

二、动词连用形 なさい

该句型与第12课学过的「动词连用形 てください」一样也表示请求、劝诱对方做某事。只是恭敬程度不如「动词连用形 てください」。多用于长辈对晚辈，或关系密切者之间。例如：

- ○ どうぞ、入りなさい。
- ○ もう遅いから早く寝なさい。
- ○ 碁盤と石を先に買いなさい。

三、体言と 体言と どちらが 形容词/形容动词/助动词疑问形式

该句型用来表示在列举的事项中进行选择和比较。相当于汉语

的"……和……，哪个（更）……"。例如：
- ○ りんごとみかんと、どちらが好きですか。
- ○ 空港までバスと電車と、どちらが速いですか。
- ○ 碁と将棋と、どちらが先に覚えたいですか。

四、体言及部分副助词 ではいけない

该句型表示禁止和不允许，相当于汉语的"不许……"、"不能……"等。句型中的「では」表示条件，「いけない」表示"不行"。其疑问形式用于询问是否允许做……。例如：
- ○ サインはボールペンではいけません。
- ○ これだけではいけませんよ。
- ○ ほかの日ではいけませんか。

附：接动词时，用「动词连用形（五段动词音便）てはいけない」的形式。例如：
- ○ 飛行機の中で携帯電話を使ってはいけないんです。
- ○ ここでタバコを吸ってはいけません。
- ○ 食事をしている時にテレビを見てはいけません。
- ○ 図書館の電気は暗くてはいけません。

五、体言及部分副助词 でもいい

该句型表示许可的意思，相当于汉语的"可以……"。例如：
- ○ 証明書の写真はスピード写真ではいけませんか。
- → いいえ、証明書の写真はスピード写真でもいいです。
- ○ ほかの日ではいけませんか。
- → ほかの日でもいいですよ。
- ○ 学生でもいいです。一人紹介してください。

六、动词连用形 たいと思う

该句型表示说话人的愿望和打算。相当于汉语的"我想……"、

"我要……"等。注意：该句型「～たいと思う」的形式只能用于第一人称。如果要用于第一人称以外时，须用其「～たいと思っている」、「～たいと思っていた」或疑问形式。例如：
　　○　日本語を勉強したいと思います。
　　○　私は文学部に入りたいと思っていました。
　　○　王さんは文学部に入りたいと思っています。
　　○　碁と将棋と、どちらが先に覚えたいと思いますか。

　　一、「本を見れば、早いですね。でも、実際にやらなければ、うまくなりませんよ。」　句中的「でも」是接续词，用来连接上下文，表示转折。相当于汉语的"不过"、"但是"。
　　二、课文中的「そうですね。」和「そうですねえ。」　句中的「ね」、「ねえ」为终助词，接在句尾，用于犹豫或思考时，相当于汉语的"嗯……"。
　　三、「本を読むといいですよ。」译成汉语为"看书就可以了。"句中的「と」是接续助词，表示条件。（语法解释参见第19课）
　　四、「私は水曜か金曜が、一番いいんですが。」译成汉语为"我是星期三或星期四最合适。"句中的「か」为终助词，表示从列举的事物中进行选择，相当于汉语的"或"、"或者"。
　　五、「よかったわねえ。みんながうらやましがるわよ。」句中的「わねえ」为终助词「わ」和「ねえ」的叠用，与终助词「ね」意义相同，表示轻微的感叹、惊讶或赞美。「わよ」为终助词「わ」和「よ」的叠用，表示感叹。是女性专用词。

练习 / 練習(れんしゅう)

一、写出下列单词的假名
　　毎週　規則　趣味　都合　習う　伺う

二、写出下列单词的汉字
　　しょうぎ　じっさい　おぼえる　わるい　きめる　おもう

三、说出下列动词和形容词的假定形
　　習う　教える　やる　来る　行く　できる　勉強する
　　いい　はやい　よろしい　うらやましい　うまい

四、仿照例句变换说法
　1．例＊ほかの日でもいいです。
　　　　→ ほかの日ではいけません。
　　（1）あしたでもいいです。
　　（2）彼でもいいです。
　　（3）書くものは鉛筆でもいいです。
　　（4）場所はここでもいいです。
　2．例＊先に帰る。
　　　　→ 先に帰ればいい。
　　（1）ゆっくり読む。
　　（2）図書館で借りる。
　　（3）自分で行く。
　　（4）隣の部屋で休む。
　3．例＊どうぞ、入ってください。
　　　　→ どうぞ、入りなさい。
　　（1）ゆっくり読んでください。

（2）少し暑いから、窓を開けてください。
　（3）日本語で話してください。
　（4）部屋で静かに休んでください。
 4．例＊私は日本語を勉強する。
　→ 私は日本語を勉強したい。
　→ 私は日本語を勉強したいと思います。
　（1）私はパソコンを買う。
　（2）海外旅行に行く。
　（3）冷たいビールを飲む。
　（4）刺身を食べる。

五、组句

八時に家を出れ			出席してください
品質が良けれ			しっかり勉強しなさい
都合が悪くなけれ		ば	間に合います
勉強したけれ			分かります
辞書を調べれ			値段も高くなります
きらいでなけれ			たくさん食べてください

六、填空
 1．馬さんはパソコンをほし（　）（　）（　）いる。
 2．日曜日（　）（　）家にいます。
 3．デジタルカメラを買う（　）（　）中関村がいいですよ。
 4．病気（　）ので、学校を休んだ。
 5．新幹線（　）飛行機（　）、どちらが好きですか。
 6．好きな（　）（　）料理をとってください。
 7．友だちと（　）（　）相談しました。
 8．日本語を勉強したいんです（　）、どうすればいいですか。
 9．よく勉強すれ（　）上手になるだろう。

七、日译汉

　　鈴木さんはビデオカメラを買いたいと思っています。来月家族みんなで海外旅行に行くので、そのときに使いたいのです。鈴木さんはたまにビデオを見ることはありますが、ビデオカメラを使ったことは一度もありません。ですから、今度の日曜日に弟と一緒に店に行って使いやすいのを選びたいと思っています。

八、汉译日

1. 毕业后我想去外贸公司工作。
2. 你喜欢喝咖啡还是红茶？
3. 大家都出去了，只有我一个人在宿舍。
4. 做完作业的人可以先走。
5. 我的电脑坏了，你能给看一下吗？
6. 要是热的话，请把空调打开。
7. 这里不能抽烟。
8. 小王想买一架数码相机。

补充单词 / 補足単語

はやい[速い]（形）	快
おおい[多い]（形）	多
値段[ねだん]（名）	价格
日本語[にほんご]（名）	日语
体[からだ]（名）	身体
だるい（形）	懒倦
動く[おごく]（自五）	动
ちょっと[一寸]（副）	稍微

足りる[たりる]（自一）	足、够
三冊[さんさつ]（名）	三册
連絡する[れんらくする]（自他サ）	联系、联络
たくさん[沢山]（副）	许多
練習する[れんしゅうする]（他サ）	练习
のに（接助）	表示意外，不满等
才能[さいのう]（名）	才能
空く[あく]（自五）	空、闲
ぬぐ[脱ぐ]（他五）	脱
あげる（他一）	给
秋葉原[あきはばら]（名）	秋叶原（地名）
さっき（副）	刚才
あの子[あのこ]（名）	那个小孩
震える[ふるえる]（自一）	发抖
通[つう]（名・形动）	精通、内行
こちら（代）	这里
そちら（代）	那里
あちら（代）	那里
東[ひがし]（名）	东
忘れ物[わすれもの]（名）	遗忘的东西、遗失物
いちばん[一番]（副）	最、顶
近い[ちかい]（形）	近
先に[さきに]（副）	先
〜たら（接助）	表示假设
遅い[おそい]（形）	迟、晚
サイン[sign]（名）	签字
携帯電話[けいたいでんわ]（名）	手机
使う[つかう]（他五）	使用
電気[でんき]（名）	电、电灯
暗い[くらい]（形）	暗

証明書[しょうめいしょ]（名）	证明
スピード写真[しゃしん]（名）	快相
紹介する[しょうかいする]（他サ）	介绍
文学部[ぶんがくぶ]（名）	文学系
鉛筆[えんぴつ]（名）	铅笔
場所[ばしょ]（名）	场所、地方
借りる[かりる]（他一）	借
自分[じぶん]（名）	自己
少し[すこし]（副）	稍微、一点
話す[はなす]（他五）	说、讲
海外旅行[かいがいりょこう]（名）	海外旅行
冷たい[つめたい]（形）	冷
出席する[しゅっせきする]（自サ）	出席、参加
品質[ひんしつ]（名）	品质
良い[よい]（形）	好
しっかり（副）	扎实、努力
間に合う[まにあう]（组）	来得及、凑合
辞書を調べる[じしょをしらべる]（组）	查字典
デジタルカメラ[digital camera]（名）	数码相机
中関村[ちゅうかんそん]（名）	中关村
ビデオカメラ[video camera]（名）	摄像机
来月[らいげつ]（名）	下个月
たまに（副）	有时、偶尔
ビデオ[video]（名）	录像
〜やすい（接尾）	易……
選ぶ[えらぶ]（他五）	选择
卒業後[そつぎょうご]（名）	毕业后
対外貿易会社[たいがいぼうえきか	外贸公司

いしゃ]（名）
宿題[しゅくだい]（名）　　　作业
終える[おえる]（他一）　　　做完、结束
クーラーを入れる[cooler をいれ　开空调
る]（组）

第十四課

銀行を利用する

一、銀行を利用する

　お金と私たちの生活は切り離すことができない。買物をしたり、交通機関を利用したりして、毎日のようにお金を使っている。お金と銀行も、また切り離すことができない。お金を銀行に預ければ、安全な上に、利子がつき、公共料金などの支払いも自動的にできる。銀行を上手に利用すれば、私たちの生活は便利になるだろう。次に、「引き出し」を例にとって、ATM(現金自動預け払い機)の使用方法を説明しよう。
　一、キャッシュカードを入れる。
　二、最初の画面の「お引出し」を選ぶ。
　三、4けたの暗証番号を入れる。間違えないように気をつけよう。
　四、必要な金額を入れる。
　五、画面の表示を見て、正しければ、「確認」のボタンを押す。
　　　しばらく待ち、現金、キャッシュカード、明細書を受け取る。

二、地震に備える

　日本は地震国だ。地震が起きたらどうすればいいか。日本では小さい時から、地震が起きたらどうすべきかを学ぶ。これだけは知っておこう。
　一、まず、火を消す。ガスの元栓も閉めよう。

二、机やテーブルの下に隠れる。物が落ちたりして危ないから気を付けよう。
三、ドアや窓を開けて、出口を確保する。
四、あわてて外へ飛び出さない。

単词/単語

銀行[ぎんこう]（名）	银行
利用する[りようする]（他サ）	利用
金[かね]（名）	钱
切り離す[きりはなす]（他五）	分开、割裂
交通機関[こうつうきかん]（名）	交通工具
毎日[まいにち]（名）	每天
使う[つかう]（他五）	使用
また（副）	又、再、另外
預ける[あずける]（他一）	存、寄存
安全[あんぜん]（形动）	安全
利子[りし]（名）	利息
利子がつく（句）	有利息
公共[こうきょう]（名）	公共
料金[りょうきん]（名）	费用
支払い[しはらい]（名）	支付、付款
自動[じどう]（名）	自动
的[てき]（接尾）	有关……的、……方面的
上手[じょうず]（形动）	擅长、善于、好、棒
便利[べんり]（形动）	方便、便利
次[つぎ]（名）	下面、接下来
引き出し・引出し[ひきだし]（名）	抽出、提取

| サ変 | する | し | 将「する」变成「し」 | 助動詞よう |
| カ変 | 来る | こ | 将「くる」变成「こ」 | 助動詞よう |

2. 推量助动词「う、よう」及推量式

「う」接在五段动词的推量形后，「よう」接在一段动词、サ变动词、カ变动词的推量形后，构成推量式。主要表示意志、劝诱或号召。表示推测的意思一般多用「动词终止形＋だろう」的形式。例如：
- 寒いから、帰ろう。
- 危ないから気を付けよう。
- 一生懸命勉強しよう。
- あなたも一緒に行こう。
- 明日雨が降るだろう。

二、比况助动词「ようだ」（1）

比况助动词「ようだ」接在用言、助动词连体形，及连体词后，可以用来表示比喻、委婉的断定、例示、目的、内容等。「ようだ」的活用变化按形容动词进行。本课出现的用法为：

1. 表示例示，相当于汉语的"像……那样的（地）"。例如：
- 妹はチョコレートのような甘いものが好きです。
- 駅や空港のように人が多いことろでは、自分の荷物に気をつけましょう。
- 時は金なりというように時間は大切なものです。
- このような現象はつぎのように解釈することができる。
- 買物をしたり、交通機関を利用したりして、毎日のようにお金を使っている。

2. 用「ようだ」的连用形「～ように（或「～よう」）」表示祈祷、希望、劝告等的内容。有时「～ように（或「～よう」）」后面的谓语成分可以省略。例如：
- 忘れ物をしないようにしてください。

- ○ 期間内に終了するようお願いします。
- ○ 間違えないように気をつけよう。
- ○ すべてがうまくいきますよう(祈ります)。
- ○ 集合時間は守るように(してください)。

三、接尾词「的」

接在名词后，构成形容动词，可译作汉语的"有关……的"、"……方面的"、"……式的"、"……地"、"从……角度"等。活用变化按形容动词进行，修饰体言时，有时可以不加「な」。例如：
- ○ 個人的な問題
- ○ 科学的な知識
- ○ 家庭的な雰囲気
- ○ ヨーロッパ的気候
- ○ 国際的トラブル
- ○ 公共料金などの支払いも自動的にできる。
- ○ 現実的には不可能です。

四、接续助词「たら」(T)

接在用言连用形后，表示假设的前提条件。相当于汉语的"假如……"、"要是……"。例如：
- ○ 地震が起こったら、すぐ火を消してください。
- ○ 駅に着いたら電話をください。迎えに行きます。
- ○ この話を聞いたら、母はきっと喜ぶでしょう。
- ○ 暑かったら、クーラーを入れてください。
- ○ 好きだったら、あげます。
- ○ 雨だったら、ピクニックをやめる。

五、补助动词「おく」

接在动词连用形（五段动词音便）＋「て」后，表示：①提前准备或为下次使用而完成某种必要的动作；②使动作进行后的状态

持续下去。翻译时须灵活。例如：
- 私は買物に行く前に、いつもメモ用紙に買う物を書いて<u>て</u><u>おき</u>ます。
- 友だちが来る前に、部屋の掃除をしておきます。
- 新聞を読んだら、元のところにしまって<u>おいて</u>ください。
- 窓を開けて<u>おいて</u>ください。まだ、この部屋を使いますから。

句型 / 文型(ぶんけい)

一、用言连体形/名词＋の 上（に）

该句型相当于汉语的"不但……而且……"、"不仅……而且……"。例如：
- 品物が悪い<u>上</u>に、値段が高い。
- 日本の夏は気温が高い<u>上</u>に湿気も多い。
- お金を銀行に預ければ、安全な<u>上</u>に、利子がつく。

二、名词 を例にとる

该句型相当于汉语的"以……为例"。例如：
- 彼のことを例にとって話したいと思う。
- 「引き出し」を例にとって、ATMの使用方法を説明しよう。

三、动词终止形 べきだ

该句型相当于汉语的"应该……"、"理应……"。「べきだ」按助动词「だ」发生活用变化。接「サ変動詞」时多用「すべきだ」的形式。例如：
- そんな大事なことはもっとはやく知らせる<u>べき</u>です。
- 人の悪口など言う<u>べき</u>ではない。

○ 悪いと思ったらすぐ謝るべきだ。
○ 小さい時から、地震が起きたらどうすべきかを学ぶ。
○ 自然を大切にすべきだ。

注释/注釈

一、「小さい時から、地震が起きたらどうすべきかを学ぶ。」句中的「地震が起きたらどうすべきか」为「学ぶ」的宾语成分。

二、「これだけは知っておこう。」句中的「は」为提示助词，用来提示和强调宾语。

练习/練習

一、写出下列单词的假名
　　交通機関　銀行　料金　上手　利子　出口

二、写出下列单词的汉字
　　つかう　あずける　まちがえる　ただしい　うけとる　けす

三、说出下列动词、形容词、形容动词的推量式
　　行く　来る　選ぶ　つかう　あずける　備える　説明する
　　高い　よろしい　うまい　静か　にぎやか　上手

四、替换练习
　1. チョコレートのような甘いもの
　　（1）りんご/果物

（2）地下鉄/乗り物
　　（3）あなた/親切な人
　　（4）空港/人の多いことろ
2．品物が悪い上に、値段が高い。
　　（1）彼は詩人である/政治家でもある
　　（2）あの人は仕事もできる/遊びも上手だ
　　（3）今年は暖冬だった/雨に恵まれた
　　（4）彼は仕事に失敗した/家族をも失ってしまった
3．自然を大切にすべきだ。
　　（1）自分の意見をはっきり言う
　　（2）学生は勉強する
　　（3）子どもはもっと自由に遊ばせる
　　（4）約束を守る
4．間違えないように気をつけよう。
　　（1）風邪を引かない/気をつけてください
　　（2）時間に遅れない/してください
　　（3）約束を守る/お願いします
　　（4）コンピューターに触らない/お願いします

五、仿照例句変換说法
1．例＊友だちが来る前に、部屋の掃除をします。
　　→　友だちが来る前に、部屋の掃除をしておきます。
　　（1）雨が降るから、窓をしめてください。
　　（2）前もって乗車券を買う。
　　（3）明日は試験ですから、よく勉強してください。
　　（4）会議の前に資料を配る。
2．例＊暇です。散歩します。
　　→　暇だったら、散歩します。
　　（1）安い。パソコンを買います。
　　（2）お金がある。旅行に行きます。

（3）雨が降る。ピクニックをやめる。
（4）大学を出る。すぐ働きます。

六、填空

1．お客さんが来る前に準備して（　）（　）。
2．期間内に返す（　）（　）お願いします。
3．寒かっ（　）（　）、窓を閉めてください。
4．この銀行は安全な上（　）、利子が高い。
5．私はみかんの（　）（　）（　）果物が好きです。
6．彼が言った（　）（　）（　）伝えてください。
7．陰で人の悪口を言う（　）（　）ではない。
8．利子のこと（　）例にとって説明します。
9．雨が降っ（　）（　）、ハイキングをやめる。

七、日译汉

　　日本は国土の約 80 パーセントが山地だ。近年、自然に親しむ人が増え、特に中高年の人の山歩きが盛んになっている。一般に山は気象の変化が激しいが、夏は変化が小さく、いちばん歩きやすい季節だ。一歩一歩、景色を楽しみながら進む。ついに頂上に着いたときは、最高に気分がいい。

八、汉译日

1．明天你也一起来吧。
2．已经不早了，快走吧！
3．要是像他那样做的话，肯定会成功的。
4．请注意别迟到了。
5．回学校后，请问大家好。
6．明天要是下雨的话，就不去郊游了。
7．因为朋友要来，所以我买好了许多啤酒。
8．这件事应该告诉他。

补充单词 / 補足単語

一生懸命[いっしょうけんめい]（名・形动）	拼命
一緒に[いっしょ]（名・形动）	一起、一同
チョコレート[chocolate]（名）	巧克力
甘い[あまい]（形）	甜
時は金なり[ときはかねなり]（句）	时者金也
現象[げんしょう]（名）	现象
解釈する[かいしゃくする]（他サ）	解释
利用[りよう]（名）	利用
期間内[きかんない]（名）	期限内
終了する[しゅうりょうする]（他サ）	终了、做完、结束
お願いします[おねがいします]（句）	拜托
すべて（名・副）	全部、一切
集合時間[しゅうごうじかん]（名）	集合时间
守る[まもる]（他五）	遵守
個人[こじん]（名）	个人
問題[もんだい]（名）	问题
科学[かがく]（名）	科学
知識[ちしき]（名）	知识
家庭[かてい]（名）	家庭
雰囲気[ふんいき]（名）	气氛
ヨーロッパ[Europa]（名）	欧洲
気候[きこう]（名）	气候
国際[こくさい]（名）	国际
トラブル[trouble]（名）	纠纷
公共料金[こうきょうりょうきん]（名）	公共费用

現実的[げんじつてき]（形动）	现实、实际
不可能[ふかのう]（名・形动）	不可能
迎える[むかえる]（他一）	迎接
喜ぶ[よろこぶ]（自他五）	高兴
メモ[memo]（名）	记录
用紙[ようし]（名）	用纸
元[もと]（名）	原来
しまう（他五）	收好、放
高い[たかい]（形）	高
気温[きおん]（名）	气温
湿気[しけ]（名）	湿气
そんな（连体）	那样的
大事[だいじ]（形动）	重要
知らせる[しらせる]（他一）	通知、告诉
悪口[わるぐち]（名）	坏话
謝る[あやまる]（自他五）	认错、道歉
自然[しぜん]（名）	自然
大切[たいせつ]（形动）	珍惜、保重
地下鉄[ちかてつ]（名）	地铁
乗り物[のりもの]（名）	交通工具
詩人[しじん]（名）	诗人
政治家[せいじか]（名）	政治家
暖冬[だんとう]（名）	暖冬
雨に恵まれる[あめにめぐまれる]（组）	雨水充沛
失敗[しっぱい]（名）	失败
失う[うしなう]（他五）	失去
はっきり（副）	清楚、明确
もっと（副）	更加
自由[じゆう]（形动）	自由
遊ばせる[あそばせる]（他一）	使……玩

約束を守る[やくそくをまもる]（組）	守约
時間に遅れる[じかんにおくれる]（組）	误时
コンピューター[computer]（名）	计算机
触る[さわる]（自五）	触、摸
窓をしめる[まどをしめる]（組）	关窗
前もって[まえもって]（副）	事先
乗車券[じょうしゃけん]（名）	车票
資料を配る[しりょうをくばる]（組）	发资料
旅行に行く[りょこうにいく]（組）	去旅行
ピクニック[picnic]（名）	郊游
大学を出る[だいがくをでる]（組）	大学毕业
すぐ（副）	马上
返す[かえす]（他五）	归还
伝える[つたえる]（他一）	传达、告诉
陰[かげ]（名）	背地里
悪口を言う[わるぐちをいう]（組）	说坏话
国土[こくど]（名）	国土
約[やく]（副）	大约
パーセント[percent]（名）	百分率
近年[きんえん]（名）	近年
親しむ[したしむ]（自五）	亲近
増える[ふえる]（自一）	增加
特に[とくに]（副）	特别
中高年[ちゅうこうねん]（名）	中老年
山歩き[やまあるき]（名）	爬山、走山路
盛ん[さかん]（形動）	兴盛
一般に[いっぱんに]（副）	一般来说
気象[きしょう]（名）	气象
変化[へんか]（名）	变化
激しい[はげしい]（形）	剧烈

季節[きせつ]（名）	季节
一歩一歩[いっぽいっぽ]（名）	一步一步
楽しむ[たのしむ]（他五）	享受
進む[すすむ]（自五）	前进
ついに（副）	终于
頂上[ちょうじょう]（名）	山顶
最高[さいこう]（名・形动）	最好、最棒
気分がいい[きぶんがいい]（组）	心情好
成功する[せいこうする]（自サ）	成功
遅刻する[ちこくする]（自サ）	迟到
みんなによろしく（组）	问大家好

第十五課

日本語あれこれ

一、忘年会

　十二月になると、日本中のレストランは「忘年会」パーティーで満員です。忘年会といえば、十七世紀ごろからできた習慣だそうです。
　酒と料理がたくさん出ます。出席者は酒を飲みながら、一年の失敗や不満や後悔を忘れ、楽しみや成功を思い出しては乾杯します。イヤなことは、日本独特の表現である「水に流し」ます。気分を新しくして年を迎えるのが目的です。

二、よろしく

　商談をしたとき、あなたは、たとえ商談が成立しなくても、「ヨロシク」といって別れなければなりません。なぜなら、その言葉は、あなたが商談の継続を望んでいるという意志を相手に表明することにほかならないからです。
　また、商談が成立しても、この言葉を使う必要があります。「ヨロシク」は別れの挨拶だからです。

三、ことわざ

　私たちは、読み物の中はもちろん、会話の中でもよく「ことわざ」を目にしたり、耳にしたり、あるいは自分でも使ったりする。日本語には面白いことわざがたくさんある。例えば、私たちはよく「郷に入っては郷に従え」あるいは「人の踊る時は踊れ」を使って「違う土地へ行ったらその土地の習慣に従う」という意味

を表す。

日本語[にほんご]（名）	日语
あれこれ（名）	种种、这个那个
忘年会[ぼうねんかい]（名）	忘年会
レストラン[restaurant]（名）	餐馆
パーティー[party]（名）	聚会、宴会
満員[まんいん]（名）	满员、客满
～といえば（句型）	说起、提起
十七[じゅうなな]（名）	十七
世紀[せいき]（名）	世纪
習慣[しゅうかん]（名）	习惯
そうだ（助动）	听说
出る[でる]（自一）	端上、端出
出席者[しゅっせきしゃ]（名）	出席者
不満[ふまん]（名）	不满
後悔[こうかい]（名）	后悔
忘れる[わすれる]（他一）	忘记
楽しみ[たのしみ]（名）	乐趣、安慰、期望
思い出す[おもいだす]（他五）	想起、回忆起
乾杯する[かんぱいする]（自サ）	干杯
イヤ（形动）	讨厌、腻烦、不愉快
こと（名）	事
独特[どくとく]（形动）	独特
表現[ひょうげん]（名）	表现
水に流す[みずにながす]（组）	付诸流水

気分[きぶん]（名）	情绪、心情、气氛
新しい[あたらしい]（形）	新
年[とし]（名）	年
目的[もくてき]（名）	目的
よろしく（副）	关照、问好、致意
商談[しょうだん]（名）	贸易谈判
たとえ（副）	即使、哪怕
成立する[せいりつする]（自サ）	成交、成立、完成
別れる[わかれる]（自一）	分别、分手；死别
なぜなら（接続）	因为
言葉[ことば]（名）	话、语言
継続[けいぞく]（名）	接续、继续
望む[のぞむ]（他五）	希望、愿望；眺望
意志[いし]（名）	意志
相手[あいて]（名）	对方、对手；伙伴
表明する[ひょうめいする]（他サ）	表明、说明
～にほかならない（句型）	无非、不外乎
必要[ひつよう]（形动）	必要、需要
別れ[わかれ]（名）	分手、告辞
あいさつ[挨拶]（名）	寒暄、致辞
ことわざ[諺]（名）	谚语
読み物[よみもの]（名）	读物
もちろん[勿論]（副）	当然
会話[かいわ]（名）	会话
目[め]（名）	眼睛
目にする[めにする]（组）	看到
耳[みみ]（名）	耳朵
耳にする[みみにする]（组）	听到
あるいは[或は]（接続）	或者
自分[じぶん]（名）	自己

郷に入っては郷に従え［ごうには いってはごうにしたがえ］（句）	入乡随俗
人の踊る時は踊れ［ひとのおどるときはおどれ］（句）	入乡随俗
違う［ちがう］（自五）	不同、有差距、不一致；违反
土地［とち］（名）	地方；当地；土地
従う［したがう］（他五）	服从、听从；跟随
意味［いみ］（名）	意义、意思
表す［あらわす］（他五）	表示、表现、表达

语法 / 文法

一、动词的命令形和动词的命令式

1. 动词的命令形

	基本形	命令形	变化规则
五段	止まる	止まれ	词尾假名由「う段」移到同行的「え段」
五段	減らす	減らせ	词尾假名由「う段」移到同行的「え段」
一段	見る	見よ/見ろ	词尾假名「る」变成「ろ」或「よ」
一段	やめる	やめろ/やめよ	词尾假名「る」变成「ろ」或「よ」
サ変	する	しろ/せよ	将「する」变成「しろ」或「せよ」
カ変	来る	来い	将「くる」变成「こい」

2. 动词的命令式

动词的命令形可以直接构成命令式。但是，命令式在日常生活中很少使用。在日常口语或书信中多用「～てください」或「～なさい」等一些比较缓和、婉转的说法来表示命令或禁止的语气。动

词的命令式大致可用于以下场合：

（1）长辈对晚辈、上级对下级的要求或训斥。例如：
- ○　しっかりしろ！
- ○　静かにしろ！
- ○　来週までに書類をそろえろ！

（2）情况紧急，不容思考时。例如：
- ○　スイッチを切れ！
- ○　やめろ！

（3）观看比赛等为别人加油鼓劲时。例如：
- ○　頑張れ
- ○　走れ

（4）用于某些警示标志或口号。例如：
- ○　止まれ
- ○　残業を減らせ

（5）用于某些成语或谚语。例如：
- ○　郷に入っては郷に従え
- ○　人の踊る時は踊れ

二、传闻助动词「そうだ」

接在用言终止形后，表示「そうだ」前面的内容是从外界获取的，相当于汉语的"听说"、"据说"等。例如：
- ○　今日は雨が降るそうです。
- ○　ここの刺身は美味しいそうだ。
- ○　十七世紀ごろからできた習慣だそうです。

三、副助词「でも」（1）

接在体言后，表示举出一个极端的例子，来暗示和类推其他。可译作汉语的"就连……"、"即使……"。例如：
- ○　この問題は子どもでも分かります。

○ この町は夜でもにぎやかです。
○ 沖縄は冬でも暖かいです。

四、接续助词「ては」

接在动词连用形（五段动词音便）后，可以表示以下两种意思：

1. 表示同一动作主体动作的反复，或连续发生。例如：
   ○ 降ってはやみ、降ってはやみの天気が続いている。
   ○ 書いては消し、書いては消し、やっと手紙を書き上げた。
   ○ 学生の頃は、小説を読んでは仲間と議論したものだ。
   ○ 楽しみや成功を思い出しては乾杯します。

2. 表示顺接的假定条件，相当于汉语的"如果……"、"要是……"。例如：
   ○ 雨が降っては困る。
   ○ そんなにたくさん飲んでは体を壊すよ。
   ○ 郷に入っては郷に従え

五、形式体言「の」(2)

接在用言、助动词连体形后，使用言名词化，或代替一些被省略的人、事、物。「の」可以后续不同的格助词或提示助词，充任句子的各种成分。例如：
○ さっき来たのは新聞屋さんでした。
○ 山田さんと会うのは五年ぶりだ。
○ あの店にいいのがあります。
○ クラシックを聞くのが好きです。
○ 気分を新しくして年を迎えるのが目的です。
○ レポートに名前を書くのを忘れた。
○ この論文をかくのにずいぶん時間がかかった。

六、形式体言「ところ」、「こと」

接在用言、助动词连体形、名词＋の后，可根据句子的意思，分别代表"事情"、"情况"、"范围"、"程度"等。例如：
- 君の知るところではない。
- それは私の望むところだ。
- 通常5000円のところが3000円となっている。
- イヤなことは、日本独特の表現であるところの「水に流し」ます。
- 私は切手を収集することに興味を持っている。
- 私の趣味は切手を収集することです。
- お金と私たちの生活は切り離すことができない。
- あなたのことが好きです。

七、格助词「が」（4）

表示各类复句中的从句的主语。例如：
- これは彼が撮った写真です。
- 母が作った料理は美味しい。
- あなたが言っていることはおかしいです。
- みなさん、私が書いた絵を見てください。
- あなたが行けば、私も行きます。

八、形式用言「という」（1）

「という」由格助词「と」和动词「いう」构成。接在体言、用言及句子后，作定语，使「という」前面的成分和后续的成分处于同格的地位，表示「という」前面的成分是后续成分的称谓或具体内容。例如：
- これは何という花ですか。
- 昨日、田中という人の家にきました。
- 『雪国』という小説は川端康成が書いたのです。
- 田中さんから、来週中国へ来るという手紙が来ました。

○ 商談の継続を望んでいる<u>という</u>意志を相手に表明する。

九、接续助词「ても」(1)

接在用言、助动词连用形（五段动词音便）后，表示逆态转折的假设条件，相当于汉语的"即使……也……"、"就是……也……"。也可以用「たとえ～ても」的形式构成句型，表示同样的意思。例如：
○ 雨が降っ<u>ても</u>行きます。
○ 安く<u>ても</u>買いません。
○ 体が丈夫<u>でも</u>、そんなにたくさん飲んではいけません。
○ たとえ失敗し<u>ても</u>、へこたれはしません。
○ <u>たとえ</u>商談が成立しなく<u>ても</u>、「ヨロシク」といって別れなければなりません。

附：另外，「ても」还可以用「动词连用形（五段动词音便）てもいい」的形式构成句型，表示许可的意思。意义与 13 课的「体言及部分副助词 でもいい」相同。例如：
○ 宿題を出した人は帰っ<u>てもいい</u>。
○ ボールペンで書い<u>てもいい</u>です。
○ 納豆が嫌いなら食べなく<u>てもいい</u>。

十、副词「もちろん」

「もちろん」相当于汉语的"当然"、"不用说"、"不言而喻"等意思。例如：
○ 彼は、英語は<u>もちろん</u>日本語も上手だ。
○ <u>もちろん</u>彼も私達に同行した。
○ 事故の責任は私にあるので、<u>もちろん</u>全額弁償します。

十一、接续词「あるいは」

接在体言或句子后，表示选择，相当于汉语的"或"、"或者"。

例如：
- フランス語あるいはドイツ語を勉強したいと思っている。
- 黒あるいは青のペンで記入してください。
- 申し込み書類は、郵送するかあるいは事務所まで持参してください。

句型／文型

一、体言 といえば

该句型相当于汉语的"说起……"、"提到……"。例如：
- 日本では花といえば桜だ。
- 北京といえば、天安門広場が有名です。
- 忘年会といえば十七世紀ごろからできた習慣だそうです。

二、（体言を）形容詞連用形く／形容動詞連用形に／名詞に する

「する」是他动词，具有"做"和"干"的意思。该句型表示人为地改变事物的性质和状态。名词后的「に」表示改变的结果。翻译时须灵活。例如：
- もう少し安くしてください。
- この魚は刺身にして、食べましょう。
- 部屋をもっときれいにしなさい。
- 気分を新しくして年を迎えるのが目的です。

三、动词未然形 なければならない

该句型相当于汉语的"必须……"、"应该……"。例如：
- 泳ぐときは準備体操をしなければならない。
- 今日は友だちが来るから、私は早く帰らなければなりま

せん。
- もう時間だから、早く行かなければならない。
- 支払いは現金でなければならない。

四、～にほかならない

接在「动词连体形＋の」、名词、「～から/ため」后，用来表示强调或说明原因、理由，相当于汉语的"无非……"、"正是……"、"不外乎……"等。例如：

- いま話したことはこの本に書いてあることを分かりやすく説明したものにほかならない。
- 試験に合格したのは努力の結果にほかならない。
- 彼が遅刻したのは朝寝坊をしたからにほかならない。

五、用言终止形 からだ

该句型用于先叙述结果，后陈述理由或原因的场合，相当于汉语的"（……是）因为……"。例如：

- 今朝はとても寒かった。それは夕べから雪が降っていたからだ。
- 昨日学校を休んだ。風邪を引いたからだ。
- なぜなら、あなたが商談の継続を望んでいるという意志を相手に表明することにほかならないからです。

附：动词、形容词、形容动词活用表

动词活用表

	词干	词尾	未然形	连用形	终止形	连体形	假定形	命令形	推量形
五段动词	話	す	さ	し	す	す	せ	せ	そ
	泳	ぐ	が	ぎ	ぐ	ぐ	げ	げ	ご
	飲	む	ま	み	む	む	め	め	も
	買	う	わ	い	う	う	え	え	お

一段动词	起き	きる	き	き	きる	きる	きれ	きよ きろ	き
一段动词	受	ける	け	け	ける	ける	けれ	けよ けろ	け
サ变动词	勉强	する	し、せ	し	する	する	すれ	しろ せよ	し
カ变动词	来る		こ	き	くる	くる	くれ	こい	こ
主要用法及后续成分			接ぬ、ない、せる、させる、られる等	接た、ます等	结句；后续と、が、から等	接体言，ので或のに	ば	表示命令等	う、よう

形容词活用表

基本形		活用变化				
词干	词尾	未然形	连用形	终止形	连体形	假定形
大き	い	かろ	く① かっ②	い	い	けれ
主要用法及后续成分		う	①中顿；作状语；接て、ない ②接た	结句；接が、けれども、から等	接体言、のに、ので	ば

形容动词活用表

基本形		活用变化				
词干	词尾	未然形	连用形	终止形	连体形	假定形
好き	だ	だろ	だっ① で ② に ③	だ	な	なら
主要用法及		う	①接た ②中顿；接	结句；接が、けれども、	接体言、のに、	ば

后续成分		（は）ない ③作状语	から等	ので	

练习 / 練習(れんしゅう)

一、写出下列单词的假名
   忘年会　満員　世紀　習慣　自分　意味

二、写出下列单词的汉字
   わすれる　きぶん　わかれる　ちがう　あいて　とし

三、将下列动词变成命令式
   行く　来る　やめる　頑張る　走る　とまる　しっかりする

四、选择 の、こと、ところ 填入（ ）内
   1．うそをいう（ ）が嫌いです。
   2．午後から会議だという（ ）をすっかり忘れていた。
   3．私の趣味は本を読む（ ）です。
   4．大勢の人が行列している（ ）を見ると、安くて美味しい店のようだ。
   5．月日が立つ（ ）ははやいですね。
   6．健康を維持する（ ）に役立つ。
   7．通常は定価どおりの（ ）が一万円引きになっています。
   8．論文の（ ）で頭がいっぱいだ。
   9．雨が止む（ ）を待っている。

五、替换练习
   1．田中さんから、来週中国へ来るという手紙があった。

(1)新聞の配達が遅い/苦情

(2)明日北京に着く/ファックス

(3)すぐ来なさい/電話

(4)毎日日記をつけましょう/提案

2．雨が降っては困る。

(1)人の悪口を言う/いけません

(2)そんなに歌う/声がでなくなるよ

(3)そんなに食べる/体に悪いよ

(4)そんなことを彼女に言う/かわいそうだ

3．この町は夜でもにぎやかです。

(1)北海道/夏/涼しい

(2)ここ/昼間/暗い

(3)このゲーム/子ども/できる

(4)王さん/冬/セーターを着ません

六、仿照例句变换说法

1．例＊早く帰る。

→ 早く帰らなければなりません。

(1)よく勉強する。

(2)早く起きる。

(3)真剣に考える。

(4)うんと頑張る。

2．例＊早く帰りなさい。

→ 早く帰れ。

(1)しっかり勉強しなさい。

(2)勝手にやりなさい。

(3)早く来なさい。

(4)うんと頑張りなさい。

3．例＊雨が降る。でも行きます。

→ 雨が降っても行きます。

(1)安いです。でも買いません。
(2)便利です。でも使いません。(注意音便)
(3)薬を飲む。でもなおりません。
(4)先生に聞く。でも分かりません。

七、日译汉

　　2DK という呼称がある。2 は寝室が二つあることを示し、DK はそれにダイニングキッチンが付属していることを意味している。もちろん、当然必要な便所や浴室、収納部が完備していることをも暗黙に了承している。
　　同様に 3LDK は三つの寝室にリビングルーム＋ダイニングキッチンが付属していることを意味している。都心のマンションでいえば、高級な住居の間取りを意味している。

八、汉译日

1. 说到日本，富士山很有名。
2. 这是我做的菜。
3. 小周来信说他下个月要去日本。
4. 下周一必须交作业。
5. 明天就是下雨，我也去。
6. 现在连小孩都会用电脑。
7. 要是他不去，我也不去。
8. 他不去无非是不想花钱。

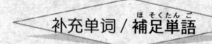
补充单词／補足単語

しっかりする（自サ）	努力；振作
来週[らいしゅう]（名）	下周

まとめる（他一）	汇总
スイッチを切る[をきる]（组）	关开关
残業[ざんぎょう]（名）	加班
減らす[へらす]（他五）	减少
沖縄[おきなわ]（名）	冲绳
続く[つづく]（自五）	持续、继续
書き上げる[かきあげる]（他一）	写完
仲間[なかま]（名）	朋友
議論する[ぎろんする]（他サ）	议论
～たものだ	表示回忆
そんなに（副）	那样、那么
体を壊す[からだをこわす]（组）	伤身体
新聞屋さん[しんぶやさん]（名）	送报的人
クラシック[classic]（名）	古典
レポート[report]（名）	报告、小论文
ずいぶん[随分]（副）	非常、颇
時間がかかる[じかんがかかる]（组）	花时间
切手[きって]（名）	邮票
収集する[しゅうしゅうする]（他サ）	收集
興味を持つ[きょうみをもつ]（组）	感兴趣
作る[つくる]（他五）	做
おかしい[可笑しい]（形）	好笑、奇怪
絵[え]（名）	画
雪国[ゆきぐに]（名）	雪国
川端康成[かわばたやすなり]（名）	川端康成（人名）
へこたれ（名）	泄气
宿題を出す[しゅくだいをだす]（组）	交作业
納豆[なっとう]（名）	纳豆
同行する[どうこうする]（自サ）	同行
事故[じこ]（名）	事故

責任[せきにん]（名）	责任
全額[ぜんがく]（名）	全额
弁償する[べんしょうする]（他サ）	赔偿
フランス語[Franceご]（名）	法语
ドイツ語[Deutschご]（名）	德语
黒[くろ]（名）	黑
青[あお]（名）	兰
記入する[きにゅうする]（他サ）	填写
申し込み[もうしこみ]（名）	申请
書類[しょるい]（名）	文件
郵送する[ゆうそうする]（他サ）	邮寄
事務所[じむしょ]（名）	事务所、办事处
持参する[じさんする]（他サ）	自带
天安門広場[てんあんもんひろば]（名）	天安门广场
もう（副）	再
魚[さかな]（名）	鱼
準備体操[じゅんびたいそう]（名）	准备动作
いま[今]（名）	刚才
分かりやすい[わかり易い]（組）	易懂
試験に合格する[しけんにごうかくする]（組）	考试及格
努力[どりょく]（名）	努力
結果[けっか]（名）	结果
うそをいう[嘘を言う]（組）	撒谎
すっかり（副）	完全
行列する[ぎょうれつする]（自サ）	排队、队伍
月日[つきひ]（名）	岁月
健康[けんこう]（名・形動）	健康
維持する[いじする]（他サ）	维持、维护

役立つ[やくだつ]（自五）	有益
通常[つうじょう]（名）	平常、通常
定価どおり[ていか通り]（組）	按定价
一万円引き[いちまんえんびき]（組）	优惠1万元
論文[ろんぶん]（名）	论文
配達[はいたつ]（名）	送、投递
苦情[くじょう]（名）	投诉
ファックス[fax]（名）	传真
日記をつける[にっきをつける]（組）	记日记
提案[ていあん]（名）	建议
困る[こまる]（自五）	为难
声がでない[こえが出ない]（組）	出不了声
体に悪い[からだにわるい]（組）	对身体不好
かわいそう[可哀想]（形動）	可怜
北海道[ほっかいどう]（名）	北海道
昼間[ひるま]（名）	白天
ゲーム[game]（名）	游戏
真剣[しんけん]（形動）	认真
考える[かんがえる]（他一）	思考、考虑
うんと（副）	使劲、用力
頑張る[がんばる]（自五）	加油、努力
勝手[かって]（形動）	随便
なおる[治る]（自五）	治愈
呼称[こしょう]（名）	名称、叫法
寝室[しんしつ]（名）	卧室
示す[しめす]（他五）	表示
ダイニングキッチン[dining kitchen]（名）	兼作餐厅的厨房
付属する[ふぞくする]（自サ）	附属
意味する[いみする]（他サ）	意味

当然[とうぜん]（副・形动）	当然
便所[べんじょ]（名）	厕所
浴室[よくしつ]（名）	浴室
収納部[しゅうのうぶ]（名）	储藏室
完備する[かんび]（他サ）	完善、完备
暗黙に[あんもく]（名・形动）	缄默
了承する[りょうしょうする]（他サ）	认可、谅解、知道
同様[どうよう]（形动）	同样
リビングルーム[living room]（名）	起居室
都心[としん]（名）	市中心
マンション[mansion]（名）	公寓大楼
～でいえば（句型）	以……来说的话
高級[こうきゅう]（形动）	高级
住居[じゅうきょ]（名）	住宅
間取り[まどり]（名）	房间布局
富士山[ふじさん]（名）	富士山
お金を使う[おかねをつかう]（组）	花钱

第十六課
だい じゅうろっ か

野　菜

　野菜の値段があがって、「規格外品」が見直されている。曲がったキュウリや葉っぱの開いたキャベツはほとんど漬物などの加工品用に回されてきた。

　東南アジアから帰ってきた同僚が、日本の野菜がまずくなった、としきりに嘆く。かの地では野菜本来の香りやあくが失われていないし、面倒な規格などない。鶏や豚も自由に走り回っているから、日本とはひと味違うという。

　話によれば、一九六〇年代後半の高度成長期以降、農地が工場や住宅地になり、野菜の作り手が減った。農地は収量をあげるために無機肥料を使うようになり、ハウス栽培が普及した。行きつくところ、味は二の次、という傾向だ。

　消費者の側も、核家族化が進んで、「おふくろの味」が継続されなくなった。最近は、ホウレンソウと春菊の味の区別もつかない若者が増えているという。

　消費者は味に文句をつけないかわり、見てくれにうるさくなった。勢い店先には、粒ぞろいのトマトやぴかぴかのキュウリが並ぶ。昔なじみの粉ふきキュウリは見えなくなった。

単词／単語
たんご

値段［ねだん］（名）　　　　　　　价格

あがる[上がる]（自五）	上涨
規格外品[きかくがいひん]（名）	规格外产品
見直す[みなおす]（他自五）	重新看待、重新认识；有好转
曲がる[まがる]（自五）	弯曲；拐弯
キュウリ[胡瓜]（名）	黄瓜
葉っぱ[はっぱ]（名）	叶子
開く[ひらく]（他自五）	张开；举办、开
キャベツ[cabbage]（名）	卷心菜、洋白菜
漬物[つけもの]（名）	咸菜
加工品[かこうひん]（名）	加工品
回す[まわす]（他五）	转动、传递；转送
東南[とうなん]（名）	东南
アジア[Asia]（名）	亚洲
東南アジア（名）	东南亚
同僚[どうりょう]（名）	同事、同僚
まずい（形）	不好吃；拙劣；难看
しきりに（副）	屡屡、再三；热心
嘆く[なげく]（自五）	慨叹、叹息
かの地[彼のち]（名）	那里
本来[ほんらい]（名・副）	本来、原来
あく（名）	涩味；俗气
失う[うしなう]（他五）	失去
面倒[めんどう]（形动）	麻烦
規格[きかく]（名）	规格
鳥[とり]（名）	鸡
豚[ぶた]（名）	猪
自由[じゆう]（形动）	自由
回る[まわる]（自五）	转圈、转动；拐（弯）
ひと[一]（接头）	稍微；相当
ひと味違う（句）	味道稍微不同

年代[ねんだい]（名）	年代
後半[こうはん]（名）	后半
高度成長期[こうどせいちょうき]（名）	高速增长期
以降[いこう]（名）	以后
農地[のうち]（名）	农田
工場[こうじょう]（名）	工厂
住宅地[じゅうたくち]（名）	住宅区
作り手[つくりて]（名）	人手、生产者
減る[へる]（自五）	减少
収量[しゅうりょう]（名）	收成
あげる[上げる]（他一）	提高、增加
無機[むき]（名）	无机
肥料[ひりょう]（名）	肥料
ハウス[house]（名）	棚子、住宅、温室
栽培[さいばい]（名）	栽培、种植
ハウス栽培[house さいばい]（名）	大棚种植
普及する[ふきゅうする]（自サ）	普及
行きつく[ゆき着く]（自五）	走到、达到
行きつくところ（组）	弄到最后、到头来
二の次[にのつぎ]（名）	第二位
傾向[けいこう]（名）	倾向
消費者[しょうひしゃ]（名）	消费者
側[がわ]（名）	边、方面、角度
核家族[かくかぞく]（名）	小家庭（指夫妇俩和未婚子女组成的家庭）
化[か]（接尾）	……化
進む[すすむ]（自五）	发展、前进、进步
おふくろ[御袋]（名）	母亲（俗语）
継続する[けいぞくする]（他サ）	继承

最近[さいきん]（名）	最近
ホウレンソウ[菠薐草]（名）	菠菜
春菊[しゅんぎく]（名）	蓬蒿
区別[くべつ]（名）	区别、区分
区別がつく（组）	区分、区别
若者[わかもの]（名）	年轻人
増える[ふえる]（自一）	增加
文句[もんく]（名）	意见、牢骚
文句をつける（句）	责难、挑剔、发牢骚
見てくれ[みてくれ]（名）	外表
うるさい（形）	爱唠叨、讲究
勢い[いきおい]（副・名）	势必,自然而然；势头、趋势
店先[みせさき]（名）	店头
粒ぞろい[つぶ揃い]（名）	整齐划一、个个出众
トマト[tomato]（名）	西红柿
ぴかぴか（名）	闪闪发光、油光铮亮
並ぶ[ならぶ]（他五）	排、摆；匹敌
昔[むかし]（名）	过去、以前
なじみ（名）	见惯、熟识、熟知
粉ふき[こなふき]（名）	带粉（的）
見える[みえる]（自一）	看（得）见、能见到

语法 / 文法（ぶんぽう）

一、被动助动词「れる」、「られる」与被动句

　　1. 被动助动词「れる」、「られる」

　　「れる」、「られる」接在动词的未然形后，表示被动，相当于汉语的"被"、"受"、"让"等。其词尾变化与一段动词相同。「れる」

接五段动词未然形,「られる」接五段动词以外的动词未然形。例如:

五段动词: 回す　　　→　回さ　　　　→　回される
五段动词: 使う　　　→　使わ　　　　→　使われる
一段动词: 見る　　　→　見　　　　　→　見られる
一段动词: 食べる　　→　食べ　　　　→　食べられる
サ变动词: 継続する　→　(継続せ　　 →　継続される
　　　　　　　　　　→継続せられる)
カ变动词: 来る　　　→　こ　　　　　→　来られる

注意: サ变动词接「られる」时,其未然形是「せ」而不是「し」。另外,サ变动词的被动式一般都把「せら」约音为「さ」,所以,サ变动词的被动式是「される」。

2. 被动句

以动词的被动式作谓语的句子叫被动句。和以前学过的主动句不同的是: 在被动句中,原主动句中的动作承受者要变成主语,放在句首,用「は」或「が」表示。而原主动句中的动作主体,即动作发出者则退居句中做补语,用「に」、「から」或「によって」表示。(「によって」多用于书面语) 试比较如下:

　　○　先生は私をほめた。　　　(主动句)
　　○　私は先生にほめられた。　(被动句)

被动句一般可分为以下两大类:

A 以有生命的物体做主语的被动句

(1) 普通被动句 (基本的な受身)

这类被动句中的动作发起者的行为直接波及动作承受者,但不带任何的感情色彩。句中有时也可以不出现补语(即动作发出者)。例如:

　　○　弟が友だちになぐられて泣いている。
　　○　私は先輩から意見を求められた。
　　○　彼はみんなに尊敬されている。
　　○　友だちに誘われて映画を見に行った。
　　○　夕べ友だちにパーティーへ招待されました。

237

　　　　○　交通ルールを守るあなたが守られる。
　　　　○　彼は医者から酒を禁じられている。
　（2）所有者被动句（持ち主の受身）
　　当宾语带有定语（领属）成分的主动句变成被动句时，对于动作承受者来说，常伴有受害或感到麻烦的意思。在这类被动句中，原主动句中的定语成分要变成主语。例如：
　　　　○　母は私の日記を読んだ。　　（主动句）
　　　　○　私は母に日記を読まれた。　（被动句）
　　　　○　蜂は弟の手を刺した。　　　（主动句）
　　　　○　弟は蜂に手を刺された。　　（被动句）
　　　　○　泥棒は私の財布を盗んだ。　（主动句）
　　　　○　私は泥棒に財布を盗まれた。（被动句）
　（3）受害的被动句（被害の受身）
　　这类被动句可以由他动词，也可以由自动词构成（自动词构成被动句是日语的特点之一）。其特点是：尽管动作承受者与动作发起者之间没有直接的"被动关系"，但往往会因动作发起者的行为而成为受害者。例如：
　　　　○　会議中、隣の人にタバコを吸われて、気分が悪くなった。
　　　　○　すぐ隣にマンションを建てられて、部屋の日当りが悪くなった。
　　　　○　昨日私は学校の帰りに雨に降られて風邪をひきました。
　　　　○　彼は十才の時に父に死なれた。
　　　　○　きらいな人にずっとそばにいられて、いやでした。
　　　　○　夕べ友だちに遊びに来られて勉強をすることができませんでした。
　　B　以无生命的物体做主语的被动句。
　　这类被动句一般用于客观描述无生命物体的状况，句中可以不涉及动作发起者。例如：

- 電球はエジソンによって発明されました。
- この小説は大勢の人に読まれています。
- 『雪国』という小説は中国でも読まれている。
- テレビは毎朝6時から放送されます。
- この雑誌は毎月10日に発行されます。
- 東京の物価は高いと言われている。
- 授受表現も日本語の複雑さの一つとされる。
- かの地では野菜本来の香りやあくが失われていない。

二、补助动词「くる」

接在动词连用形（五段动词音便）＋「て」后，可以表示以下两种意思：

1. 去某处做某事后回来，或强调回到原处。翻译时须灵活。例如：
   - 図書館へ行って本を借りてくる。
   - ちょっと出かけてきます。
   - 昼までに帰ってきます。
   - 東南アジアから帰ってきた同僚が、日本の野菜がまずくなった、としきりに嘆く。

2. 状态或动作由远及近地变化、延续。相当于汉语的"……起来"、"一直……"。例如：
   - 雨は夕方頃止んでくる見込みです。
   - 世界の人口は年々増加しきている。
   - 日本語の授業はだんだん難しくなってきました。

三、格助词「の」（2）

复句中，当主谓结构做定语时，可以用「の」来代替主格助词「が」。例如：
- これは彼が撮った写真です。
- → これは彼の撮った写真です。

○ 母が作った料理は美味しい。
→ 母の作った料理は美味しい。
○ あなたが言っていることはおかしいです。
→ あなたの言っていることはおかしいです。
○ 葉っぱが開いたキャベツはほとんど漬物などの加工品用に回されてきた。
→ 葉っぱの開いたキャベツはほとんど漬物などの加工品用に回されてきた。

四、接续助词「し」

接在用言终止形后，表示并列或多重的理由、原因。（表示理由和原因时，如句中只出现一个「し」，则暗示还有其他的理由和原因。）例如：
○ 彼は頭がいいし、人柄もいいです。
○ かの地では野菜本来の香りやあくが失われていないし、面倒な規格などない。
○ 今日は雨も降っているし、体の調子も悪いし、ピクニックはやめよう。
○ 今のアパートは駅に近いし、気に入っています。
○ とにかくやってみたら。いい経験になるし。

五、格助词「と」（3）

接在体言后，表示比较、选择的对象和基准，在句中做补语。可译作"比……"、"与……"。例如：
○ 私の自転車は周さんのと同じです。
○ 大阪と比べて、北京のほうが寒い。
○ 日本とはひと味違う。

六、格助词「に」(6)

接在体言后，表示产生某种现象、状态的原因和理由。例如：
- あまりの嬉しさに涙が出た。
- 彼の話に驚いた。
- 見てくれにうるさくなった。

七、接尾词「化」

接在名词后，构成表示「～化」的名词或サ变动词。例如：
- 近代化　大衆化　実用化　多様化　映画化　国際化

句型／文型（ぶんけい）

一、句子 という

该句型和传闻助动词「そうだ」一样，也表示"听说……"、"据说……"。例如：
- 今年は冬休みが長いという。
- これはスミスさんのアイデアだという。
- 日本とはひと味違うという。

二、体言 によれば/よると

该句型表示结论、判断等的来源或依据，相当于汉语的"据……"、"根据……"，句尾常与「そうだ」、「という」等呼应使用。例如：
- 天気予報によれば/よると、今日は午後から雨が降るそうだ。
- 兄の手紙によると/よれば、妹は来月アメリカ留学に行くそうです。
- 新聞によると/よれば、昨日日本で地震があったそうです。

三、用言连体形/名词＋の ために/ための

　　句型中的「ため」是形式体言，接在「用言连体形」、「名词＋の」后，可以表示目的，或原因、理由。多用于书面语。相当于汉语的"为了……"、"因为……而……"。例如：
　　○ 健康のために毎朝走っている。
　　○ 家を建てるために銀行から金を借りました。
　　○ 収量をあげるために無機肥料を使う。
　　○ これは留学生のための教科書です。
　　○ 天候が悪いため延期された。
　　○ 無理をしたため体をこわした。
　　○ 病気のために来られなかった。

四、动词连体形 ようになる

　　该句型表示能力、习惯、状态等的变化，相当于汉语的"变得……"、"（现在）能……了"。（句型中的「ように」是比况助动词「ようだ」的连用形之一）例如：
　　○ 私は日本語が話せるようになった。
　　○ 最近はパソコンで買物ができるようになった。
　　○ 赤ちゃんはこの頃一人で歩けるようになった。
　　○ 収量をあげるために無機肥料を使うようになりました。

五、动词连用形 てくれ

　　该句型表示请对方做某事，语气不如「〜てください」恭谨，一般只用于男性较亲近的同辈之间或长辈对晚辈。例如：
　　○ ちょっと手を貸してくれ。
　　○ 部屋をきれいに片付けてくれ。
　　○ 暇なときまた来てくれ。

六、〜かわり（に）

　　接在动词连体形、「名词＋の」后，相当于汉语"代替"和"取

代"，有时可以用来表示上下文的转折关系。例如：
- 彼のかわりに会議に出席した。
- 水のかわりに、ビールを飲んでいる。
- 消費者は味に文句をつけないかわり、見てくれにうるさくなった。

注释 / 注釈（ちゅうしゃく）

一、「見てくれにうるさくなった。」「見てくれ」原意为"你（给我）看！"，本课的「見てくれ」可引申为汉语"外表"的意思，用作名词。

二、「曲がったキュウリや葉っぱの開いたキャベツはほとんど漬物などの加工品用に回されてきた。」句中「曲がった」和「開いた」的「た」不表示过去，而是表示状态。

练习 / 練習（れんしゅう）

一、写出下列单词的假名
值段　漬物　本来　面倒　以降　消費者

二、写出下列单词的汉字
みなおす　ひらく　まわす　なげく　うしなう　もんく

三、说出下列动词的被动式
使う　食べる　見る　回す　求める　ほめる　読む
来る　盗む　話す　紹介する

四、替换练习
1. 健康のために毎朝走っている。
   (1) 家を買う/お金をためている
   (2) 日本語を習う/辞書を買いました
   (3) 病気を治す/薬を飲んでいます
   (4) 入試の/一生懸命勉強している
2. 私は日本語が話せるようになった。
   (1) 新鮮な野菜が食べられる。
   (2) 電話で注文できる。
   (3) 赤ちゃんが歩ける。
   (4) 黒板の字が見える。
3. 今のアパートは駅に近いし、気に入っています。
   (1) あの子は頭がいい/性格もいい
   (2) 山田さんも来た/鈴木さんも来た
   (3) 野菜も買った/肉も買ったし
   (4) この部屋は静かだ/日当りもいい

五、仿照例句変换说法
1. 例＊先輩は私に意見を求めた。
   → 私は先輩から意見を求められた。
   (1) 警官は泥棒をつかまえる。
   (2) 父は子どもをほめる。
   (3) コーチは選手をしかる。
2. 例＊母は私の日記を読んだ。
   → 私は母に日記を読まれた。
   (1) スリは私の財布をすった。
   (2) となりの人が私の足を踏んだ。
   (3) 弟は私の部屋をよごした。
3. 例＊泥棒は逃げる。
   → 泥棒に逃げられる。

（1）子どもは泣く。
　　　（2）先生は休む。
　　　（3）一人息子が死ぬ。
　　4．例＊北京の物価は高いと（言う）ている。
　　　→　北京の物価は高いと言われている。
　　　（1）この歌は中国でも（歌う）ている。
　　　（2）記念切手は今月10日に（発行する）ます。
　　　（3）入学式は9月に（行う）ます。

六、填空
　1．はやくタバコをやめ（　）（　）（　）と言われました。
　2．王さんの（　）（　）（　）に、会議に出席しました。
　3．先月中国に帰って（　）（　）。
　4．天気予報に（　）（　）（　）、明日は晴れる（　）（　）です。
　5．あの店は安い（　）、うまい。
　6．ちょっと切符を買って（　）（　）（　）。ここで待っていてください。
　7．車を買う（　）（　）（　）銀行から金を借りました。
　8．これは私（　）作った料理です。
　9．突然の訪問（　）びっくりした。

七、日译汉
　　障子は日本式の部屋の仕切りに使われる紙張りの引き戸である。細い木が格子に組まれていてそれに白い和紙を張ったもので、左右に引いて開けたり閉めたりする。
　　平安時代以来、日本の家屋は中に仕切りがなく、人々はその中に障子を立てて小さな部屋に分けて使っていた。障子にはふすま障子と明かり障子の二種類があり、これが略されてふすま障子になった。障子は明かりを通すが、ふすまはそうではなく、閉めると部屋が暗くなる。

また、障子は日光を直接通さない上、空気の流通にも都合がよく、今でも日本式家屋には不可欠のものになっている。

八、汉译日

1. 听说小王去了美国。
2. 小王受到了老师的表扬。
3. 我去买点饮料回来。
4. 我的手被蚊子叮了一口。
5. 听说她是这本书的作者。
6. 我现在能说简单的日语了。
7. 为了买车，他在存钱。
8. 这是小赵在美国拍的相片。

补充単词／補足単語

ほめる[褒める]（他一）	表扬、称赞
なぐる[殴る]（他五）	打、殴打
泣く[なく]（自五）	哭
先輩[せんぱい]（名）	学长
求める[もとめる]（他一）	征求
尊敬する[そんけいする]（他サ）	尊敬
誘う[さそう]（他五）	邀请
招待する[しょうたいする]（他サ）	招待
交通ルール[こうつうrule]（名）	交通规则
禁じる[きんじる]（他一）	禁止
蜂[はち]（名）	蜜蜂
刺す[さす]（他五）	扎、叮
泥棒[どろぼう]（名）	小偷

財布[さいふ]（名）	钱包
盗む[ぬすむ]（他五）	偷、盗
気分が悪い[きぶんがわるい]（組）	不舒服
建てる[たてる]（他一）	建、盖
日当り[ひあたり]（名）	日照
十才[じっさい]（名）	十岁
いや[嫌]（形动）	讨厌
電球[でんきゅう]（名）	电灯
エジソン[Edison]（名）	爱迪生
発明する[はつめいする]（他サ）	发明
放送する[ほうそうする]（他サ）	广播、播放
毎月[まいつき]（名）	每月
10日[とおか]（名）	10日
物価[ぶっか]（名）	物价
授受表現[じゅじゅひょうげん]（名）	授受表现
複雑さ[ふくざつさ]（名）	复杂性
夕方[ゆうがた]（名）	傍晚
見込み[みこみ]（名）	估计、预料
世界[せかい]（名）	世界
年々[としどし]（名）	年年
増加する[ぞうかする]（他サ）	增加
だんだん[段々]（副）	渐渐
難しい[むずかしい]（形）	难
撮る[とる]（他五）	照（相）
人柄[ひとがら]（名）	人品
調子[ちょうし]（名）	状态、情况
アパート[apart]（名）	公寓
気に入る[きにいる]（組）	喜欢、看中
とにかく[とに角]（副）	好歹、总之
〜てみる（句型）	试……看

経験[けいけん]（名）	经验
あまり（名）	过分，不怎么
嬉しさ[うれしさ]（名）	高兴
涙が出る[なみだがでる]（組）	流眼泪
驚く[おどろく]（自五）	吃惊
近代化[きんだいか]（名）	近代化、现代化
大衆化[たいしゅうか]（名）	大众化
実用化[じつようか]（名）	实用化
多様化[たようか]（名）	多样化
映画化[えいがか]（名）	影视化
国際化[こくさいか]（名）	国际化
冬休み[ふゆやすみ]（名）	寒假
アイデア[idea]（名）	主意、点子
天気予報[てんきよほう]（名）	天气预报
兄[あに]（名）	哥哥
アメリカ[America]（名）	美国
留学[りゅうがく]（名）	留学
教科書[きょうかしょ]（名）	教科书
延期する[えんきする]（他サ）	延期
無理[むり]（名・形動）	不量力、勉强
赤ちゃん[あかちゃん]（名）	婴儿
手を貸す[てをかす]（組）	帮忙
片付ける[かたづける]（他一）	收拾、整理
ためる[溜める]（他一）	存、积
病気を治す[びょうきをなおす]（組）	看病、治病
入試[にゅうし]（名）	升学考试
話せる[はなせる]	「話す」的可能式
新鮮[しんせん]（形動）	新鲜
食べられる[たべられる]	「食べる」的可能式
注文できる[ちゅうもんできる]	「注文する」的可能式

歩ける[あるける]	「歩く」的可能式
黒板[こくばん]（名）	黑板
頭がいい[あたまがいい]（组）	头脑灵活
性格[せいかく]（名）	性格
肉[にく]（名）	肉
警官[けいかん]（名）	警察
つかまえる[捕まえる]（他一）	抓住
コーチ[coach]（名）	教练
選手[せんしゅ]（名）	运动员
しかる[叱る]（他五）	责备
スリ[掏り]（名）	扒手、小偷
する[掏る]（他五）	扒窃、偷
よごす[汚す]（他五）	弄脏
逃げる[にげる]（自一）	逃跑
一人息子[ひとりむすこ]（名）	独子
記念切手[きねんきって]（名）	纪念邮票
発行する[はっこうする]（他サ）	发行
入学式[にゅうがくしき]（名）	开学典礼
9月[くがつ]（名）	九月
行う[おこなう]（他五）	举行、做
先月[せんげつ]（名）	上个月
切符[きっぷ]（名）	票
突然[とつぜん]（副）	突然
訪問[ほうもん]（名）	访问
びっくりする（自サ）	吓一跳
障子[しょうじ]（名）	拉门
日本式[にほんしき]（名）	日本式
仕切り[しきり]（名）	隔开
紙張り[かみばり]（名）	贴纸
引き戸[ひきど]（名）	拉门

細かい[こまかい]（形）	细
格子[こうし]（名）	格子
組む[くむ]（自他五）	编、组合
白い[しろい]（形）	白
和紙[わし]（名）	日本纸
張る[はる]（他五）	贴
左右に引く[さゆうにひく]（组）	左右拉
平安時代[へいあんじだい]（名）	平安时代
以来[いらい]（名）	以来
家屋[かおく]（名）	房屋
人々[ひとびと]（名）	人们
立てる[たてる]（他一）	立起
分ける[わける]（他一）	分开
ふすま障子[襖しょうじ]（名）	隔扇拉门
明かり障子[あかりしょうじ]（名）	透亮拉门
種類[しゅるい]（名）	种类
略する[りゃくする]（他五）	简略、省略
明かり[あかり]（名）	亮；灯光
通す[とおす]（他五）	透过、通过
ふすま[襖]（名）	隔扇
日光[にっこう]（名）	日光
直接[ちょくせつ]（名・副）	直接
流通[りゅうつう]（名）	流通
都合がよい[つごうがいい]（组）	方便、合适
不可欠[ふかけつ]（名・形动）	不可缺少、必需
飲み物[のみもの]（名）	饮料
蚊[か]（名）	蚊子
作者[さくしゃ]（名）	作者

第十七課

コンピューター社会

　私たちの生活はコンピューターのおかげで、このごろ大変便利になってきた。
　旅行に行きたいとする。指定券を買いに、「みどりの窓口」に行く。「みどりの窓口」はコンピューターによってオンライン化されているから、空席があれば、どこの窓口でもすぐ買える。
　そして旅に出る。現金はそんなに持って出る必要はない。たとえば東京の支店に預金口座のある場合、北海道の札幌にいても、南の九州にいても、現金を引き出すことができる。これは、ほとんどの都市銀行が専用の通信回線を使って、北海道から沖縄までひとつのコンピューターシステムを作りあげたからだ。どの銀行のどの支店でも現金が即座に引き出せる。以前には考えられなかったことだ。
　しかし、コンピューターだって機械だから、故障することもある。そんな時は日本全国でお金が引き出せないという、困ったことになる。もっとも、そんな話はあまり聞いたことがないから、心配する必要はなさそうだ。
　その他にも、電気・ガス・水道料金の請求書、給料の計算書、私たちの身近なところで、コンピューターではじき出せるものがたくさんある。今後もあらゆる分野で、コンピューターは活躍するようになるだろう。

単词 / 単語(たんご)

コンピューター[computer]（名）	计算机
社会[しゃかい]（名）	社会
～のおかげで（组）	承蒙……、幸亏……、沾……光
このごろ（名）	最近、近来
指定券[していけん]（名）	对号票
窓口[まどぐち]（名）	窗口
みどり[緑]（名）	绿色
オンライン[on-line]（名）	联机、联网
空席[くうせき]（名）	空位
旅[たび]（名）	旅行
旅に出る[たびにでる]（组）	外出旅行
そんなに（副）	那样、那么
東京[とうきょう]（名）	东京
支店[してん]（名）	分店、支店
預金[よきん]（名）	存款
口座[こうざ]（名）	账户
場合[ばあい]（名）	场合、时候
北海道[ほっかいどう]（名）	北海道
札幌[さっぽろ]（名）	札幌
九州[きゅうしゅう]（名）	九州
引き出す[ひきだす]（他五）	抽出、提取
都市[とし]（名）	城市
専用[せんよう]（名）	专用
通信[つうしん]（名）	通信
回線[かいせん]（名）	线路

沖縄[おきなわ]（名）	冲绳
システム[system]（名）	系统
作る[つくる]（他五）	做、造、制作
あげる（补助）	……完、完成……
どの（代）	哪个……
即座[そくざ]（名）	当场
以前[いぜん]（名）	以前、过去
考える[かんがえる]（他一）	考虑、思考；想像
しかし（接续）	但是、不过
だって（副助词）	就是……、即便是……
故障する[こしょうする]（自サ）	发生故障
そんな（连体）	那样的
全国[ぜんこく]（名）	全国
困る[こまる]（自五）	为难、发愁、不好办
もっとも（接续）	不过、话虽如此
心配する[しんぱいする]（自他サ）	担心
その他[そのた]（名）	另外、其他
電気[でんき]（名）	电
水道[すいどう]（名）	自来水
請求書[せいきゅうしょ]（名）	账单、付款通知书
給料[きゅうりょう]（名）	工资
計算書[けいさんしょ]（名）	清单、账单
身近[みぢか]（形动）	身边
はじき出す[はじきだす]（他五）	算出
今後[こんご]（名）	今后
あらゆる（连体）	所有的
分野[ぶんや]（名）	领域
活躍する[かつやくする]（自サ）	活跃

语法 / 文法

一、可能助动词「れる」、「られる」和可能式

1．可能助动词「れる」、「られる」

可能助动词「れる」、「られる」的词尾变化与被动助动词相同，属于下一段动词变化，但无命令形。

「れる」一般接在五段动词未然形后，「られる」接在五段动词以外的动词未然形后。但在现代日语中，接五段动词时由于要发生约音现象，所以只要将词尾的假名「う段」由移到「え段」，后续「る」，即构成五段动词的可能式。例如：

五段动词：使う	→	使わ+れる	→	使える
五段动词：買う	→	買わ+れる	→	買える
一段动词：起きる	→	起き+られる	→	起きられる
一段动词：考える	→	考え+られる	→	考えられる
カ变动词：来る	→	こ+られる	→	来られる

近年来，也出现了一段动词和カ变动词未然形直接接「れる」构成可能态的用法（如：見る→見れる、来る→来れる），但还未定型。

另外，サ变动词应该用其词干接「される」（即サ变动词词尾未然形「せ」与「られる」的约音）构成可能式。但是在现代日语中多用「できる」代替「される」构成サ变动词的可能式。例如：

勉強する→　勉強せ+られる→　勉強される→　勉強できる

2．由可能助动词「れる」、「られる」构成的句子叫可能式。一般用来表示动作主体本身在技术上、身体上所具备的能力，或在某种外界条件下动作、行为实现的可能性，相当于汉语的"能……"、"会……"、"可以……"等。例如：

○　子どもでも簡単に<u>使える</u>ソフトが開発された。

○　ATMで現金が即座に引き<u>出せる</u>。

○ このパンは安くておいしいから、よく売れます。
○ 以前には考えられなかったことだ。
○ 明日来られる人は来てください。
○ あのホテルでは両替できます。

注意：由于可能式表示的是某种状态，所以原主动句中他动词的宾语一般要用格助词「が」来表示。例如：
○ 私は日本語を話す。
→ 私は日本語が話せる。

二、副助词「でも」（2）

接在疑问词后，表示全部、所有的意思，相当于汉语的"无论……都……"、"不管……都……"等。例如：
○ 誰でもいいから、手伝ってください。
○ いつでもいいです。
○ ビールならいくらでもありますよ。
○ スポーツなら何でも好きです。
○ 空席があれば、どこの窓口でもすぐ買える。

三、接续词「しかし」

用来连接上下文，表示转折，相当于汉语的"但是"。多用于书面语。例如：
○ 約束の時間になった。しかし、彼は来なかった。
○ 今日は日曜日である。しかし、仕事がある。

四、副助词「だって」

与副助词「でも」（1）（2）意义相同，多用于口语。例如：
○ この問題は子どもだって分かるよ。
○ 私だっていやだよ。
○ 沖縄は冬だって暖かい。
○ 努力すれば、なんだってできる。

○ どこだって、同じことだ。

五、形式体言「もの」

在句子中用来替代人或物，有时可以不译出。例如：
○ 宿題を出したものは家へ帰ってもいい。
○ 人間の心理というものはまことに複雑なものだ。
○ コンピューターではじき出せるものがたくさんある。

六、指示代词（4）

「こんな、そんな、あんな、どんな」

「こんな、そんな、あんな、どんな」属于"连体词"，只能用来修饰名词，不能单独使用。

近 称	中 称	远 称	不定称
こんな	そんな	あんな	どんな
这样的	那样的	那样的	什么样的

例如：
○ こんなものはいいです。
○ もうそんな時間ですか。
○ あんなきれいな人、見たことがない。
○ 私はどんな食べ物でも食べられる。

另外，「こんな、そんな、あんな、どんな」可以后续「に」，作副词使用。

近 称	中 称	远 称	不定称
こんなに	そんなに	あんなに	どんなに
（像）这样	（像）那样	（像）那样	怎样

例如：
○ こんなに大きくなった。

○ そんなにほしいなら、自分で買えばいいです。
○ あんなに太った人は少ない。
○ どんなにさがしても見つからなかった。

句型／文型

一、动词连体形／名词 のおかげで

该句型表示 "承蒙……"、"幸亏……"、"沾……光"、"托……福"的意思。例如：
○ みんなのおかげで、とても楽しく過ごすことができました。
○ 友だちのおかげで、安くきれいなアパートに引っ越した。
○ 君と会ったおかげで、あのことを思い出した。
○ 交通が発達したおかげで、どこへも簡単に行けるようになった。

二、句子 とする

该句型相当于汉语的 "假如……"、"假设……"。注意：「する」本身还可以发生变化，构成新的句型，如："～としたら"、"～とすれば"、"～としても" 等，（"～としても" 的用例参见第18课）。例如：
○ 旅行に行きたいとする。
○ 例えば50人来るとして、会費は一人いくらぐらいにすればよいでしょうか。
○ 家を建てるとしたら、大きい家がいい。
○ 台風は上陸するとすれば、明日の夜になるでしょう。

三、动词连体形 必要はない

该句型相当于汉语的 "无须……" "不必……"。 其肯定形式

为「动词连体形 必要がある」。例如：
- 彼に知らせる必要はない。
- あまり心配する必要はなさそうだ。
- 現金はそんなに持って出る必要はない。
- 彼に知らせる必要がある。

四、动词连体形 こともある

「こともある」接「动词现在式」后，相当于汉语"偶尔也……"、"有时也……"的意思。例如：
- 毎年6月には雨がたくさん降るが、あまり降らないこともある。
- 五時以降はたいてい家にいますが、たまに外出することもあります。
- 親にだっていえないこともある。
- おそく帰ったときは、おふろに入らないで寝ることもあります。

五、动词连体形 ことになる

「ことになる」接「动词现在式」后，表示与个人意志无关的决定，相当于汉语的"决定……"，翻译时须灵活。接「动词过去式」后，表示认定或假设尚未完成或实现的动作、行为已经完成或实现。「～ことになっている」的形式用于表示已经形成的规定和习惯等。例如：
- 私は今年の九月からA社に入社することになりました。
- 2008年、オリンピックの夏季大会が中国で行われることになりました。
- 答案に名前を書き忘れたら、試験を放棄したことになりますから、みなさん気をつけてください。
- 今週中に連絡しなかったら、約束を破ったことになる。
- そんな時は日本全国でお金が引き出せないという、困っ

たことになる。
　○ 中国では、車は道の右側を走ることになっている。
　○ この雑誌は毎月一日に発行されることになっている。

六、动词连用形 たことがある/ない

　　该句型表示曾经有过（未曾有过）某种经历。注意：五段动词连用形接「た」时要发生相应的音便。例如：
　○ 私は日本に行ったことがあります。
　○ 『雪国』という小説を読んだことがあります。
　○ あなたは病気で入院したことがありますか。
　○ そんな話は聞いたことがないから、心配する必要はなさそうだ。

练习/練習(れんしゅう)

一、写出下列单词的假名
　　社会　指定券　旅　支店　回線　即座

二、写出下列单词的汉字
　　まどぐち　よきん　かんがえる　こまる　みじか　ぶんや

三、说出下列动词的可能式
　　使う　考える　起きる　言う　来る　泳ぐ　会う　行く
　　休む　書く　話す　勉強する

四、替换练习
　1. いつでもいいです。
　　（1）誰/できます

（2）何/好きです
　　　（3）いくら/あります
　　　（4）どこの窓口/すぐ買えます
　2．みんなのおかげで、とても楽しく過ごすことができました。
　　　（1）先生の/日本語が話せるようになった
　　　（2）そのお医者さんの/病気が治りました
　　　（3）よく勉強した/北京大学に入れた
　　　（4）一か月練習した/車の運転ができた
　3．彼に知らせる必要はない。
　　　（1）わざわざ行く
　　　（2）電話をかける
　　　（3）手紙を出す
　　　（4）ファックスで送る
　4．たまに外出することもあります。
　　　（1）外食する
　　　（2）映画を見る
　　　（3）旅行に行く
　　　（4）図書館で本を読む

五、仿照例句変換说法

　1．例＊英語を話す。
　　　→　英語が話せる。
　　　（1）日本語で電話をかける。
　　　（2）明日も来る。
　　　（3）ギターを弾く。
　　　（4）あの人を信頼する。
　2．例＊日本に行く。
　　　→　日本に行ったことがある。
　　　→　日本に行ったことがない。

(1) この小説を読む。
(2) 病気になる。
(3) 彼と喧嘩する。
(4) 日本料理を作る。

六、日译汉

　　世の中には、いろいろな種類の仕事がある。私達は仕事を選ぶ時、まず、その仕事が自分に向いているかどうか考える。人間は自分に向いている仕事をしている時がもっとも幸せである。自分が好きな仕事ならはりきってやれるし、はりきっている時は少しぐらい無理をしても体をこわさずに続けることができる。朝、出勤のために電車に乗るサラリーマンの中で何パーセントの人が自分に向いた仕事をしているのだろう。

七、汉译日

1. 我还没去过日本。
2. 这种事以前是无法想像的。
3. 幸亏有了你，我才借到了那本书。
4. 没有必要发传真。
5. 这是谁都明白的问题。
6. 有时也在外面吃饭。
7. 今年九月我要读研究生了。
8. 要是那么喜欢的话，你可以自己买嘛！

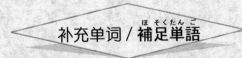
补充単词／補足単語

ソフト[soft]（名）	软件
開発する[かいはつする]（他サ）	开发

売れる[うれる]（自一）	畅销
両替する[りょうがえする]（他サ）	兑换
手伝う[てつだう]（他五）	帮助、帮忙
努力する[どりょくする]（自サ）	努力
同じ[おなじ]（形动）	同样
人間[にんげん]（名）	人
心理[しんり]（名）	心理
まことに[誠に]（副）	实在
複雑[ふくざつ]（名・形动）	复杂
こんな（连体）	这样的
あんな（连体）	那样的
食べ物[たべもの]（名）	吃的东西
こんなに（副）	这样、这么
あんなに（副）	那样、那么
太る[ふとる]（自五）	胖
どんなに（副）	怎样
さがす[捜す]（他五）	寻找
過ごす[すごす]（他五）	度过
引っ越す[ひっこす]（他五）	搬家
交通[こうつう]（名）	交通
発達する[はったつする]（自サ）	发达
会費[かいひ]（名）	会费
ぐらい（副助）	大约
上陸する[じょうりくする]（自サ）	登陆、上岸
毎年[まいとし]（名）	每年
外出する[がいしゅつする]（自サ）	外出
親[おや]（名）	父母
おそい[遅い]（形）	晚
社[しゃ]（名）	公司
入社する[にゅうしゃする]（自サ）	进公司（工作）

2008年[にせんはちねん]（名）	2008年
オリンピックの夏季大会[のかきたいかい]（名）	夏季奥运会
答案[とうあん]（名）	答案
書き忘れる[かきわすれる]（他一）	忘写
放棄する[ほうきする]（他サ）	放弃
約束を破る[やくそくをやぶる]（組）	毁约
入院する[にゅういんする]（自サ）	住院
病気が治る[びょうきがなおる]（組）	病愈
わざわざ（副）	特意
手紙を出す[てがみをだす]（組）	写信、发信
送る[おくる]（他五）	送、发
外食する[がいしょくする]（自サ）	在外面吃饭
ギターを弾く[をひく]（組）	弹吉他
信頼する[しんらいする]（他サ）	信赖
喧嘩する[けんかする]（自サ）	吵架
世の中[よのなか]（名）	社会上
種類[しゅるい]（名）	种类
向く[むく]（自五）	适合
もっとも（副）	最
幸せ[しあわせ]（形動）	幸福
はりきる[張り切る]（自五）	干劲十足
続ける[つづける]（他一）	继续、连续
出勤[しゅっきん]（名）	上班
サラリーマン[salaried man]（名）	工薪族、公司职员
大学院に入る[だいがくいんにはいる]（組）	读研究生

第十八課

約束を忘れない法

　日本人はほとんどがメモ帳を持っていて、約束の日時、場所などを几帳面に記入する。欧米人は意外にこの種の手帳を持たない。手帳に記入しないで、約束などよく覚えられるものだと感心する。ある日私は約束ごとの記入してある手帳を紛失してしまった。そのとき、つぎの数日間の約束や会合の有無、日時を思い出そうとしたが、何一つ心に浮ばなかった。理由は簡単である。約束については手帳を見ればよいことになっていたので、あえて覚えようとしなかったからである。したがってとくに重要な約束は記入すると同時に、手帳がなくても忘れないよう覚えなければならない。
　たとえば約束が今月の十七日（土曜日）午後二時〇〇会館で、大学時代の友人Tと会う場合について、これを忘れないようにするには、できるだけつぎのように他と関連づけ、印象づける。
　①十七日の土曜日は、例によって昼まで仕事がある。その前の金曜日は静岡へ日帰りで出張だ。したがって出張の次の日が約束の日だ。土曜日はいつも会社の地下食堂でA君と一緒に食事をとり、一緒に帰る。そこでただちにA君に当日一緒に帰れないと言っておく。
　②当日会社で食事してすぐ出かけるとちょうど間に合う。T君と会うのは半年ぶりだ。彼は大阪から来て日帰りだ。〇〇会館では以前にも彼と会った。
　このように約束の時間的、場所的関係を明らかにし、できるだけ記憶の手がかりを多くして、全体を一つのまとまった事件としてイメージを作っておく。そして、毎昼飯時にこれを思い出せば、

かりに手帳を紛失したとしても忘れることはない。

約束[やくそく]（名）	约定、约会
法[ほう]（名）	办法、方法
日本人[にほんじん]（名）	日本人
ほとんど[殆ど]（副・名）	大部分，几乎
メモ帳[ちょう]（名）	记事本
日時[にちじ]（名）	日期与时间
几帳面[きちょうめん]（名・形动）	规规矩矩，一丝不苟
記入する[きにゅうする]（他サ）	记上，写上
欧米人[おうべいじん]（名）	欧美人，西方人
意外[いがい]（形动）	意外，想不到
種[しゅ]（名）	种类
手帳[てちょう]（名）	记事本，效率手册
感心する[かんしんする]（自サ）	佩服，钦佩
ある（连体）	某
ある日[あるひ]（名）	某日
約束ごと[やくそくごと]（名）	约定的事
紛失する[ふんしつする]（他サ）	丢失、遗失
しまう（补助）	……完了；……了
そのとき（名）	那时、当时
数日[すうじつ]（名）	数日
会合[かいごう]（名）	聚会、集会
うむ[有無]（名）	有无、有或没有
何一つ[なにひとつ]（副）	一点也（没/不）
心[こころ]（名）	心、心里

浮ぶ[うかぶ]（自サ）	想起、浮现
理由[りゆう]（名）	理由
簡単[かんたん]（形动）	简单
〜について（句型）	关于……
あえて（副）	并不……、不见得……
したがって（接）	为此、因而
とくに[特に]（副）	特别
〜と同時に[〜とどうじに]（句型）	与……同时
今月[こんげつ]（名）	本月
十七日[じゅうしちにち]（名）	十七日
二時[にじ]（名）	两点
会館[かいかん]（名）	会馆
時代[じだい]（名）	时代
できるだけ（组）	尽可能、尽量
他[た]（名）	其他、另外
関連[かんれん]（名）	关联、联系
づける（接尾）	赋予……、建立……
印象[いんしょう]（名）	印象
れいによって[例によって]（组）	按照惯例
仕事[しごと]（名）	工作
金曜日[きんようび]（名）	星期五
静岡[しずおか]（名）	静冈（日本县名）
日帰り[ひがえり]（名）	当天来回
食事をとる[しょくじをとる]（组）	吃饭
そこで（接续）	于是、所以
ただちに[直ちに]（副）	立即、马上
当日[とうじつ]（名）	当天、那天
食事する[しょくじする]（自サ）	吃饭
ちょうど[丁度]（副）	正好、恰好；整；好像
間に合う[まにあう]（组）	来得及、赶得上；够用；

	有用
半年[はんとし]（名）	半年
大阪[おおさか]（名）	大阪
時間的[じかんてき]（形动）	时间上的
場所的[ばしょてき]（形动）	场所上的
関係[かんけい]（名）	关系
記憶[きおく]（名）	记忆
手がかり[てがかり]（名）	线索
全体[ぜんたい]（名）	全体、整体
まとまる[纏まる]（自五）	统一、完整；凑齐
事件[じけん]（名）	事件
〜として（句型）	作为……
イメージ[image]（名）	印象、形象、意象
毎[まい]（接头）	每
昼食[ちゅうしょく]（名）	午饭
どき[時]（接尾）	……时
かりに[仮に]（副）	假如；暂时
〜としても（句型）	即使……
〜ことはない（句型）	不必……；不会……

语法 / 文法

一、「ものだ」的用法（1）

「ものだ」由形式体言「もの」加判断助词「だ」构成。接在用言连体形后，可表示以下几种意思：

1. 表示理所当然的道理和惯例，相当于汉语的"应该……"、"总是……"。例如：

○ 春になると花は咲く<u>ものです</u>。

○　人はいずれ死ぬものだ。
　　○　約束は守るものですよ。
　2．以「～たものだ」的形式表示回忆，常与「よく」之类的副词呼应使用，相当于汉语的"常常……"。例如：
　　○　学生の頃は、よくこの辺りを歩いたものです。
　　○　学生の頃は、小説を読んでは仲間と議論したものだ。
　　○　昔はこの川でよく泳いだり、魚釣りをしたりしたものだ。
　3．表示惊讶、赞叹、感慨的心情。相当于汉语的"真……"。例如：
　　○　新幹線は速いものですねえ。
　　○　手帳に記入しないで、約束などよく覚えられるものだと感心する。

二、补助动词「しまう」

　接在动词连用形（五段动词音便）＋「て」后，表示以下两种意思：

1．强调动作、行为的结束或完成。表示"全部……"、"完全……"、"早就……"、"完成……"、"结束……"的意思，翻译时须灵活。例如：
　　○　一日であの小説を読んでしまいました。
　　○　出された料理は全部食べてしまった。
　　○　雨の中を歩いて、風邪を引いてしまった。
2．表示发生了意想不到或无法挽回的事情，带有遗憾、惋惜、窘迫的心情。
　　○　傘を電車に忘れてしまった。
　　○　友だちから借りたノートを無くしてしまって、困っています。
　　○　ある日私は約束ごとの記入してある手帳を紛失してしまった。

三、比况助动词「ようだ」（2）

本课的「ように」接在动词连体形后表示目的，相当于汉语的"为了……"、"以便……"，翻译时须灵活。例如：
- よく聞こえるように、前の席に座った。
- 忘れないようにノートにメモしておこう。
- 風がよく通るようにもっと窓をあけなさい。

四、副词「できるだけ」

「できるだけ」由动词「できる」和副助词「だけ」构成，在句中做状语，相当于汉语的"尽量"、"尽可能"。「できるだけの」的形式可以用来修饰体言。例如：
- 間食はできるだけしない。
- 明日の朝はできるだけ早く来て下さい。
- できるだけのことはしたが、後は、結果を待つだけだ。

五、接续词「そこで」

用来连接上下文，表示原因和理由，相当于汉语的"于是"、"所以"。例如：
- 今朝、朝寝坊をしました。そこで、授業に遅れました。
- 彼のうちに電話をしたが、いなかった。そこで、会社に電話をしてみた。
- 長い間、雨が降らなかった。そこで、畑に水をまいた。

句型／文型

一、动词未然形 ないで

在句中做状语，修饰谓语，表示在未进行某一动作的情况下，相当于汉语的"不……就……"、"没……就……"。例如：

- りんごの皮を剥かないで食べます。
- ご飯も食べないで出かけた。
- シートベルトをしないで、車を運転してはいけません。

二、动词推量形 う/ようとする
该句型相当于汉语的"想要……"、"刚要……"。例如：
- 彼は大学院に入ろうとして、毎日、一所懸命に勉強している。
- 会合の有無、日時を思い出そうとしたが、何一つ心に浮ばなかった。
- いくら思い出そうとしても、相手の名前が思い出せません。
- お風呂に入ろうとしていたところに、電話がかかってきた。

三、体言 について
该句型相当于汉语的"关于……"、"有关……"、"就……"等。其连体形式为「～についての」。例如：
- 日本文学について論文を書いた。
- そのことについて改めて考えましょう。
- 食事についての考え方が変わってきた。

四、动词终止形/体言 と同時に
该句型表示"在……同时"、"与……同时"、"……同时"等意思。例如：
- 生徒たちは賑やかにしゃべっていたが、先生が教室に入ると同時に静かになった。
- 彼はその話を聞いて、あきれると同時に腹がたった。
- それは長所であると同時に短所でもある。

五、动词连体形 ようにする

该句型表示有意识地为实现某种目标而努力，相当于汉语的"要……"、"做到……"。例如：
- 健康のために、私は毎朝一時間ぐらい散歩する<u>ようにし</u>ています。
- これから、できるだけ遅刻しない<u>ようにします</u>。
- 人と会うときは、約束の時間を守る<u>ようにしましょう</u>。

六、动词终止形 には

句型中的「には」表示目的、目标，相当于汉语的"要……"、"为了……"等。例如：
- この本を全部読む<u>には</u>、三日ぐらいかかる。
- 北京大学へ行く<u>には</u>このバスが便利だ。
- これを忘れないようにする<u>には</u>、できるだけ他と関連づけ、印象づける。

七、体言 によって

「によって」除了表示被动句中的补语外，还可以用来表示以下几种意思：

1. 表示原因和理由
   - 私の不注意<u>によって</u>彼は大怪我をした。
   - 契約の不履行<u>によって</u>会社は倒産した。
2. 表示手段和方法
   - 辞書<u>によって</u>新しい単語の意味を調べる。
   - 話しあい<u>によって</u>問題を解決する。
3. 表示规范和依据
   - 土曜日は例<u>によって</u>昼まで仕事をした。
   - 学生の成績<u>によって</u>クラスを分ける。

4. 与「異なる」、「違う」等动词呼应使用，表示由于前者的不同，而产生不同的结果。相当于汉语的"因……而异"。例如：

○ 国によって風俗習慣が異なる。
○ 大学によって授業料はさまざまだ。
○ 人によって好みが違う。

八、体言 として
　　该句型相当于汉语的"作为……"、"以……资格（身份）"。「としての」的形式可以修饰体言。例如：
○ 留学生として中国に来た。
○ 趣味として切手を集めている。
○ 天安門は中国のシンボルとして有名です。
○ これは先生としての忠告です。

九、动词终止形/名词 としても
　　该句型表示逆态转折的假设条件，相当于汉语的"即使……也……"、"就是……也……"。接动词过去式或进行式后表示以假设条件的实现为前提。例如：
○ 留学するとしても、来年以降です。
○ 彼女は女としても立派にできると思います。
○ 今からタクシーに乗ったとしても、時間には間に合いそうもない。
○ かりに失敗したとしても、実験を続けなければならない。
○ 私が知っているとしても、誰にも話せません。

十、动词连体形 ことはない
　　该句型表示决不会做某种动作或发生某种情况，相当于汉语的"不会……"、"不必……"。例如：
○ 失敗することはない。
○ わざわざ行くことはない。
○ 簡単な試験だから、緊張することはない。
○ かりに手帳を紛失したとしても忘れることはない。

注釈／注釈(ちゅうしゃく)

一、「約束については手帳を見ればよいことになっていたので、あえて覚えようとしなかったからである。<u>したがって</u>とくに重要な約束は記入すると同時に、手帳がなくても忘れないよう覚えなければならない。」

二、「十七日の土曜日は、例によって昼まで仕事がある。その前の金曜日は静岡へ日帰りで出張だ。<u>したがって</u>出張の次の日が約束の日だ。」

以上句子中的「したがって」均为接续词，用来连接上下文，相当于汉语的"为此"、"所以"、"因而"，多用于书面语。

练习／練習(れんしゅう)

一、写出下列单词的假名

　　約束　欧米人　手帳　数日　会合　日帰り

二、写出下列单词的汉字

　　うかぶ　おぼえる　しゅっちょう　やど　きおく　あきらか

三、替换练习

1. よく聞こえるように、<u>前の席に座った</u>。
   （1）日本語を忘れない／毎日勉強している
   （2）バスに遅れない／急いで行きましょう
   （3）病気にならない／毎朝ジョギングしている

（4）後ろの人にも聞こえる/大きな声で話した
　2．りんごの皮を剥かないで食べます。
　　　（1）歯を磨く/寝ました
　　　（2）ご飯を食べる/出かけた
　　　（3）教科書を持つ/教室に行った
　　　（4）夜も寝る/看護した
　3．留学生として中国に来た。
　　　（1）趣味/切手を収集します
　　　（2）社長/責任をとる
　　　（3）学生の代表/会議に出席した
　　　（4）研究生/この大学で勉強している
　4．手帳を紛失したとしても忘れることはない。
　　　（1）二人は喧嘩する/そこまで恨む
　　　（2）失敗する/泣く
　　　（3）彼がいる/はずかしがる
　　　（4）そんなことを言われる/おこる

四、仿照例句変換说法
　1．例＊これから、できるだけ遅刻しません。
　　　→　これから、できるだけ遅刻しないようにします。
　　　（1）できるだけ日本語会話のテレビを見ます。
　　　（2）油ものは食べません。
　　　（3）毎日二時間ぐらい本を読みます。
　　　（4）毎朝一時間散歩します。

　2．例＊お風呂に入る
　　　→　お風呂に入ろうとしている。
　　　（1）夏休みはすぐ終る。
　　　（2）もうすぐ五時になる。
　　　（3）手紙を書く。

（4）息子は北京大学を受ける。
3．例＊一日であの小説を読んだ。
　　→　一日であの小説を読んでしまいました。
（1）仕事はもう全部完了した。
（2）朝から働いていたので、疲れた。
（3）友だちに嫌われた。
（4）電車にかばんを忘れてきた。

五、填空
1．事故（　）（　）（　）（　）、電車は遅れた。
2．日本文学（　）（　）（　）（　）、卒論を書きたいと思う。
3．水は低いところに流れる（　）（　）だ。
4．人（　）（　）（　）（　）、考え方が違う。
5．北京図書館へ行く（　）（　）、どのバスを利用したらいいですか。
6．昔はよくこの辺りを散歩した（　）（　）だ。
7．雨に降られて、風邪を引いてし（　）（　）（　）。
8．趣味（　）（　）（　）茶道を勉強している。
9．王さんは大学院に入（　）（　）としている。

六、日译汉
　　英語の「Yes」と「No」の使い方と日本語の「はい」と「いいえ」の使い方との差はかなり知られている。肯定の質問に対して答える場合は「Yes」と「はい」、「No」と「いいえ」が対応するから問題がないが、質問が否定の形だと、むしろ逆になる。誘いかけではなく、単純な問いかけとして否定疑問が投げられた場合、日本語では肯定であれば「いいえ」、否定であれば「はい」となるのが標準語としては通例であるという意識をもつ人が多い。ところが英語では、そういう否定形の疑問文に対しても、同じように答えが肯定であれば「Yes」、

否定であれば「No」と応ずるのが普通だという。

七、汉译中

1. 马上就要到六点了。
2. 为了健康，我每天早晨都散步一个小时。
3. 去北京大学该坐哪辆公共汽车？
4. 考试很简单，用不着紧张。
5. 晚上他没刷牙就睡觉了。
6. 一到春天花就开了。
7. 小时候我经常在这条河里游泳。
8. 为了不忘记约会，(我)把它记在了记事本上。

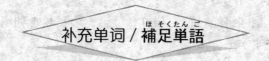
补充单词／補足単語

いずれ（副）	反正、早晚
魚釣り[うおつり]（名）	钓鱼
全部[ぜんぶ]（名・副）	全部
ノート[note]（名）	笔记、笔记本
無くす[なくす]（他五）	丢失
席[せき]（名）	座位
メモする[memoする]（他サ）	笔记
間食[かんしょく]（名）	零食
まく[撒く]（他五）	浇、撒
皮[かわ]（名）	皮
剥く[むく]（他五）	剥、削
シートベルト[seat belt]（名）	安全带
運転する[うんてんする]（他サ）	驾驶
日本文学[にほんぶんがく]（名）	日本文学

改めて[あらためて]（副）	重新；再
考え方[かんがえかた]（名）	想法
変わる[かわる]（自五）	变化、改变
生徒[せいと]（名）	学生
しゃべる[喋る]（自五）	闲聊、说
あきれる[呆れる]（自一）	吃惊
腹がたつ[はらが立つ]（组）	生气
長所[ちょうしょ]（名）	长处
短所[たんしょ]（名）	短处
三日[みっか]（名）	三天
不注意[ふちゅうい]（名）	不小心
大怪我[おおけが]（名）	重伤
契約[けいやく]（名）	合同
不履行[ふりこう]（名）	不履行
意味[いみ]（名）	意义
調べる[しらべる]（他一）	调查、查
話しあい[はなしあい]（名）	商量、协商
解決する[かいけつする]（自他サ）	解决
成績[せいせき]（名）	成绩
風俗習慣[ふうぞくしゅうかん]（名）	风俗习惯
異なる[ことなる]（自五）	不同
授業料[じゅぎょうりょう]（名）	学费
さまざま[様々]（形動）	各式各样
好み[このみ]（名）	爱好
集める[あつめる]（他一）	收集
天安門[てんあんもん]（名）	天安门
シンボル[symbol]（名）	象征
忠告[ちゅうこく]（名）	忠告
留学する[りゅうがくする]（自サ）	留学
タクシー[taxi]（名）	出租车

失敗する[しっぱいする]（自サ）	失败
実験[じっけん]（名）	实验
緊張する[きんちょうする]（自サ）	紧张
ジョギングする[joggingする]（自サ）	慢跑
聞こえる[きこえる]（自一）	听得见
看護する[かんごする]（他サ）	看护，护理
社長[しゃちょう]（名）	社长，总经理
責任をとる[せきにんをとる]（组）	负责
代表[だいひょう]（名）	代表
研究生[けんきゅうせい]（名）	研修生
恨む[うらむ]（他五）	怨恨
はずかしい[恥ずかしい]（形）	不好意思
おこる[怒る]（自五）	生气
日本語会話[にほんごかいわ]（名）	日语会话
油もの[あぶらもの]（名）	油的东西
夏休み[なつやすみ]（名）	暑假
息子[むすこ]（名）	儿子
完成する[かんせいする]（自他サ）	完成
嫌う[きらう]（他五）	讨厌
卒論[そつろん]（名）	毕业论文
低い[ひくい]（形）	低
流れる[ながれる]（自一）	流
茶道[さどう]（名）	茶道
使い方[つかいかた]（名）	用法
差[さ]（名）	差别
かなり（副・形动）	相当，很，颇
肯定[こうてい]（名）	肯定
〜に対して[〜にたいして]（句型）	对……
対応する[たいおうする]（自サ）	对应
否定[ひてい]（名）	否定

形[かたち]（名）	形式
〜だと（句型）	要是……
むしろ（副）	毋宁
逆[ぎゃく]（名）	逆、相反
誘いかけ[さそいかけ]（名）	邀请
単純[たんじゅん]（名・形動）	单纯
問いかけ[といかけ]（名）	提问
否定疑問[ひていぎもん]（名）	否定疑问
投げる[なげる]（他一）	投、扔
標準語[ひょうじゅんご]（名）	标准话、普通话
通例[つうれい]（名・副）	惯例
意識[いしき]（名）	意识
ところが（接）	不过
否定形[ひていけい]（名）	否定形
疑問文[ぎもんぶん]（名）	疑问句
答え[こたえ]（名）	答案、回答
応ずる[おうずる]（自サ）	应答、回答
〜のが普通だ[〜のがふつうだ]（句型）	一般是……

第十九課
だい じゅうきゅう か

授受表現

　授受表現も日本語の複雑さの一つとされる。まず、実際に物をやりとりする場合を考えてみよう。この種の動詞を使わずに客観的にいえば、ある本に対する太郎の所有権が花子に移る場合は、本という物自体の移動は太郎から花子へと向かう。そういう矢印の図ですめば話は簡単だ。が、そのことを言葉であらわすとなると、一挙に複雑になる。相手との関係をどうとらえ、だれを主語にして、どちら側から表現するかによって、いろいろな動詞を使いわける必要があるからだ。

　「太郎」を主語にして客観的に「太郎が花子に本を」と始めると、その二人の上下関係をどう判断するかによって、つぎは「やった・あげた・さしあげた」のうちどれかを選ぶことになる。

　同じく「太郎」を主語にしても、「花子」側からとらえる感じで表現する場合は、つぎを「くれた・くださった」のどちらかを選ぶことになる。

　今度は「花子」を主語にして花子側から表現すると、まず、「花子は太郎から本を」となり、そのあとが「もらった・いただいた」のどちらかになるのが普通だ。

　日本人はこのように、物理的には同じ事実を基本的に三つの方向からとらえ、それぞれ表現し分けて生活している。ただし、日本語では、話し手自身がからんでいる時は「出版社が私に頼んだ」などとせず、「出版社に頼まれた」と自分の側からものごとをとらえるほうが自然な表現である。この場合も話し手自身がやりとりにかかわっていれば、「〜が私に本をやった」「ぼくが〜に本

をくれた」「～がおれから本をもらう」のようなとらえかたは不自然だから、すべての組み合わせが選択可能なわけではない。

単词/単語

授受[じゅじゅ]（名）	授受
複雑さ[ふくざつさ]（名）	复杂性
やりとりする[やり取りする]（名・自サ）	交换、互赠、交谈
動詞[どうし]（名）	动词
客観的[きゃっかんてき]（形動）	客观的
対する[たいする]（自サ）	对于
太郎[たろう]（名）	太郎
所有権[しょゆうけん]（名）	所有权
花子[はなこ]（名）	花子（人名）
移る[うつる]（自五）	移动
自体[じたい]（名）	本身
移動[いどう]（名）	移动
そういう（連体）	那样的
矢印[やじるし]（名）	箭头
図[ず]（名）	图、图表
済む[すむ]（自五）	结束、做完、过得去
一挙に[いっきょに]（副）	一下子
複雑[ふくざつ]（形動）	复杂
主語[しゅご]（名）	主语
表現する[ひょうげんする]（他サ）	表现、表示
使いわける[つかいわける]（他一）	区别使用
上下[じょうげ]（名）	上下

判断する[はんだんする]（他サ）	判断
やる（他五）	给、派遣、做
あげる（他一）	给、举、提高
さしあげる[差し上げる]（他一）	「与える」、「やる」等的自谦语
うち[内・中]（名）	内部、里面、中
同じく[おなじく]（副）	同样
感じ[かんじ]（名）	感觉
くれる（他一）	给（我）
くださる（他五）	「与える」、「くれる」的尊敬语
今度[こんど]（名）	这一回、这次、下次
そのあと（名）	然后、那以后
もらう（他五）	给；要
いただく（他五）	给
普通[ふつう]（名・形・副）	普通、一般、通常
物理的[ぶつりてき]（形动）	物理的角度
同じ[おなじ]（名）	同样
事実[じじつ]（名）	事实
基本的[きほんてき]（形动）	基本上
三つ[みっつ]（名）	三个、三岁
方向[ほうこう]（名）	方向
分ける[わける]（他一）	分开、划分、区别
生活する[せいかつする]（自サ）	生活
ただし（接）	但是、但
話し手[はなして]（名）	说话人
自身[じしん]（名）	自己、自身、本身
からむ[絡む]（自五）	相关、牵涉、找茬儿、缠绕
出版社[しゅっぱんしゃ]（名）	出版社
頼む[たのむ]（他五）	请求、委托、依靠

ものごと[物事]（名）	事情、事
とらえる[捉える]（他一）	把握、掌握、理解
自然[しぜん]（名・形动）	自然
かかわる[係わる]（自五）	关系到、涉及到
おれ[俺]（代）	我（俗语，用于男性）
とらえかた[捉え方]（名）	把握法
不自然[ふしぜん]（名・形动）	不自然
すべて[凡て]（副）	所有、一切、全部
くみあわせ[組み合わせ]（名）	组合、配合
選択[せんたく]（名）	选择
可能[かのう]（形动）	可能
わけ[訳]（名）	理由、一定

语法 / 文法（ぶんぽう）

一．授受动词

日语中表示授受关系的动词大致有三组：
① 「あげる」、「やる」、「さしあげる」
② 「くれる」、「くださる」
③ 「もらう」、「いただく（ちょうだい）」

这三组动词译成汉语都是"给"，选用哪个动词取决于给予者和接受者之间的亲疏关系和语法上的人称关系。

1．「あげる」、「やる」、「さしあげる」

这一组的基本句式是：「AがBに～あげる/やる/さしあげる」

句式中A是给予者，即说话人或说话人一方的人。B是接受者。「あげる」一般用于平辈之间，也可以用于郑重的场合，表示礼貌。

例如：
　　○ 私はこのカメラを田中さんにあげたいと思う。

○ 太郎が花子にプレゼントをあげましたか。

当「A」和「B」分别为「わたし」和「あなた」时，一般可以省去。例如：

○ この本をあげますから、読んでください。

当接受者的身份低于说话人时；当对他人提及自己的家庭成员时；或是男性关系密切的平辈、同等身份的人之间，也可使用「やる」来表示"给"。对动、植物一般使用「やる」。例如：

○ 田中さんは山田さんに何かやったそうだ。
○ 弟に誕生日のプレゼントをやりました。
○ 犬にご飯をやりましょう。
○ 花に水をやる。

反之，当接受者的身份高于说话人时；或虽是平辈但关系并不密切，为了表示对接受者的敬意时，常用「さしあげる」来表示"给"。例如：

○ 先生にアルバムをさしあげました。
○ 田中さんにもお世話になったから何かさしあげようと思っている。

2.「くれる」、「くださる」

这一组的基本句式是：「AがBに～くれる/くださる」

句式中 A 是给予者，即他人。B 是接受者，即说话人或说话人一方的人。当「A」和「B」分别为「あなた」和「わたし」；或「B」为「わたし」时，也常常省去。「くれる」一般用于平辈和朋友之间。也可用于对他人提及自己的家庭成员时。例如：

○ 良子さんが(私に)このハンカチをくれました。
○ 田中さんは弟に本をくれた。
○ 父は私にもお年玉をくれました。

当给予者的身份高于说话人时；或虽是平辈但关系并不密切，为了表示对给予者的敬意时，一般用「くださる」来表示"给"。(「くださる」的敬体形式是「くださいます」)。例如：

○ 田中さんは子どもにおもちゃをくださいました。

○　部長は(私に)クリスマスカードをくださいました。
　3．「もらう」、「いただく（ちょうだい）」
　　这一组的基本句式是：「BはAに（から）～をもらう/いただく」
　　句式中B是接受者，A是给予者。当「B」和「A」分别为「わたし」和「あなた」时，一般可以省去。这种句式有两层意思：一种是B向A索取某物；另一种是A主动赠与B某物。后者可以理解为的委婉的表达形式。「もらう」用于平辈和朋友之间。也可用于对他人提及自己的家庭成员时。例如：
　　○　私はこの香水を友だちからもらいました。
　　○　この辞書は李さんにもらったものです。
　　○　私は父にお年玉をもらいました。
　　当给予者的身份高于说话人时，或虽是平辈但关系并不密切，为了表示对给予者的敬意时，一般用「いただく（ちょうだい）」来表示"给"。例如：
　　○　妹は田中さんから誕生日にお祝いをいただきました。
　　○　先生からいただいた万年筆はとても書きやすいです。
　　注意：当给予者为团体或组织时，则应用「から」来表示。例如：
　　○　私は学校から奨学金をもらいました。

二、补助动词「みる」

　　接在动词连用形（五段动词音便）＋「て」后，表示尝试性地做……，相当于汉语的"……试试"、"……看"。在有些场合可视为是一种委婉的表达方式。例如：
　　○　昨日、刺身を食べてみました。とても美味しいですよ。
　　○　一度、日本へ行ってみたいものだ。
　　○　まず、実際に物をやりとりする場合を考えてみよう。

三、助动词「ぬ（ん）」

　　「ぬ」是文语否定助动词，接在动词及部分助动词的未然形后，

表示否定，多用于书面语，口语中常转音为「ん」。本课出现的「ず」是其连用形。常用的形式是「～ずに」，在句中做状语用。例如：
- 彼は迷わず、快く承諾した。
- 本製品は日本国外では販売せず、保証書は日本国内でのみ有効です。
- 夕べは寝ずに勉強した。
- 昨日はどこへも行かずに、家で本を読んだ。
- 朝ご飯も食べずに学校へ来てしまった。
- このレポートは中国語を使わずに全部日本語で書いてください。

四、格助词「と」与其他助词的重叠使用

「と」与「の」重叠使用时，具有以下的语法意义。例句①②为对象＋连体修饰，接在名词之间，意思相当于汉语"与……的"、"和……的"等，翻译时须灵活。例句③为内容＋连体修饰，相当于「という」。例句④表示比较的对象。例句⑤为内容＋主题，相当于「というのは」。例句⑥⑦表示方向，带有"渐进"的意思。

① 彼女との約束を忘れてしまった。
② 相手との関係をどうとらえるかによって、動詞を使いわける必要がある。
③ 恩師から結婚式には出席できないとの返事を受け取った。
④ 日本とはひと味違うという。
⑤ パソコンとは、個人で使える小型のコンピューターのことだ。
⑥ 住宅地は郊外へ郊外へと伸びています。
⑦ 本という物自体の移動は太郎から花子へと向かう。

五、接续词「が」

与「しかし」意义相近，用来连接上下文，表示轻微的转折关系，相当于汉语的"但是"。例如：

○ 約束の時間になった。<u>が</u>、彼は来なかった。
○ 昼間は暖かくなった。<u>が</u>、夜はまだ寒い。
○ 旅行に行きたい。<u>が</u>、金はない。

六、接续助词「と」（2）

接在动词、助动词终止形后，表示顺接的假定条件，相当于汉语的"要是……"、"如果……"。也可以和「动词现在式 ことになる」一起构成惯用法，表示"要是……的话，就会……"。例如：

○ 早く出かけない<u>と</u>バスに遅れるよ。
○ 雨にぬれる<u>と</u>風邪を引きますよ。
○ 歩いて行く<u>と</u>三十分ぐらいかかる。
○ 睡眠不足が重なる<u>と</u>、体調を崩すことになる。
○ 普段、怠けている<u>と</u>、試験のときに困ることになりますよ。

七、接尾词「さ」

接在形容词、形容动词的词干后，构成表示其性质、状态的名词。例如：

○ 高さ　大きさ　嬉しさ　重要さ　複雑さ

八、接尾词「方(かた)」

接在动词连用形后，构成名词，表示方式、方法。例如：

読む　　→　読み＋方　　→　読み方
使う　　→　使い＋方　　→　使い方
やる　　→　やり＋方　　→　やり方
捉える　→　捉え＋方　　→　捉え方

句型／文型(ぶんけい)

一、～となると

　　接在动词、助动词、形容词连体形、形容动词词干、名词后，表示假设，相当于汉语的"如果……"、"要是……"。例如：
- 明日出発する<u>となると</u>、今日中に支度しなくてはならない。
- 彼<u>となると</u>、いつもはっきりしない。
- そのことを言葉であらわす<u>となると</u>、一挙に複雑になる。

二、～のが普通だ

　　接在句子后，构成习惯表达方式，用来表示所言及的现象极其常见或带有普遍性的。相当于汉语的"通常是……"、"一般说来"。例如：
- 朝、人に会った時、「おはようございます」という<u>のが普通だ</u>。
- お昼のあと昼寝をする<u>のが普通だ</u>。
- この病院では2時間ぐらい待たせられるのは<u>普通だ</u>。
- そのあとが「もらった・いただいた」のどちらかになる<u>のが普通だ</u>。

三、用言连体形　わけではない/わけだ

　　该句型用来表示事情的道理或顺理成章的结果，肯定形式相当于汉语的"所以……"、"当然……"等，否定形式相当于汉语的"并非……"等，翻译时须灵活。例如：
- この辺りは低いので、雨が降ると、すぐ、水がたまる<u>わけです</u>。
- 時差が4時間あるから、日本時間のちょうど正午に着く

わけだ。
○ 彼は日本に10年いたから、日本語が上手なわけだ。
○ 宝くじを買った人が全員、当たるわけではない。
○ 医学が進歩したが、まだ、どんな病気でも治せるわけではない。
○ 今日はほとんど飲みませんね。どこか体の調子が悪いんですか。
→ いいえ、そういうわけではありません。車で来ているんです。

「どれ」和「どちら」的区别

「どれ」用于指代事物；「どちら」用于指代方位。从具体提示的三个以上的物品中进行选择时用「どれ」；从具体提示的两个事物中进行比较和选择时用「どちら」。例如：
○ 周さんの自転車はどれですか。
○ 碁と将棋と、どちらが先に覚えたいですか。

另外，「どちら」还可以用来询问具体的单位。例如：
○ あなたの会社はどちらですか。

或后接「様（さま）」，用来询问姓名。例如：
○ 失礼ですが、どちら様ですか。

练习 / 練習(れんしゅう)

一、写出下列单词的假名

矢印　複雑　今度　普通　事実　出版社

二、写出下列单词的汉字

うつる　すむ　みっつ　わける　からむ　とらえる

三、替换练习

1. 私は<u>先生</u>に/から<u>切手</u>を<u>いただきました</u>。
   （1）母/お金/もらいました
   （2）王さん/ボールペン/もらいました
   （3）おばあさん/テレホンカード/いただきました
   （4）部長/万年筆/いただきました
2. <u>先生</u>は私に<u>切手</u>を<u>くださいました</u>。
   （1）父/お年玉/くれました
   （2）王さん/ボールペン/くれました
   （3）部長/万年筆/くださいました
   （4）先生/テレホンカード/くださいました
3. 私は<u>妹</u>に<u>お金</u>を<u>やります</u>。
   （1）先生/アルバム/さしあげました
   （2）王さん/ボールペン/あげました
   （3）弟/誕生日のプレゼント/やりました
   （4）花/水/やります
4. <u>刺身を食べて</u>みました。
   （1）日本料理を作る
   （2）日本語で歌を歌う
   （3）自分でやる

（4）先生に聞く
　5．早く出かけないとバスに遅れるよ。
　　　（1）真面目に勉強しない／卒業できないよ。
　　　（2）日曜日になる／ここは人でいっぱいだ
　　　（3）地下鉄だ／30分で着く
　　　（4）薬を飲まない／なおりません

四、仿照例句变换说法
　1．例＊父が私に時計をくれました。
　　　→ 私は父に／から時計をもらいました。
　　　（1）王さんが私にボールペンをくれました
　　　（2）友だちが妹に切符をくれました
　　　（3）先生が私に万年筆をくださいました
　　　（4）部長が中村さんにテレホンカードをくださいました
　2．例＊私は王さんにボールペンをあげました。
　　　→ 王さんは私にボールペンをくれました。
　　　（1）私は母にお金をあげました。
　　　（2）妹が太郎にプレゼントをあげました
　　　（3）私は花子に万年筆をあげました
　　　（4）弟が父に誕生日のプレゼントをあげました
　3．例＊夕べも寝ないで勉強した。
　　　→ 夕べも寝ずに勉強した。
　　　（1）歯も磨かないで／寝ました
　　　（2）朝ご飯も食ないで学校へ来てしまった
　　　（3）教科書を持たないで／教室に行った
　　　（4）シートベルトをしないで／車を運転してはいけません

五、填空
　1．傘を差さ（　）（　）雨の中を歩いていた。
　2．彼（　）（　）比べ物にならない。

3．時差が1時間あるから、日本時間の12時に着く（　）（　）（　）。
4．彼は挨拶もせ（　）通りすぎて行った。
5．田中さんから会議に出席できない（　）（　）返事があった。
6．できるかどうか、やってみない（　）わからないです。
7．パソコン（　）（　）、小型のコンピューターのことだ。
8．彼女（　）（　）約束をすっかり忘れてしまった。
9．汽車は北へ北（　）（　）走っている。

六、日译汉

　　今日、趙さんが音楽会の切符をくれた。空港へ妹さんを迎えに行くので、音楽会には行けなくなったのだそうだ。ただでもらうのはもうしわけないから、お金をあげたいと思ったが、趙さんはいらないと言うので、結局ただで切符をもらってしまった。あとでお金のかわりに何かあげようと思う。

七、汉译日
1．要是明天出发的话，今天就必须做好准备。
2．在日本，吃饭前，一般要说"いただきます"。
3．老师给了我一支钢笔。
4．坐出租车去的话，大概需要15分钟。
5．他在日本呆了10年，所以日语很好。
6．他连早饭都没吃就去学校了。
7．不做一下试试，是不会知道能否成功的。
8．小张给了我一张电影票。

补充单词 / 補足単語

カメラ[camera]（名）	照相机
プレゼント[present]（名）	礼物
弟[おとうと]（名）	弟弟
誕生日[たんじょうび]（名）	生日
アルバム[album]（名）	影集
お世話になる[おせわになる]（组）	承蒙照顾
良子[よしこ]（名）	良子（人名）
ハンカチ[handkerchief]（名）	手绢
お年玉[おとしだま]（名）	压岁钱
おもちゃ（名）	玩具
香水[こうすい]（名）	香水
ちょうだい[頂戴]（名・他サ）	「もらう」的自谦语
お祝い[おいわい]（名）	祝贺、礼物
万年筆[まんねんひつ]（名）	钢笔
書きやすい[かきやすい]（组）	易写
奨学金[しょうがくきん]（名）	奖学金
迷う[まよう]（自五）	犹豫
快い[こころよい]（形）	痛快、爽快
承諾する[しょうだくする]（他サ）	应诺、答应
本製品[ほんせいひん]（名）	本产品
国外[がいこく]（名）	国外
販売する[はんばいする]（他サ）	销售
保証書[ほしょうしょ]（名）	保证书
国内[こくない]（名）	国内
のみ（副助）	仅
有効[ゆうこう]（形动）	有效

中国語[ちゅうごくご]（名）	汉语
恩師[おんし]（名）	恩师
結婚式[けっこんしき]（名）	婚礼
返事[へんじ]（名）	回信、回话
小型[こがた]（名）	小型
住宅地[じゅうたくち]（名）	住宅区
郊外[こうがい]（名）	郊外
伸びる[のびる]（自一）	延伸
睡眠不足[すいみんぶそく]（名）	睡眠不足
重なる[かさなる]（自五）	积累、重复
体調[たいちょう]（名）	身体状况
崩す[くずす]（他五）	损坏
普段[ふだん]（名・副）	平时
怠ける[なまける]（自他一）	偷懒
高さ[たかさ]（名）	高（低）
大きさ[おおきさ]（名）	大（小）
重要さ[じゅうようさ]（名）	重要性
やり方[やりかた]（名）	做法
出発する[しゅっぱつする]（自サ）	出发
支度する[したくする]（他サ）	准备
お昼[おひる]（名）	午饭、中午
昼寝をする[ひるねをする]（组）	睡午觉
水がたまる[みずが溜る]（组）	积水
時差[じさ]（名）	时差
日本時間[にほんじかん]（名）	日本时间
正午[しょうご]（名）	正午
宝くじ[たからくじ]（名）	彩票
全員[ぜんいん]（名）	全员
当たる[あたる]（自五）	中
医学[いがく]（名）	医学

進歩する[しんぽする]（自サ）	进步
治す[なおす]（他五）	治疗
失礼ですが[しつれいですが]（句）	对不起
どちら様[どちらさま]（名）	哪位
おばあさん[お婆さん]（名）	奶奶、姥姥
テレホンカード[telephone card]（名）	电话磁卡
部長[ぶちょう]（名）	部长
真面目[まじめ]（形动）	认真
卒業する[そつぎょうする]（自サ）	毕业
時計[とけい]（名）	钟、表
比べ物にならない[くらべものにならない]（组）	无法相提并论
通りすぎる[とおり過る]（组）	通过
北[きた]（名）	北
音楽会[おんがくかい]（名）	音乐会
ただ（名）	白给
いる[要る]（他五）	要
結局[けっきょく]（副）	结果、最后
あとで[後で]（副）	以后

第二十課
だい にじっ か

訪問

　五月十日の夕刻、山本さんという人のお宅に招待された。六時に東京駅の改札口で山本さんと待ち合わせ、お宅まで連れて行っていただいた。山本さんのご家族は、私を温かく迎えてくださった。玄関であいさつを済ませ、うっかり靴をはいたまま上がろうとしたので、みんながびっくりした。山本さんが「日本では、靴を脱いで上がるんですよ。」と教えてくださった。「黄さんは三日前に来日したばかりだから、しかたがありませんよね。」と、山本さんの奥さんがにこにこ笑いながらおっしゃった。そして、私の脱いだ靴をきちんとそろえてくださった。
　和室の中央には、低いテーブルが置いてあり、正面の奥は十センチぐらい高くなっており、生け花が飾ってある。また、その後ろの壁には、難しい漢字の書いてある立派な紙がかかっている。「あの奥の少し高くなっている所は『床の間』と言い、壁にかかっているものは『掛け軸』と言います。掛け軸には、絵をかいたものもあります。さあ、どうぞ。」とおっしゃりながら、山本さんは私を床の間の前に座るようにすすめてくださった。私の向かいには山本さんが、横には奥さんがお座りになった。私は、初め日本人のようにきちんと座ってみたが、すぐ足が痛くなってしまったので、テーブルの下に足を伸ばして座らせていただいた。
　部屋と部屋の間には、「ふすま」という戸のようなものがあって、その「ふすま」を全部とりはずすと、隣の部屋と合わせて、一つの大きな部屋になるようにできている。また、部屋の庭に面した廊下側には、「しょうじ」というガラスと白い紙でできた戸があり、

「しょうじ」を開けると、よく手入れのしてある美しい庭が見えるようになっている。

私は山本さんと並んで写真をとっていただいたが、その写真ができたら、国の両親に送ってあげようと思う。

訪問[ほうもん]（名）	访问
十日[とおか]（名）	十日
夕刻[ゆうこく]（名）	傍晚
山本[やまもと]（名）	山本（姓氏）
宅[たく]（名）	家、住宅
招待する[しょうたいする]（他サ）	招待
東京駅[とうきょうえき]（名）	东京站
改札口[かいさつぐち]（名）	剪票口
待ち合わせる[まちあわせる]（自一）	（约好时间、地点）等候
連れる[つれる]（他一）	带、领
温かい[あたたかい]（形）	热情、温暖
玄関[げんかん]（名）	正门、大门
うっかり（副）	无意中、稀里糊涂
靴[くつ]（名）	鞋
はく[履く]（他五）	穿（鞋）
まま（接助）	照旧、原封不动
脱ぐ[ぬぐ]（他五）	脱
上がる[あがる]（自五）	上、进
黄[こう]（名）	黄（姓氏）
三日[みっか]（名）	三天
来日する[らいにちする]（自サ）	来日本

ばかり（副助）	刚……；只……、光……；左右
笑う[わらう]（自五）	笑
おっしゃる（自五）	「言う」的尊敬语
そろえる[揃える]（他一）	使一致、摆齐、使齐全
和室[わしつ]（名）	和式房间
中央[ちゅうおう]（名）	中央、中间
低い[ひくい]（形）	低
正面[しょうめん]（名）	正面
奥[おく]（名）	里面、深处
センチ[centi]（名）	厘米
ぐらい（副助）	左右
高い[たかい]（形）	高
生け花[いけばな]（名）	插花
飾る[かざる]（他五）	装饰
壁[かべ]（名）	墙壁
りっぱ[立派]（形动）	出色、好、棒
かかる（自五）	挂
床の間[とこのま]（名）	壁龛
掛け軸[かけじく]（名）	挂轴
絵[え]（名）	画
さあ（感）	来、啊、喂
どうぞ（副）	来、请
座る[すわる]（自五）	坐、跪坐
すすめる[勧める]（他一）	劝、让、进
向かい[むかい]（名）	对面
足[あし]（名）	脚
伸ばす[のばす]（他五）	伸展、伸直
戸[と]（名）	门
とりはずす[取り外す]（他五）	卸掉、拆掉、分解

合わせる[あわせる]（他一）　　　合起来、使一致；对照
面する[めんする]（自サ）　　　面对
白い[しろい]（形）　　　白
手入れ[ていれ]（名）　　　收拾、整理、修整
写真をとる[しゃしんをとる]（组）　　　照相
両親[りょうしん]（名）　　　父母亲
送る[おくる]（他五）　　　送、寄

语法 / 文法

一、表示授受关系的补助动词

日语中表示授受关系的补助动词有以下三组，用来表示自己（包括自己一方的人）为对方，或对方为自己（包括自己一方的人）做某事。

① 「～てあげる」、「～てやる」、「～てさしあげる」
② 「～てくれる」、「～てくださる」
③ 「～てもらう」、「～ていただく」

这三组补助动词均接在动词的连用形（五段动词音便）＋「て」后，译成汉语分别为"给……"、"为……"、"请……"。与授受动词一样，选用哪个补助动词取决于动作发出者和动作接受者之间的亲疏关系和语法上的人称关系。

1. 「～てあげる」、「～てやる」、「～てさしあげる」

这一组的基本句式为「AはBに（～を）～てあげる/～てやる/～てさしあげる」

句式中A是动作发出者，即说话人或说话人一方的人。B是动作接受者，一般为第二人称或第三人称。该句式表示A的行为给B带来了某种利益。「～てあげる」一般用于平辈之间，也可以用于郑重的场合，表示礼貌。当B的身份、地位高于A时，应使用「～てさしあげる」。反之，当A的身份、地位低于B时，或男性平辈关

系密切者之间，或对自己的家庭成员及动、植物时，则使用「～て やる」。例如：
- 山田さんは中国語が分からないので、私が通訳して<u>あげた</u>。
- 読みたければ貸し<u>てあげます</u>よ。
- 私は先生に書物を届け<u>てさしあげた</u>。
- 弟に日本語の会話を教え<u>てやった</u>。
- 田中さんは息子に家を建て<u>てやった</u>。

2.「～てくれる」、「～てくださる」

这一组的基本句式为「AはBに（～を）～てくれる/～てくださる」

句式中A是动作发出者，一般为第三人称或第二人称。B是动作接受者，即说话人或说话人一方的人。该句式表示A的行为给B带来了某种利益。当A的身份、地位低于B时，或两者关系密切时，一般使用「～てくれる」。反之，当A的身份、地位高于B时，或关系不十分密切时，为表示敬意应使用「～てくださる」。例如：
- 山田さんは私にお土産を買ってき<u>てくれた</u>。
- 周さんはパソコンの使い方を教え<u>てくれた</u>。
- 友だちは私にファックスの送り方を説明し<u>てくれた</u>。
- 先生は私の話をよく聞い<u>てくださいました</u>。
- 山本さんのご家族は私を温かく迎え<u>てくださった</u>。

3.「～てもらう」、「～ていただく」

这一组的基本句式为「AはBに/から（～を）～てもらう/～ていただく」

句式中A为动作接受者，即说话人或说话人一方的人。B为动作发出者，一般为第三人称或第二人称。该句式表示A请B为自己做某一动作，或A从B的动作、行为中获得利益。当A的身份、地位低于B时，或关系不十分密切时，为表示敬意应使用「～ていただく」。例如：
- 夕べ私は友達に車で家まで送っ<u>てもらいました</u>。

○ これは兄に買っ<u>てもらった</u>辞書です。
○ 私は田中先生に作文をなおし<u>ていただきました</u>。
○ この次は山田先生に話し<u>ていただきます</u>。
○ 私は山本さんと並んで写真をとっ<u>ていただいた</u>。

二、接续助词「まま」

接「用言连体形」、「连体词」、「名词＋の」后，表示保持原封不动，或在原有的状态下做某事。翻译时须灵活。注意：接动词时，一般接动词的过去式。例如：
○ 子どもは母の手を握った<u>まま</u>離そうとしません。
○ 席がなかったので、立った<u>まま</u>で話を聞いていた。
○ 三日前に消息を断った<u>まま</u>、なんの連絡もありません。
○ 朝、出かけた<u>まま</u>、まだ帰りません。
○ あの車は1年間も売れない<u>まま</u>、あそこに飾られている。
○ りんごは皮の<u>まま</u>食べたほうが栄養がある。
○ 教室を使ったら、元のままにしておいてください。
○ この魚は新鮮なので、生のまま（で）食べられる。

三、副助词「ばかり」（1）

接在动词过去式后，构成「～たばかり」的形式，表示动作、行为刚刚结束或完成，相当于汉语的"刚……"。例如：
○ 大学に入った<u>ばかり</u>のころは、日本語はぜんぜん分かりませんでした。
○ 日本に着いた<u>ばかり</u>で、まだ住むところも決まっていません。
○ バスはいま出た<u>ばかり</u>です。次のバスまで大分待たなければなりませんね。
○ 黄さんは三日前に来日した<u>ばかり</u>だから、しかたがありませんよね。

句型／文型

动词推量形　う／ようと思う

　　该句型表示说话人的意志和决定，相当于汉语的"（我）想……"、"（我）要……"等。「～う／ようと思う」的形式用于表示说话人想付诸实施（既说话时）的决定；「～う／ようと思っている」的形式用于表示说话人作出的决定一直持续着，也可用于第二、三人称；「～う／ようと思っている」＋「そうだ／ようだ」的形式可用于第三人称。例如：

○　日本にいる間に日本語をマスターしようと思います。
○　そろそろ帰ろうと思います。
○　明日試験があるから、今晩、勉強しようと思っている。
○　写真ができたら、国の両親に送ってあげようと思う。
○　周さんは夏休みにアルバイトをしようと思っている。
○　周さんは日本へ留学しようと思っているそうだよ。

注释／注釈

　　一、「玄関であいさつを済ませ、～」可译为"在门口寒暄后，……"。句中的「済ませる」为「済む」的使役态。日语中部分自动词的使役态具有使自动词转变为他动词的作用。如：「学力を向上させる。」等。

　　二、「足を伸ばして座らせていただいた。」直译为"让……允许我把腿伸直了坐。"（语法解释参见第22课）

练习 / 練習(れんしゅう)

一、写出下列单词的假名
　　訪問　改札口　玄関　和室　絵　両親

二、写出下列单词的汉字
　　つれる　ぬぐ　かざる　むずかしい　すわる　のばす

三、替换练习
　1．<u>弟が手紙を書いて</u>くれました。
　　（1）王さん/宿題をなおす
　　（2）山本さん/本を貸す
　　（3）母/お金を送る
　　（4）友だち/そのことを話す
　2．<u>田中さんに書いて</u>もらった。
　　（1）山本さん/タイプを打つ
　　（2）姉/料理を作る
　　（3）母/コーヒーを入れる
　　（4）友だち/写真をとる
　3．<u>母に買って</u>あげました（やりました）。
　　（1）友だち/辞書を貸す
　　（2）おじいさん/手紙を読む
　　（3）知らない人/道を教える
　　（4）妹/絵本を買う

四、仿照例句变换说法
　1．例＊昨日誰に日本語を教えてもらいましたか。(鈴木先生)
　　　→ 鈴木先生に教えていただきました。

（1）誰に音楽会の切符を買ってもらいましたか。(姉さん)
　　　（2）誰に車で家まで送ってもらいましたか。(先輩)
　　　（3）誰に作文を直してもらいましたか。(田中先生)
　　　（4）これは誰に買ってもらった辞書ですか。(兄さん)
2．例＊母は私にセーターを買ってくれました。
　　　→ 私は母にセーターを買ってもらいました。
　　　（1）友だちは私にファックスの送り方を説明してくれた
　　　（2）田中さんは私に傘を貸してくれました
　　　（3）山本さんは私に電話番号を教えてくれた
　　　（4）会社の人が大阪城へ案内してくれた。
3．例＊私は友だちにボールペンを貸した。
　　　→ 私は友だちにボールペンを貸してあげた。
　　　（1）私は母の誕生日に歌を歌いました。
　　　（2）私は王さんに電話番号を教えました。
　　　（3）私は友だちにファックスの送り方を説明しました。
　　　（4）私は妹に日本料理を作った。
4．例＊私は日本語を勉強したいと思います。
　　　→ 私は日本語を勉強しようと思います。
　　　（1）私はパソコンを買う
　　　（2）海外旅行に行く
　　　（3）ビールを飲む
　　　（4）刺身を食べる

五、填助词

1．私は山本さん（　）お宅まで連れて行ってもらった。
2．山本さんのご家族（　）私（　）温かく迎えてくれた。
3．私は山本さん（　）撮っていただいた写真を国の両親（　）送ってあげようと思った。
4．レポートを書き上げた（　）（　）（　）です。
5．今お風呂から上がった（　）（　）（　）です。

6．私が帰るまでその（　）（　）にしておいてください。
7．靴をはいた（　）（　）上がろうとした。
8．トマトは生の（　）（　）食べたほうがうまい。
9．クーラーをつけた（　）（　）寝ると風邪を引きますよ。

六、日译汉

　　友達同士で飲みに行ったとき、日本人はよく「ワリカンにする」といいます。全部の代金を人数分に割って払います。誰が誘ったかということに関係なく、学生やサラリーマンなど、地位や立場が同じ人たちのグループではワリカンにすることが多いです。
　　誕生日や送別会などの場合には、主賓を除いたほかの人がワリカンで払います。最初から会費制にすることもあります。
　　先生や上司、先輩など、地位や立場が上の人と一緒に飲みに行く場合には、上の人がお金を払ってごちそうしてくれることが多いです。無理にお金を払おうとするのはかえって失礼になります。ごちそうしてもらったら「ごちそうさまでした」とお礼を言いましょう。

七、汉译日

1．我把座位让给了老人。
2．我想把山本先生给我照的相片寄给国内的父母。
3．这是哥哥给我买的字典。
4．小王刚才坐出租车走了。
5．他刚从图书馆回来。
6．开着空调睡觉会感冒的。
7．西红柿是生吃有营养。
8．他一早就出去了，还没回来。

补充単词 / 補足単語(ほそくたんご)

通訳する[つうやくする]（他サ）	（口头）翻译
貸す[かす]（他五）	借
書物[しょもつ]（名）	书籍
届ける[とどける]（他一）	送到
お土産[おみやげ]（名）	礼品、土特产
送り方[おくりかた]（名）	传递法
作文[さくぶん]（名）	作文
なおす[なおす]（他五）	修改；治（病）
握る[にぎる]（他五）	掌握
離す[はなす]（他五）	使……离开
消息を断つ[しょうそくをたつ]（组）	中断联系
連絡[れんらく]（名）	联系、联络
栄養[えいよう]（名）	营养
生[なま]（名）	生（的）、自然（的）
決まる[きまる]（自五）	决定
マスターする[masterする]（他サ）	掌握、精通
そろそろ（副）	该、快要
アルバイト[Arbeiter]（名）	打工
タイプを打つ[typeをうつ]（组）	打字
コーヒーを入れる[coffeeをいれる]（组）	冲咖啡
道を教える[みちをおしえる]（组）	指路
絵本[えほん]（名）	画册、小人儿书
電話番号[でんわばんごう]（名）	电话号码
大阪城[おおさかじょう]（名）	大阪城

案内する[あんないする]（他サ）	向导、陪同
お風呂から上がる[おふろからあがる]（组）	洗完澡
トマト[tomato]（名）	西红柿
友達同士[ともだちどうし]（名）	朋友之间
飲みに行く[のみにいく]（组）	去喝酒
ワリカン[割り勘]（名）	AA制
代金[だいきん]（名）	费用
割る[わる]（他五）	平分
払う[はらう]（他五）	付（款），交（钱）
関係なく[かんけいなく]（组）	与……无关
地位[ちい]（名）	地位
立場[たちば]（名）	角度、立场
グループ[group]（名）	群、组
送別会[そうべつかい]（名）	送别会
主賓[しゅひん]（名）	主宾
除く[のぞく]（他五）	除了
会費制[かいひせい]（名）	会费制
上司[じょうし]（名）	上司
上の人[うえのひと]（名）	上司
ごちそうする[ご馳走する]（他サ）	请客
かえって（副）	反而
ごちそうさまでした[ご馳走さまでした]（句）	谢谢款待
お礼を言う[おれいをいう]（组）	道谢
譲る[ゆずる]（他五）	让给
お年より[おとしより]（名）	老人

第二十一課

豊作貧乏

　夕食の時、なにげなくテレビのニュースを見ていたら、一面のキャベツ畑を片端からトラクターで踏みつぶしている画面が映し出されていた。何であんなもったいないことをするのだろうと思って、アナウンサーの声に耳を傾けると、次のような説明をしていた。
　今年は例年になくキャベツが豊作で、収穫したキャベツを全部出荷しようとすれば、どんどん値が下がる。大量に出荷すればするほどかえって赤字になる。それで、出荷量をおさえるために、保存のきかないキャベツのことだから、やむをえずつぶしているのだ、という。
　農村では、なまじ豊作であったためにかえって損をすることがよくある。需要と供給の関係をうまく調整することができず、とれすぎて損をすることを「豊作貧乏」というのだそうだ。
　世界的な食糧危機が問題にされている今日、実に馬鹿げたことだと思われる。だが、生活を守るために、農民がこうした手段を選ばなければならないのは、やむをえないことのようだ。
　一方、我々消費者の立場からすれば、豊作大いに結構。新鮮な野菜や果物が安く買えることに異を唱えるものはまずあるまい。ところが、現実には、小売店の店頭に出されると、期待されたほどは安くなっていないことが多い。たとえば、生産者は昨年の半値でしか売れないと嘆いているのに、小売店では、前年に比べてせいぜい二、三割しか安くなっていない、ということだ。どうやら、生産者の側が払った犠牲に見合うほどの恩恵を、我々消費者

は受けていないようだ。
　これはおそらく、生産者と消費者の間を結ぶ流通機構の複雑な仕組みに原因があるのだろう。現状のような流通機構のもとでは、こうしたことが今後も続くのではないだろうか。

単词/単語

豊作[ほうさく]（名）	丰收
貧乏[びんぼう]（名・形动）	贫穷、贫乏
豊作貧乏[ほうさくびんぼう]（組）	丰收致贫
なにげない[何気無い]（形）	无意中；若无其事
キャベツ畑[cabbageばたけ]（名）	洋白菜地
片端[かたはし]（名）	一边、一头
トラクター[tractor]（名）	拖拉机
踏みつぶす[ふみ潰す]（他五）	踩碎、碾碎、压碎
映し出す[うつしだす]（他五）	映出、放出
あんな（連体）	那样的
もったいない[勿体無い]（形）	浪费、可惜
アナウンサー[announcer]（名）	播音员
声[こえ]（名）	声音
耳[みみ]（名）	耳朵
傾ける[かたむける]（他一）	倾、侧
耳を傾ける（句）	倾听、注意听
説明[せつめい]（名）	说明
例年になく[れいねんになく]（組）	往年少有
収穫する[しゅうかくする]（他サ）	收获
出荷する[しゅっかする]（他サ）	上市
値[ね]（名）	价格

下がる[さがる]（自五）	下降、后退
大量に[たいりょうに]（副）	大量
かえって[却って]（副）	反而
赤字[あかじ]（名）	赤字、亏损
量[りょう]（名）	量
おさえる[押える]（他一）	压、按；堵；抓住；扣留
保存[ほぞん]（名）	保存
きく[利く]（自五）	有效
保存がきかない（组）	无法保存
やむをえず[己むわ得ず]（组）	不得已
つぶす[潰す]（他五）	弄碎
農村[のうそん]（名）	农村
なまじ（副・形动）	勉强、硬
損[そん]（名）	损失、亏
損をする[そんをする]（组）	损失、亏
需要[じゅよう]（名）	需要、需求
供給[きょうきゅう]（名）	供给、供应
調整する[ちょうせいする]（他サ）	调整
とれる[取れる]（他一）	收获；脱落；需要；可以理解为
すぎる（接尾）	过度、过分
世界的[せかいてき]（形动）	世界性
食糧[しょくりょう]（名）	粮食
危機[きき]（名）	危机
問題[もんだい]（名）	问题
今日[こんにち]（名）	今天、现在
実に[じつに]（副）	确实、实在
馬鹿げる[ばかげる]（自一）	（显得）愚蠢、糊涂
守る[まもる]（他五）	保护、维护
農民[のうみん]（名）	农民

こうした（组）	这样的
手段[しゅだん]（名）	手段
やむをえない[已むを得ない]（组）	不得已
一方[いっぽう]（接）	另一方面、一方面
我々[われわれ]（名）	我们
大いに[おおいに]（副）	很、非常、大
結構[けっこう]（形动・副）	可以、很好；足够；相当
新鮮[しんせん]（形动）	新鲜
安い[やすい]（形）	便宜
異を唱える[いをとなえる]（组）	提出异议
まず[先ず]（副）	大概、大致
ところが（接）	然而、可是
現実には[げんじつには]（副）	现实、实际
小売店[こうりてん]（名）	零售店
店頭[てんとう]（名）	店头
出す[だす]（他五）	拿出、摆
期待する[きたいする]（他サ）	期待
生産者[せいさんしゃ]（名）	生产者
昨年[さくねん]（名）	去年
半値[はんね]（名）	半价
売る[うる]（他五）	卖
前年[ぜんねん]（名）	前年
比べる[くらべる]（他一）	比较
せいぜい（副）	充其量
割[わり]（名）	十分之一、一成
どうやら（副）	仿佛、多半、好像
払う[はらう]（他五）	付出、支付
犠牲[ぎせい]（名）	牺牲
見合う[みあう]（自五）	相称
恩恵[おんけい]（名）	恩惠、实惠

受ける[うける]（他一）	得到、接受
おそらく（副）	也许、可能、大概
結ぶ[むすぶ]（他五）	连接、结合
流通[りゅうつう]（名）	流通
機構[きこう]（名）	机构
仕組み[しくみ]（名）	组织、结构
原因[げんいん]（名）	原因
現状[げんじょう]（名）	現状
～のもとで（句型）	在……下
続く[つづく]（自五）	持续、继续

语法 / 文法

一、表示自发的助动词「れる」、「られる」

「れる」、「られる」除了前面讲过的被动、可能的用法外，还可以表示自发。主要用于与人的意志无关而自发产生的行为，相当于汉语的"不由得……"、"不禁……"等。日语中能够后续自发助动词「れる」、「られる」的动词有限，而且多为表示思维和情感的动词，如：思う、思い出す、考える、感じる、偲ぶ、案じる等。自发助动词「れる」、「られる」的接续法及助动词本身的词尾变化与被动式相同。在表示自发的句子中，一般要用格助词「が」来表示行为、动作的对象。例如：

○ 実に馬鹿げたことだと思われる。

○ このアルバムを見ると、彼のことが懐かしく思い出される。

○ 彼女の手紙を読むと、彼女のやさしい気持ちが感じられる。

二、接续助词「たら」(2)

「たら」在句中除了表示假设的前提条件外，还可以表示前后两个动作之间的偶然联系，带有意外的意思。注意：句末一般多用过去式。例如：
- 新宿に行ったら、本屋で田中さんに会った。
- 道を歩いていたら、急に雨が降り出した。
- テレビのニュースを見ていたら、一面のキャベツ畑を片端からトラクターで踏みつぶしている画面が映し出されていた。

接续助词「と」也具有「たら」的这种意思。例如：
- アナウンサーの声に耳を傾けると、次のような説明をしていた。

三、副助词「ほど」

接在体言及用言连体形后，可以表示：①大致的数量，相当于汉语的"……左右"；②行为、动作、状态的程度，相当于汉语的"几乎……"、"像……"，翻译时须灵活。③比较的基准，多用「ほど～ない」的形式，表示"再也没有比……更……"或"不如……"的意思。例如：

① 風邪を引いて一週間ほど学校を休みました。
① あれから10年ほど経ちました。
② 死ぬほど疲れました。
② 涙が出るほどうれしかった。
② いやというほど待ちました。
③ 日本語ほど難しい言葉はありません。
③ 彼ほどやさしい男はない。
③ 今日は昨日ほど寒くありません。

此外，「ほど」还可以与假定助动词「ば」相呼应，构成句型「用言假定形+ば同一用言连体形+ほど～」，相当于汉语的"越……越……"。注意：サ变动词的后一个动词只须重复词尾的「す

る」。例如：
- 北へ行けば行くほど寒くなります。
- 魚は新しければ新しいほど美味しいです。
- 安ければ安いほどけっこうですね。
- 大量に出荷すればするほどかえって赤字になる。

四、接尾词「すぎる」

接在动词连用形、形容词、形容动词词干后，构成一段活用动词。表示"过分"、"过度"的意思。例如：
- お酒を飲みすぎて頭が痛くなった。
- テレビを見すぎると目が悪くなります。
- このケーキはちょっと甘すぎます。
- このへんは静かすぎて、さみしいくらいだ。

五、比况助动词「ようだ」（3）

本课的「ようだ」表示委婉的判断，相当于汉语的"好像……"、"似乎……"。例如：
- 彼はもう帰ったようだ。
- 今日は元気がないようですね。どこか体の調子が悪いんですか。
- もう時間のようですので、今日はこれでおわりにしたいと思います。
- 生活を守るために、農民がこうした手段を選ばなければならないのは、やむをえないことのようだ。

另外，「ようだ」还可以用来表示比喻，相当于汉语的"就像……"、"宛如……"。例如：
- 山の景色は絵のようです。
- まるで夢を見ているようだ。

六、助动词「まい」

接五段动词及「ます」的终止形、其他动词（包括助动词）的未然形后，表示：①否定的意志，相当于汉语的"不……"；②否定的推量，与「ないだろう」同义，相当于汉语的"大概不……"、"也许不……"。例如：
- あいつにはもう二度と会うまい。
- 夕焼けがきれいだから、明日は雨は降るまい。
- この嬉しさは他人には分かるまい。
- あの留学生は刺身は食べられまい。

七、接续助词「のに」

接在用言、部分助动词的连用形后，表示前后文之间的逆态转折关系，含有失望、遗憾、不满的情绪。例如：
- ゆうべ、早く寝たのに、今朝、朝寝坊をしました。
- 日本の中華料理はおいしくないのに高いです。
- もう昼になっているのに、彼はまだ起きない。
- 病気なのに、試験があるので、学校へ行きました。

句型/文型（ぶんけい）

一、动词连体形 ことが多い

该句型表示某种现象和情况发生的频率很高，相当于汉语的"经常……"、"常常……"。例如：
- 彼は病気がちで、学校を休むことが多い。
- 日本では食後のコーヒーや紅茶の代わりに緑茶が飲まれることが多い。
- 小売店の店頭に出されると、期待されたほどは安くなっていないことが多い。

二、～しか～ない

「しか」为副助词，接在体言、动词连体形、形容词连用形及部分助词后，与否定的谓语形式相呼应，表示对程度、范围、数量等的限定，相当于汉语的"只"、"仅仅"。注意：这一句型是以否定的形式表示肯定的意思。

「动词连体形しかない」的形式表示"只能……"、"只好……"的意思。例如：
- 風邪のため、学生が五人しか授業に出ませんでした。
- 彼も普通の人間でしかなかった。
- 日本へしか行ったことがない。
- 小売店では、前年に比べてせいぜい二、三割しか安くなっていない、ということだ。
- ここまで来たら、やるしかありません。
- バスがないので、歩いていくしかない。

三、用言连体形 ということだ

该句型也表示"听说……"、"据说……"的意思。直接引用的语感较强，多用于书面语。例如：
- あの小説はとても面白いということだ。
- 来月中間試験があるということです。
- 部屋に電話をしてみた。周さんは部屋を出たばかりだということでした。

四、体言 のもとに/で

该句型表示前提和条件，相当于汉语的"在……下"。例如：
- 中国共産党の指導のもとに四つの近代化をすすめる。
- 現状のような流通機構のもとでは、こうしたことが今後も続くのではないだろうか。

五、用言连体形 のではない（だろう）か

该句型表示委婉的断定，有时具有与对方商量的语感。相当于汉语的"是不是可以……"、"也许……"、"可能……"。例如：
- こうなったらやめられない<u>のではないだろうか</u>。
- 彼にとって一番大事な<u>のではないか</u>と思う。
- 現状のような流通機構のもとでは、こうしたことが今後も続く<u>のではないだろうか</u>。

练习／練習

一、写出下列单词的假名
　　声　出荷する　赤字　農村　流通　仕組み

二、写出下列单词的汉字
　　やすい　うる　くらべる　はらう　むすぶ　つづく

三、替换练习
1. <u>涙が出る</u>ほどうれしかった。
   - （1）あの二人は不思議な／似ている
   - （2）顔も見たくない／嫌いだ
   - （3）喉から手が出る／パソコンがほしい
   - （4）新製品は面白い／よく売れる
2. <u>今日は昨日ほど寒くありません</u>。
   - （1）ビール／ウイスキー／強くない
   - （2）試験／思っていた／難しくない
   - （3）王さん／周さん／勤勉な学生ではない
   - （4）この教室／隣の教室／大きくない

3．お酒を飲みすぎて頭が痛くなった。
　　（1）働く/病気になった
　　（2）このかばんは重い/持てない
　　（3）時間がかかる/困ります
　　（4）遊ぶ/成績が落ちた
4．病気なのに、学校へ行きました。
　　（1）家が近い/よく遅刻する
　　（2）5月だ/真夏のように暑い
　　（3）雨が降っている/出かけていった
　　（4）いつも親切だ/今日はひどく冷たい
5．ここまで来たら、やるしかありません。
　　（1）一人で帰る
　　（2）バスがないので、歩いて行く
　　（3）高すぎて買えないから、借りる
　　（4）いやだから、やめる

四、仿照例句変換说法
　1．例＊実に馬鹿げたことだと思う。
　　　→ 実に馬鹿げたことだと思われる。
　　（1）子どものことを案じる。
　　（2）一緒にいた時のことを懐かしく感じる。
　　（3）昔のことを思い出す。
　　（4）学生時代のことを偲ぶ。
　2．例＊テレビニュースを見ている。そういう画面が映し出されていた。
　　　→ テレビニュースを見ていたら、そういう画面が映し出されていた。
　　（1）部屋に入る。太郎が来ていた。
　　（2）昨日デパートへ行った。先生に出会った。
　　（3）トンネルを抜ける。目の前は一面の雪だった。

（4）夕べコーヒーを飲んだ。ねむれなくなった。
3．例＊彼はもう帰った。
　　→　彼はもう帰ったようだ。
　　（1）ここは公園だ
　　（2）ここは静かだ
　　（3）ちょっと熱がある
　　（4）王さんは部屋にいない

五．填助词
1．こんなことはもう二度と言う（　）（　）。
2．先生の指導の（　）（　）（　）卒論を書きます。
3．つまらないことを考え（　）（　）。
4．南へ行け（　）行く（　）（　）暑くなります。
5．朝コーヒー（　）（　）飲まない。
6．試験（　）（　）いやなものは（　）（　）。
7．王さんは来月日本へ行く（　）（　）（　）ことだ。
8．知っている（　）（　）何も話してくれない。
9．今日は寒くて、まるで冬（　）（　）（　）（　）。

六．日译汉
　　酒をやめようと決心したのは一か月前だ。しかし、なかなか実行できない。飲むまいと思っても、ウイスキーの瓶を見ると、ついつい手がのびてしまう。飲み始めると、やめようと思っても、なかなかやめることができない。机の上に瓶が置いてあるから、いけないのかもしれない。見えないところにしまっておこう。

七．汉译日
1．那种地方我不会再去第二次。
2．他动不动就生病，所以常常休学。

3．昨天我去北京图书馆，碰到了李老师。
4．因为没有公共汽车，所以只能走去了。
5．苹果是越新鲜越好吃。
6．一看到这张相片，就会想到和他在一起的时候。
7．没有比小王更亲切的人了。
8．今天不像昨天那么热。

补充単词 / 補足単語

懐かしい[なつかしい]（形）	怀念、眷恋
やさしい[優しい]（形）	慈祥、亲切
感じる[かんじる]（自他一）	感觉
急に[きゅうに]（副）	突然
一週間[いっしゅうかん]（名）	一周
へん[辺]（名）	附近、一带
さびしい[寂しい]（形）	冷清
くらい（副助）	像……那样
これで（组）	到此
まるで（副）	简直、宛如
夢を見る[ゆめをみる]（组）	做梦
あいつ（代）	他、她、那个人
二度と[にどと]（副）	再次
夕焼け[ゆうやけ]（名）	晚霞
他人[たにん]（名）	他人、别人
中華料理は[ちゅうかりょうり]（名）	中华料理
がち[勝ち]（接尾）	好……
食後[しょくご]（名）	饭后
緑茶[りょくちゃ]（名）	绿茶

中間試験[ちゅうかんしけん]（名）	期中考试
中国共産党[ちゅうごくきょうさんとう]（名）	中国共产党
指導[しどう]（名）	指导
四つ[よっつ]（名）	四个
すすめる[進める]（他一）	推进
こう（副）	这样，这么
～にとって（句型）	对于……
不思議[ふしぎ]（名・形動）	不可思议
喉から手が出る[のどからてがでる]（组）	渴望
新製品[しんせいひん]（名）	新产品
ウイスキー[whisky]（名）	威士忌
真夏[まなつ]（名）	盛夏
案じる[あんじる]（他一）	担心，思考
学生時代[がくせいじだい]（名）	学生时代
偲ぶ[しのぶ]（自五）	回忆
トンネル[tunnel]（名）	隧道
抜ける[ぬける]（自一）	穿过
一面[いちめん]（名）	一面、一片
ねむれる[眠れる]（自一）	能睡着
つまらない（形）	无聊
決心する[けっしんする]（自サ）	决心
一か月[いっかげつ]（名）	一个月
なかなか（副）	轻易、简单
実行する[じっこうする]（他サ）	实行
瓶[びん]（名）	瓶
ついつい（副）	不知不觉，无意中
手がのびる[てが伸びる]（组）	伸出手
～始める[はじめる]（组）	……开始
～かもしれない（句型）	也许……

第二十二課

不思議な老人

　昔、沢山の馬に瓜を背負わせて、大和の国から京へ上る男たちがありました。
　ちょうど七月の大変暑いころだったので、男たちは木陰に馬を止め、瓜を入れたかごを下ろして休んでいました。そして、自分たちが食べるために持ってきた瓜があったので、それを取り出して食べていました。その近くで、大変年とった一人の老人が杖をついて、みんなが瓜を食べるのをじっと見ていました。
　しばらくすると、老人は「すみませんが、その瓜を一つくださいませんか。のどが渇いて仕方がないのです。」と男たちに頼みました。しかし、男たちは「この瓜は私たちの物ではありません。京へ持っていくように主人から命じられた物です。だから、あげたいけれども、あげるわけにはいきませんよ。」と断りました。老人は「何というひどい人たちだろう。年寄りに瓜一つくれないとは。それでは、私は瓜を作って食べることにしよう。」とつぶやきました。
　そして、老人は近くにあった木の枝を拾って地面を掘り、男たちのはき捨てた瓜の種を集めて、そこにまきました。すると、その種からすぐに芽が出てきました。男たちがびっくりしているうちに、その芽がどんどん伸びて緑の葉が出てきました。葉はまたどんどん茂って花が咲き、瓜が沢山なりました。瓜はどんどん大きくなり、大変おいしそうに熟しました。
　老人はこの瓜を取って食べ、男たちにも分けてやりました。それから、道を通る人たちをみんな呼び止めて食べさせました。と

てもおいしい瓜だったので、みんな喜んで沢山食べました。そして、老人の瓜が全部なくなると、老人は「さあ、それでは出かけましょう。」と言って、どこかへ行ってしまいました。

　それからしばらくして、男たちも「さあ、出発しよう。」と言って立ち上がりました。そして、馬にかごを背負わせようとして見ると、かごの中に入れてあった瓜は一つも見当たりませんでした。

单词 / 単語

老人[ろうじん]（名）	老人
馬[うま]（名）	马
瓜[うり]（名）	瓜
背負う[せおう]（他五）	背、驮
大和[やまと]（名）	大和
京[みやこ/きょう]（名）	京城、首都
上る[のぼる]（自五）	上、进
京へ上る（句）	进京
ころ[頃]（名）	时候
止める[とめる]（他一）	停下、停住
かご[籠]（名）	筐、篮
下ろす[おろす]（他五）	取下、卸下、放下
取り出す[とりだす]（他五）	拿出、取出
年とる[とし取る]（自五）	上年纪、上岁数
つえをつく[杖をつく]（句）	拄拐杖
じっと（副）	目不转睛地、一直
のど[喉]（名）	嗓子、喉咙
渇く[かわく]（自五）	渴；干
しかた[仕方]（名）	办法

命じる［めいじる］（他サ）	命令、吩咐
けれども（接助）	但是
～わけにはいかない（句型）	不能……
断る［ことわる］（他五）	拒绝
年寄り［としより］（名）	老人
つぶやく［呟く］（自五）	嘟囔
拾う［ひろう］（他五）	拣、拾
地面［じめん］（名）	地面、地上
掘る［ほる］（他五）	挖、掘
はく［吐く］（他五）	吐
捨てる［すてる］（他一）	丢弃、扔掉
種［たね］（名）	核、籽
集める［あつめる］（他一）	汇集、收集
まく［蒔く］（他五）	种、播种
すると（接）	于是、马上；那么
すぐに［直ぐに］（副）	马上、立刻
芽［め］（名）	芽
びっくりする（自サ）	吃惊、吓一跳
～うちに（句型）	在……时候；趁……时候
どんどん（副）	旺盛、茁壮；不断；顺利
伸びる［のびる］（自一）	伸长；发展；增加
茂る［しげる］（自五）	茂盛
なる［生る］（自五）	结（果）
熟する［じゅくする］（自サ）	成熟
通る［とおる］（自五）	通过、路过
呼び止める［よびとめる］（他一）	叫住
喜ぶ［よろこぶ］（自他五）	高兴；欢迎
全部［ぜんぶ］（名・副）	全部
なくなる（自五）	（用）尽；丢失；亡故
出発する［しゅっぱつする］（自サ）	出发

立ち上がる[たちあがる]（自五）　　起身、站起
見当たる[みあたる]（自五）　　　找到、看到、发现

语法 / 文法

一、使役助动词「せる」、「させる」与使役句及意义

　1．使役助动词「せる」、「させる」

「せる」接在五段动词、サ变动词的未然形后。例如：

背負う　　→　背負わ＋せる　→　背負わせる
行く　　　→　行か　＋せる　→　行かせる
勉強する　→　勉強さ＋せる　→　勉強させる

「させる」接在一段动词、カ变动词的未然形后。例如：

考える　　→　考え＋させる　→　考えさせる
食べる　　→　食べ＋させる　→　食べさせる
来る　　　→　こ　＋させる　→　来させる

　2．使役句

由使役态构成的使役句有以下两种基本句式：

（1）「Aは（が）Bに～を他动词使役态」

该句式表示A（使役者）让B（被使役者）做某一动作。这一动作涉及的对象可以是人，也可以是物。相当于汉语的"A 让 B 做……"。例如：

　　○ 教授が助手にデータを調べ<u>させ</u>た。
　　○ 馬に瓜を背負わ<u>せる</u>。
　　○ みんなに瓜を食べ<u>させ</u>ました。

（2）「Aは（が）Bを自动词使役态」

该句式中，A为使役者，B为被使役者，动词一般是自动词。相当于汉语的"A 让 B……"。例如：

　　○ 先生は冗談を言って皆を笑わ<u>せ</u>た。

○ 明日は必ず彼を来させてください。

○ 子どもの頃、近所の子をよく泣かせていた。

3．使役句的意义

使役句一般具有以下四种意义：

（1）表示强迫、指示、要求他人做某事。例如：

○ 母親は弟を買物に行かせた。

○ 社長は秘書にタイプを打たせた。

○ 最近は子どもを塾に通わせる親が多い。

（2）表示允许或放任（表示放任时一般后来续「～ておく」。例如：

○ 疲れているようだったので、そのまま眠らせておいた。

○ 先生は田中君を早く帰らせた。

○ ぜひ私にやらせてください。

（3）表示因某种直接的行为导致他人在生理、心理或情感上的变化。谓语多为表示情感的动词，如：笑う、泣く、驚く、喜ぶ、怒る等。例如：

○ 先生は冗談を言って皆を笑わせた。

○ 大学を受けなかったので、母を怒らせてしまった。

○ 子どもの頃、近所の子をよく泣かせていた。

（4）与表示授受关系的补助动词一起构成许可、请求、或自己做某事是得益于他人的表达形式。有时可视为一种委婉的表达方式。例如：

○ そんなにやりたいのなら、やらせてあげましょう。

○ 今日はいつもより早く帰らせてあげますよ。

○ 両親が早く亡くなったので、姉が働いて私を大学に行かせてくれた。

○ 隣の人に席を座らせてもらった。

○ 明日休ませていただきたいのですが。

○ 足が痛くなってしまったので、テーブルの下に足を

伸ばして座ら<u>せて</u>いただいた。

二、补助动词「いく」

接在动词连用形（五段动词音便）＋「て」后，可以表示：

1．「行く（去）」的具体动作。例如：
○ 駅まで歩いて<u>行く</u>。
○ 時間がないからタクシーに乗っ<u>て行き</u>ましょう。

2．状态或动作由近及远地变化、延续。相当于汉语的"……下去"。例如：
○ 世界の人口は年々増加して<u>いく</u>一方だろう。
○ これからも日本語を勉強して<u>いき</u>たいと思います。
○ 今夜から風がだんだん強くなって<u>いく</u>でしょう。

三、比况助动词「ようだ」（4）

比况助动词「ようだ」的连用形「〜ように」或「〜よう」除了表示祈祷、希望、劝告等的内容外，还可以用来表示间接引用的内容，一般后续具有语言表述意义的动词。例如：
○ 先生は「もっと勉強しなさい。」と言った。
→ 先生はもっと勉強する<u>ように</u>言った。
○ 兄は私に「交通事故に気をつけなさい。」と注意した。
→ 兄は私に交通事故に気をつける<u>ように</u>注意した。
○ 田中さんにあす来る<u>ように</u>言われた。
○ 戻りましたら、家に電話する<u>よう</u>お伝えください。
○ この瓜は私たちの物ではありません。京へ持っていく<u>ように</u>主人から命じられた物です

四、接续助词「けれども」

和接续助词「が」意义相近，用来连接两个句子，表示逆接和顺接关系。「けれども」多用于口语，常常简化为「けれど」或「けど」。例如：

- だから、あげたい<u>けれども</u>、あげるわけにはいきませんよ。
- 今日は日曜日だ<u>けれど（も）</u>、仕事をしなければならない。
- パソコンが動かないん<u>だけど</u>、ちょっと見てくれないか。
- 昨日、周さんに会った<u>けど</u>、元気だったよ。
- 私は水曜か金曜が、一番いいん<u>だけど</u>。

句型／文型

一、用言连用形 てしかたがない

表示状态或情感到达难以忍受的程度，相当于汉语的"……极了"、"非常……"、"……得要死"等。注意：形容动词用词干接「でしかたがない」。例如：

- のどが渇い<u>てしかたがない</u>。
- それをもらいたく<u>てしかたがない</u>。
- 眠く<u>てしかたがない</u>。
- 母の病気が心配<u>でしかたがない</u>。

二、体言 をくださいませんか

该句型与第4课的「体言 をください」意义相同，表示委婉的请求。恭谨程度比「体言 をください」高。例如：

- すみませんが、今週中にお返事を<u>くださいませんか</u>。
- すみませんが、その瓜を一つ<u>くださいませんか</u>。

三、动词连体形 わけにはいかない

该句型表示因某种理由和原因，而无法进行某一动作或行为。相当于汉语的"不能……"、"无法……"等。例如：

- 来年大学受験なので、遊ぶ<u>わけにはいきません</u>。

○ これは秘密だから、教えるわけにはいきません。
○ これは一つしかないから、あげるわけにはいきません。

注意：当「わけにはいかない」接动词否定形式时，则表示有义务进行某一动作或行为，相当于汉语的"应该……"、"不能不……"。例如：

○ いくら痩せたくても、何も食べないわけにはいかない。
○ ここまで来たら、本当のことを話さないわけにはいきません。
○ 試験があるので、勉強しないわけにはいきません。

四、何という 体言 だろう

该句型表示感叹，相当于汉语的"多么……啊"。有时也用「なんという～のだろう」的形式。例如：

○ 何というひどい人たちだろう。
○ 何というばかなやつだろう。
○ 若いのに何という冷静沈着な人物なのだろう。

五、句子 とは（なにごとだ）

该句型用于责备或斥责对方时。「なにごとだ」可以省略。相当于汉语的"怎么能……"、"……算怎么回事"。例如：

○ 先生をばかにするとはなにごとだ。
○ まだ使えるのに捨ててしまうとは。
○ 年寄りに瓜一つくれないとは。

六、动词连体形 ことにする

该句型表示说话人的主观决定，相当于汉语的"决定……"。注意：「ことにする」接「动词过去式」时，表示主观地认定或假设尚未完成或实现的动作、行为已经完成或实现，相当于汉语的"就算是……"、"权当……"等。「～ことにしている」的形式用于表示某一行为已成为说话人现在的习惯。例如：

○ 私はタバコをやめることにした。

- 来月は試験があるので、アルバイトを休むことにした。
- 私は瓜を作って食べることにしよう。
- あまり時間がないので、この問題は一応解決したことにして、次の議題に進みましょう。
- 申し訳ありませんが、この話は聞かなかったことにしてください。
- 私は毎晩寝る前に歯を磨くことにしています。
- 私は毎朝30分ぐらい散歩することにしています。

七、用言连体形/名词＋の うちに

该句型表示在状态、情况未发生变化的有限时间内进行某一动作，相当于汉语的"在……时候"、"趁……"等。例如：
- 今朝は、まだ暗いうちに、家を出ました。
- 桜が綺麗なうちに、見に行きましょう。
- 彼女は子どものうちに、英語を覚えたそうです。
- 仕事が何も片付けないうちに、一日がおわってしまった。
- 授業を聞いているうちに、眠くなってしまいました。

练习 / 練習(れんしゅう)

一、写出下列单词的假名

不思議　老人　大和　瓜　馬　年寄り

二、写出下列单词的汉字

せおう　とめる　おろす　かわく　ひろう　よろこぶ

三、说出下列动词的使役态

行く　来る　選ぶ　つかう　あずける　備える　説明する

洗う　作る　見る　泣く　帰る　上がる　考える

四、替换练习

1. 親は子どもを<u>坐らせます</u>。
   - （1）大学に入る　　（2）家に帰る
   - （3）お使いに行く　（4）朝早く起きる

2. <u>のどが渇いて</u>しかたがない。
   - （1）腹が立つ
   - （2）ビールが飲みたい
   - （3）彼のことが気になる
   - （4）試験に合格しなかったのが残念だ

3. <u>これは秘密だから、教えるわけにはいきません</u>。
   - （1）いくらいやでも、やめる
   - （2）車で来ているので、酒を飲む
   - （3）黙って学校を休む
   - （4）大事な会議なので、行かない

4. <u>授業を聞いている</u>うちに、<u>眠くなってしまいました</u>。
   - （1）あつい/食べてください
   - （2）朝の涼しい/ジョギングに行った
   - （3）元気な/旅に出ようと思う
   - （4）暗くならない/買物に行ってこよう

五、仿照例句变换说法

1. 例＊子どもが掃除をする。
   → 子どもに掃除をさせます。
   - （1）弟が部屋をかたづける。
   - （2）妹がちゃわんを洗う。
   - （3）子どもがごみを捨てる。
   - （4）お手伝いさんがご飯をつくる。

2. 例＊今週中にお返事をください。

→今週中にお返事をくださいませんか。
（1）少し暑いから窓を開けてください。
（2）部屋で静かに休んでください。
（3）日本語でゆっくり話してください。
（4）電話番号を教えてください。
3．例＊タバコをやめる
→私はタバコをやめることにした。
（1）茶道を習う
（2）明日からジョギングする
（3）これから甘いものを食べない
（4）今日はどこへも行かないで勉強する

六、日译汉

　　お茶は中世に中国から日本にもたらされた飲み物だが、喫茶の習慣は日本で独特な発展を遂げた。日常の食事の時に飲むのは酒類を除けばお茶であり、食後のコーヒーや紅茶の代わりに日本では緑茶が飲まれることが多い。中国などのウーロン茶は紅茶同様発酵したものだが、日本のお茶はそのまま乾燥させたもので、発酵させないのが特徴だ。
　　粉末にしたお茶をいろいろな作法で飲む方法は室町時代から流行し、茶室や茶碗をはじめお茶を飲むための施設や道具は芸術的に洗練され、茶道として生け花とともに日本人の大事な教養の一つとなっている。

七、汉译日

1．明天的会很重要，不能不去。
2．趁年轻多学点东西。
3．我现在每天早晨散步30分钟。
4．老师让我查资料。
5．这件事请让我来干。

6．这次考试没及格，让父亲生气了。
7．请转告他，要他给家里来个电话。
8．没有时间了，坐出租车去吧。

补充单词／補足単語

教授[きょうじゅ]（名）	教授
助手[じょしゅ]（名）	助手
データ[data]（名）	数据
冗談を言う[じょうだんをいう]（组）	说笑话
必ず[かならず]（副）	务必
近所[きんじょ]（名）	附近
母親[ははおや]（名）	母亲
秘書[ひしょ]（名）	秘书
塾[じゅく]（名）	私塾
通う[かよう]（自五）	来往
眠る[ねむる]（自五）	睡觉
亡くなる[なくなる]（自五）	死
〜一方だ[いっぽうだ]（句型）	越来越……
今夜[こんや]（名）	今晚
交通事故[こうつうじこ]（名）	交通事故
注意する[ちゅういする]（自サ）	提醒、注意
あす[明日]（名）	明天
お伝えください[おつたえください]（句）	请转告
眠い[ねむい]（形）	困
受験[じゅけん]（名）	应考
秘密[ひみつ]（名・形动）	秘密
本当[ほんとう]（名・形动）	真、真的

〜をばかにする[〜を馬鹿にする]（組）	欺负……
やつ[奴]（名）	家伙
冷静沈着[れいせいちんちゃく]（名・形动）	冷静沉着
人物[じんぶつ]（名）	人物
一応[いちおう]（副）	大致、姑且
議題[ぎだい]（名）	议题
申し訳ありませんが[もうしわけありませんが]（句）	对不起
大学に入る[だいがくにはいる]（組）	上大学
お使いに行く[おつかいにいく]（組）	出去办事
気になる[きになる]（組）	担心、挂念
残念[ざんねん]（形动）	遗憾
黙る[だまる]（他五）	不说话、不吱声
あつい[熱い]（形）	热
ちゃわん[茶碗]（名）	碗、茶杯
ごみ（名）	垃圾
お手伝いさん[おてつだいさん]（名）	佣人
中世[ちゅうせい]（名）	中世
もたらす（他五）	带来、招致
喫茶[きっさ]（名）	喝茶
発展を遂げる[はってんをとげる]（組）	取得发展
日常[にちじょう]（名）	日常
酒類[しゅるい]（名）	酒类
ウーロン茶[〜ちゃ]（名）	乌龙茶
発酵する[はっこうする]（自サ）	发酵
乾燥する[かんそうする]（自他サ）	干燥
特徴[とくちょう]（名）	特征、特色
粉末[ふんまつ]（名）	粉末
作法[さほう]（名）	礼节、规矩
室町時代[むろまちじだい]（名）	室町时代

流行する[りゅうこうする]（自サ）	流行
茶室[ちゃしつ]（名）	茶室
〜をはじめ（句型）	……以及……
施設[しせつ]（名）	设施
道具[どうぐ]（名）	工具，道具
芸術的[げいじゅつてき]（形動）	艺术性
洗練する[せんれんする]（自サ）	洗练，精练
〜とともに（句型）	随着……
教養[きょうよう]（名）	教养

第二十三課

言葉遣い

　私が毎日使っている〇〇〇線の特急電車に乗るには、500円の特別料金を払わなければならない。ちょっと高いけれども、暑い日やとても疲れた日などは、「コーヒー一杯飲んだつもりで」と考えて、つい乗ってしまう。

　この電車に乗っていて、いつも気にかかることが一つある。「特急券をお持ちでない方はお乗りにならないでください」というアナウンスである。敬語の使い方が間違っているのでも、言い方が失礼なのでもない。文法も正しい、声も優しい。けれども私には、「乗せてあげるから券を買ってきなさい」と命令されているような感じがする。「お乗りになる前に特急券をお求めください」とでも言えないだろうかと思ってしまう。

　いつかどこかで、「私が子どもたちに話す言葉は『残さないでご飯を食べなさい』とか、『そんないたずらはやめなさい』とか、『テレビはもう少し離れて見なさい』と、一日中、命令や禁止の文ばかりだ」という若いお母さんからの新聞への投書を読んだことがある。確かに言葉の形はそうだが、お母さんの命令文からは「たくさん食べて大きくなるんですよ」「近くでテレビを見ていると目が悪くなりますよ」という子どもへの優しい気持ちが伝わる。

　優しく言ったつもりでも「～しなさい」と聞こえ、「～しなさい」と言っても優しさが伝わる。学校では、漢字や、文法、言葉の意味、敬語の使い方などは教えてもらうが、言葉の伝わり方や言い方は教えてくれない。相手のことを考えた正しい言葉とその使い方。特急電車に乗りながら、いつも考えさせられた。

単語 / 単語

言葉遣い[ことばづかい]（名）	说法，措词
線[せん]（名）	线（路）
特別[とくべつ]（名・副・形动）	特别
ちょっと[一寸]（副）	稍微
疲れる[つかれる]（自一）	累、疲倦
一杯[いっぱい]（名）	一杯
つもり[積り]（名）	打算；就算是；估计
つい（副）	禁不住、不由得；刚才
気にかかる[きにかかる]（组）	留意、注意、担心
特急券[とっきゅうけん]（名）	特快票
方[かた]（名）	先生、女士
～ないでください（句型）	请勿……
アナウンス[announce]（名）	广播、播音
敬語[けいご]（名）	敬语
使い方[つかいかた]（名）	用法
間違う[まちがう]（自五）	错、误；弄错
言い方[いいかた]（名）	说法
失礼[しつれい]（名・形动・自サ）	失礼、不礼貌；对不起；告辞
文法[ぶんぽう]（名）	语法
優しい[やさしい]（形）	亲切、温柔
けれども（接续）	但是
券[けん]（名）	票
命令する[めいれいする]（自サ）	命令
～ような感じがする[～ようなかんじがする]（句型）	觉得好像……
もとめる[求める]（他一）	「買う」的郑重语

話す[はなす]（他五）	说
残す[のこす]（他五）	剩下、留下；积蓄
いたずら（名）	淘气、恶作剧
やめる[止める]（他一）	停止、放弃；忌
もう（副）	再、还、另外
離れる[はなれる]（自一）	离开、分离
命令[めいれい]（名）	命令
禁止[きんし]（名）	禁止
文[ぶん]（名）	句、文
お母さん[おかあさん]（名）	母亲；令堂
確か[たしか]（形动）	确实
命令文[めいれいぶん]（名）	命令句
気持ち[きもち]（名）	心情
伝わる[つたわる]（自五）	传、传承、传递、流传
聞こえる[きこえる]（自一）	听起来、能听到
優しさ[やさしさ]（名）	温柔、柔和
伝わり方[つたわりかた]（名）	传递的方法

语法 / 文法

一、敬语（1）

日语的"敬语"包括「尊敬語（そんけいご）」、「謙譲語（けんじょうご）」、「丁寧語（ていねいご）」，译成汉语分别为"尊敬语"、"自谦语"、"郑重语"。（郑重语即第1~11课学过的敬体，解释省略。）本课先介绍尊敬语。

尊敬语为直接向对方或话题中提及的人物表示敬意的"敬语"表达形式。主要用法有特殊的尊敬语动词和动词的尊敬语表达形式。

1. 特殊的尊敬语动词

普通动词	特殊动词
行きます	いらっしゃいます
います	いらっしゃいます
来ます	いらっしゃいます/見えます
食べます 飲みます	召し上がります
知っています	ご存じです
見ます	ご覧になります
言います	おっしゃいます
します	なさいます
くれます	くださいます

例如：
- 先生、明日お宅にいらっしゃいますか。
- どうぞ、召し上がってください。
- 文学部の田中先生をご存じですか。
- お元気でいらっしゃいますか。（书信用语）
- 部長、日曜日には何をなさいますか。
- しっかり勉強しなさいと先生はおっしゃいました。
- この雑誌はもうご覧になりましたか。

2. 动词的尊敬语表达形式

（1）动词未然形＋れる、られる

动词未然形＋敬语助动词れる、られる可构成敬语表达形式。使用时须注意与可能态和被动态的区别。

　　五段动词：帰る　　→帰ら　→帰られる
　　一段动词：降りる　→降り　→降りられる
　　サ变动词：散歩する→散歩せ→散歩せられる→散歩される
　　カ变动词：来る　　→こ　　→来られる

例如：
- 先生は来月日本から帰られます。
- 部長、どこで電車を降りられますか。
- 先生のお父さんは毎朝散歩されるそうです。
- 中国に来られたのは、今度は二回目ですね。

（2）お动词连用形（ごサ变动词词干）になる

例如：
- 先生は来月日本からお帰りになります。
- この新聞をお読みになりますか。
- ご両親とご相談になりましたか。

（3）お动词连用形です

为「～ていらっしゃいます」、「お～になります」的简洁说法。

注意：能使用这种表达形式的动词很有限。例如：
- 特急券をお持ちでない方はお乗りにならないでください。
- 先生、何をおさがしですか。
- 部長、先ほどから、中田様がお待ちです。

（4）お/ご～

接头词「お」「ご」冠于某些词汇前也可以表示尊敬和礼貌。例如：
- ご家族の皆さんはお元気ですか。
- おいそがしそうですね。
- どうぞ、ごゆっくり。

二、使役被动式「させられる」

动词的使役被动式表示被迫和无奈，相当于汉语的"不得已……""被迫……"等。其变化规则是：先将动词变成使役态（去掉词尾的「る」），然后再加上被动助动词「られる」。

注意：

（1）五段动词变成使役被动式时会产生约音现象。简便的方

法是用五段动词的未然形直接接「される」。但是以「す」为词尾的五段动词（如「話す」等）不能用未然形直接接「される」。

（2）部分表示思考的动词（如：考える、感じる等）接「させられる」后，可引申为汉语的"不由得……"、"深深地……"等。例如：

五段动词：飲む　　　→飲ませ　＋られる　→飲まされる
五段动词：話す　　　→話せ　　＋られる　→話される
一段动词：やめる　　→やめさせ＋られる　→やめさせられる
一段动词：食べる　　→食べさせ＋られる　→食べさせられる
サ变动词：勉強する　→勉強させ＋られる　→勉強させられる
カ变动词：来る　　　→来させ　＋られる　→来させられる

○ 昨日、友だちからお酒をずいぶん飲まされた。
○ 不景気のため会社を辞めさせられた。
○ 夕べ試験準備で四時間も勉強させられた。
○ 昨日病院へ行ったが、患者が多くて二時間ぐらい待たされた。
○ 特急電車に乗りながら、いつも考えさせられた。
○ 彼の話には自分の国に対する誇りを感じさせられる。

三、格助词「に」（7）

接在体言后，表示行为、动作的主体。使用时「に」后一般要加上提示助词「は」。例如：

○ この問題は小学生には難しい。
○ それは私にはできない。
○ この辞書は留学生には役に立たない。
○ 私には、「乗せてあげるから券を買ってきなさい」と命令されているような感じがする。

四、副助词「ばかり」（2）

1．接在体言、用言连体形、部分助词后，或以「动词连用形

て(で)ばかりいる」的形式表示对事物的限定,相当于汉语的"只"、"光"等。例如:
- 弟はゲームばかりして、勉強しようとしない。
- 彼は毎日本ばかり読んでいます。
- 彼女は何も言わず、ただ泣き続けるばかりでした。
- 準備はととのったから、あとは出発するばかりです。
- 彼は背が高いばかりであまり力はありません。
- ここは静かなばかりで、便利ではないんです。
- 毎日遊んでばかりいる。したがって、学校の成績も悪い。
- パンダは寝てばかりいて、動こうとしない。

2．接在数量词后，表示大致的数量，相当于汉语的"左右"。例如:
- 一年ばかり日本語を勉強した。
- この仕事をはじめて3年ばかりになる。
- 発車まであと十分ばかりです。

五、格助词「の」与其他助词的重叠使用

「の」与「から」重叠使用时，其语法意义为：起点＋连体修饰。如例句①②所示，接在名词之间，相当于汉语"自……的"、"从……的"等意思，翻译时须灵活。「の」与「へ」重叠使用时，可以表示两种语法意义：方向＋连体修饰、对象＋连体修饰。如例句②③④所示，也接在名词之间，相当于汉语的"去……的"、"对……的"、"给……的"等，翻译时须灵活。例⑤⑥的「での」表示：场所＋连体修饰。例⑦⑧的「までの」表示：范围、终点＋连体修饰。

① 窓からの眺めはすばらしい。
② 若いお母さんからの新聞への投書を読んだことがある。
③ 子どもへの優しい気持ちが伝わる。
④ これは妹への贈り物です。
⑤ 一般家庭での需要

⑥　地上での訓練
⑦　3月から5月までの3か月は春です。
⑧　これは駅から家までの案内図です。

六、副助词「でも」(3)

接体言或助词后，表示仅举出一例，暗示还有其他，相当于汉语的"……什么的"、"譬如……"，有时可以不译出。在有些场合可视为一种委婉的表达方式。例如：
○　お茶でも飲みませんか。
○　周さんの誕生日にネクタイでも贈りたいと思います。
○　待っている間、この雑誌でも見ていてください。
○　病気にでもなったら困るから、日ごろ運動するようにしている。
○　「お乗りになる前に特急券をお求めください」とでも言えないだろうかと思ってしまう。

句型/文型

一、动词连体形/名词＋ の つもりだ

「つもりだ」接在动词的「現在式」后，表示个人之意志，相当于汉语的"打算……"、"准备……"、"想要……"等。其否定形式有「～つもりはない」和「～ないつもりだ」两种。另外，其疑问形式或后续「そうだ」等时，可用于第二人称和第三人称。例如：
○　大学に入ったら社会学を勉強するつもりです。
○　明日の朝早いから、今晩、早く寝るつもりだ。
○　そういうつもりで、ここへ来たのです。
○　今年の夏は海へ行かないつもりです。
○　王さんは30才まで結婚しないつもりだそうです。

○ 今度の卒論で、君は何について書くつもりですか。

　另外，「つもり」接在动词的「过去式」（包括「进行式」）、形容词、形容动词连体形、或「名词＋の」后，表示汉语的"自认为……"、"就算是……"等意思。例如：

○ 彼女は美しいつもりでいる。
○ 自分では正しいつもりでしたが、答えは間違っていました。
○ 遠慮せずに実の親のつもりでなんでも相談してくれ。
○ 死んだつもりで頑張れば、できないことはない。
○ よく調べて書いたつもりですが、まだ間違いがあるかもしれません。
○ 「コーヒー一杯飲んだつもりで」と考えて、つい乗ってしまう。

二、动词未然形 ないでください

　该句型为「〜てください」的否定形式，表示"请勿……"的意思。例如：

○ 車内でタバコを吸わないでください。
○ 館内で写真を撮らないでください。
○ バスが止まるまで席を立ったないでください。
○ 特急券をお持ちでない方はお乗りにならないでください。

三、体言 でも 体言 でも

　该句型表示汉语"……也好，……也好，都……"、"无论……或……，都……"的意思。例如：

○ 私はカレーライスでも、おそばでも、なんでもいいですよ。
○ 敬語の使い方が間違っているのでも、言い方が失礼なのでもない。

四、动词连体形 ような感じがする

　该句型与「动词连体形 ような気がする」意思相近，表示说

话人的感觉，相当于汉语的"觉得好像……"。例如：
- 命令されている<u>ような感じがする</u>。
- 今、誰かノックした<u>ような気がする</u>。
- まるで故郷に帰った<u>ような気がする</u>。

五、お 动词连用形 ください

该句型为日语尊敬语的表达形式之一。与「动词连用形 てください」一样也表示请求、劝诱对方做某事，敬意程度比「动词连用形 てください」高。相当于汉语的"请您……"。注意：使用サ变动词时，要用「ご サ变动词词干 ください」的形式。另外，还可以使用「ご サ变动词词干 なさってください」的形式。例如：
- どうぞ<u>おかけください</u>。
- <u>少々お待ちください</u>。
- どうぞ<u>お入りください</u>。
- 7階レストランへは、エレベーターを<u>ご利用ください</u>。
- 他事ながら<u>ご安心ください</u>。
- 他事ながら<u>ご安心なさってください</u>。

一、「～と考えて、<u>つい</u>乗っ<u>てしまう</u>。」

　　句中的「つい」为副词，表示"禁不住"、"不由得"、"不知不觉"等意思。常与「～てしまう」呼应使用，构成习惯用法。例如：
- 話してはいけないことを<u>つい話してしまった</u>。

二、「けれども私には、～と命令されているような感じがする。」

　　「けれども」为接续词，与「しかし」、「が」意义相近，用来连接上下文，表示转折。

练习 / 練習

一、写出下列单词的假名

　　言葉遣い　特別　敬語　使い方　失礼　命令

二、写出下列单词的汉字

　　つかれる　まちがう　やさしい　はなす　きもち　つたわる

三、替换练习

　1．お茶でも飲みませんか。
　　　（1）買物/したらどうですか
　　　（2）山に/登ってみたい
　　　（3）図書館で/資料を調べることにした
　　　（4）ネクタイ/買ってあげたい
　2．今晩、早く寝るつもりだ。
　　　（1）お酒をやめる
　　　（2）碁を習う
　　　（3）来年は日本へ旅行する
　　　（4）明日からダイエットをする
　3．今、誰かノックしたような気がする。
　　　（1）どこかで会った
　　　（2）少し分かった
　　　（3）夢を見た

四、仿照例句变换说法

　1．例＊この雑誌を読みますか。
　　　→ この雑誌を読まれますか
　　　→ この雑誌をお読みになりますか。

（1）これを使いますか。
　　（2）何を書きますか。
　　（3）タクシーに乗りますか。
　　（4）いつ帰りますか。
2．例＊この雑誌を読みましたか。
　　→　この雑誌をご覧になりましたか。
　　（1）たくさん食べてください。
　　（2）社長は何を言いましたか。
　　（3）明日も学校へ来ますか。
　　（4）明日何をしますか。
3．例＊夕べ試験準備で四時間も勉強した。
　　→　夕べ試験準備で四時間も勉強させられた。
　　（1）いやというほど待ちました。
　　（2）みんなの前で歌う。
　　（3）雨の中を走る。
　　（4）何回も泣いた。
4．例＊写真を撮ってください。
　　→　写真を撮らないでください。
　　（1）お酒を飲んでください。
　　（2）外を見てください。
　　（3）窓を開けてください。
　　（4）クーラーを入れてください。

五、填空
　1．僕は大学院に入る（　）（　）（　）はない。
　2．夕べ友だちの家でずいぶん飲（　）（　）（　）た。
　3．頂上（　）（　）の眺めはすばらしい。
　4．新聞（　）の投書を読んだことがある。
　5．この問題は難しすぎて私（　）（　）分かりません。
　6．駅から家（　）（　）の案内図を書いてくれた。

347

7．食べて（　）（　）（　）いると太りますよ。
8．毎日絵本（　）（　）（　）読んでいる。
9．父の誕生日にネクタイ（　）（　）買ってあげたいと思います。

六、日译汉

　　現代の日本文学は大きく三つに分けることができる。一番目は日本文学の独自性を出した谷崎潤一郎、川端康成、三島由紀夫といった作家たちである。川端康成が『雪国』でノーベル賞を受けたことは、よく知られている。

　　二番目は世界文学の影響を受けて、自分たちの文学を普遍性のあるものとしてとらえ、世界に向けてフィードバックしようとしている大岡昇平、安部公房、そして1994年にノーベル賞を受けた大江健三郎である。ノーベル賞の受賞理由で、川端の文学が「日本独特の情緒を描きだしている」といわれたのに対して、大江の文学は「世界的に普遍性のある問題を提出している」とされた。

　　三番目は吉本ばなな、村上春樹といった日本の現代の世相をサブカルチャーとしてとらえている文学である。

七、汉译日

1．老师，您明天来学校吗？（用敬语）
2．因为不景气，我被公司解雇了。
3．简直就像回到了学生时代一样。
4．离开车还有10分钟左右。
5．暑假我准备回老家。
6．一切都准备就绪，只等出发了。
7．飞机停稳前，请不要解开安全带。
8．就算什么都没了，我想再从头做起。

补充单词 / 補足単語(ほそくたんご)

お宅[おたく]（名）	府上
二回目[にかいめ]（名）	第二次
相談[そうだん]（名）	商量
不景気[ふけいき]（名・形动）	不景气
辞める[やめる]（他一）	辞
試験準備[しけんじゅんび]（名）	应试准备
患者[かんじゃ]（名）	患者
誇り[ほこり]（名）	自豪
役に立つ[やくにたつ]（组）	有益、有用
～続ける[～つづける]（构词）	连续、持续
準備[じゅんび]（名）	准备
ととのう[整う]（自五）	齐备、完备
力[ちから]（名）	力气
パンダ[panda]（名）	大熊猫
はじめる[始める]（他一）	开始
発車[はっしゃ]（名）	发车
眺め[ながめ]（名）	眺望
すばらしい[素晴らしい]（形）	极好、了不起
贈り物[おくりもの]（名）	赠品
一般家庭[いっぱんかてい]（名）	一般家庭
需要[じゅよう]（名）	需要、要求
地上[ちじょう]（名）	地上
訓練[くんれん]（名）	训练
案内図[あんないず]（名）	路线图
贈る[おくる]（他五）	赠送
日ごろ[ひごろ]（名・副）	平时

社会学[しゃかいがく]（名）	社会学
30才[さんじっさい]（名）	30岁
結婚する[けっこんする]（自サ）	结婚
遠慮する[えんりょする]（自他サ）	客气，回避
実の親[じつのおや]（名）	亲身父母
間違い[まちがい]（名）	错
車内[しゃない]（名）	车内
館内[かんない]（名）	馆内
席を立つ[せきをたつ]（組）	离开座位
おそば[お蕎麦]（名）	荞麦面
ノックする[knockする]（他サ）	敲门
他事ながらご安心ください[たじながらごあんしんください]（句）	请放心
かける（他一）	坐
少々[しょうしょう]（副）	稍微
ダイエット[diet]（名）	减肥
現代[げんだい]（名）	现代
一番目[いちばんめ]（名）	第一
独自性[どくじせい]（名）	独特性
谷崎潤一郎[たにざきじゅんいちろう]（名）	谷崎润一郎（人名）
三島由紀夫[みしまゆきお]（名）	三岛由纪夫（人名）
といった（句型）	……之类的、……那样的
作家[さっか]（名）	作家
ノーベル賞[novelしょう]（名）	诺贝尔奖
二番目[にばんめ]（名）	第二
世界文学[せかいぶんがく]（名）	世界文学
影響[えいきょう]（名）	影响
向ける[むける]（自他一）	朝、向
フィードバックする[feedbackする]（他サ）	反馈

大岡昇平[おおおかしょうへい]（名）　　大冈升平（人名）
安部公房[あべこうぼう]（名）　　　　安部公房（人名）
大江健三郎[おおえけんざぶろう]（名）　大江健三郎（人名）
受賞[じゅしょう]（名）　　　　　　　获奖
情緒[じょうちょ・じょうしょ]（名）　　情趣、情绪
描きだす[えがきだす]（他五）　　　　写出、描绘出
〜に対して[〜にたいして]（句型）　　与……相当
大江[おおえ]（名）　　　　　　　　　大江
提出する[ていしゅつする]（他サ）　　提出
三番目[さんばんめ]（名）　　　　　　第三
吉本ばなな[よしもとばなな]（名）　　吉本芭娜娜（人名）
村上春樹[むらかみはるき]（名）　　　村上春树（人名）
世相[せそう]（名）　　　　　　　　　世态
サブカルチャー[sabculture]（名）　　子文化
一からやり直す[いちからやりなおす]　从头做起
（句）

第二十四課

手紙

(一)

　だいぶ秋らしくなってまいりました。皆様お変わりございませんか。休み中は大変お世話になり、ありがとうございました。そちらで毎日、日本語だけで生活したのは、とてもよい経験になりました。おかげで私の日本語もだいぶ上達いたしました。三郎さんが上京なさるのはいつごろでございますか。お待ちしております。上京されるまでに、今よりもっと正確な日本語が話せるよう、毎日勉強しておきます。それから、来月の学会のことですが、斎藤さんに昨日電話をかけてみましたが、お留守でした。また連絡してみます。鈴木さんに速達を出しておきました。
　日本語を書くのが大変苦手なので、お礼やご報告の手紙がおそくなりました。どうぞお許しください。なお、国から送ってきたものを少々お送りいたしました。お受け取りになってください。
　では、くれぐれもおからだをお大切に。ご家族の皆様によろしくお伝えください。
　　　平成十二年十月六日

　　　　　　　　　　　　　　　　　　　　　　　　　林華

　　加藤一夫様

(二)

　前略　先日は夜分遠いところを東京駅までお見送り頂きまして、誠にありがとうございました。厚くお礼を申し上げます。

　おかげさまで、無事に翌十五日午前九時広島駅に着き、表記の下宿に落ち着きましたから、他事ながらご安心ください。

　下宿はすぐ裏が公園で、大学にも近く、とても閑静なところです。朝早く裏の森から、いろいろな鳥の鳴き声が聞こえてきます。その鳥の鳴き声を聞く度に、お別れしてきた皆様のことが思い出され、懐かしくてたまらなくなりました。まだ、部屋の中も整理ができておらず、土地の様子など、少しもわからずまごまごしています。ちかいうちに詳しいお便りを差し上げたいと存じますが、お暇の折には、そちらからもお手紙をくださいますようお願い致します。

　まずは、簡単ながら御礼まで。

　　　　　　　　　　　　　草々

手紙[てがみ]（名）	信
らしい（接尾）	像……
まいる[参る]（自五）	「行く」、「来る」的自谦语
皆様[みなさま]（名）	诸位、大家、各位
お変わりございませんか（句）	别来无恙
休み[やすみ]（名）	休息、休假
お世話になる[おせわになる]（组）	承蒙关照
そちら（代）	那边

経験[けいけん]（名）	经验、体会
お陰で[おかげで]（句）	托您的福
上達する[じょうたつする]（自サ）	进步、上进
いたす[致す]（他五）	「する」的自谦语
三郎[さぶろう]（名）	三郎
上京する[じょうきょうする]（自サ）	进京
なさる（他五）	「する」的尊敬语
いつごろ（副）	何时
今[いま]（名）	现在
もっと（副）	更加、进一步
正確[せいかく]（形動）	正确
来月[らいげつ]（名）	下个月
学会[がっかい]（名）	学会
斎藤[さいとう]（名）	斎藤（姓氏）
電話をかける（組）	打电话
留守[るす]（名）	不在家
連絡する[れんらくする]（自他サ）	联系
速達[そくたつ]（名）	快件
苦手[にがて]（形動）	不擅长、憷
お礼[おれい]（名）	致礼、致谢
報告[ほうこく]（名）	报告、汇报
遅い[おそい]（形）	迟、晚
許す[ゆるす]（他五）	原谅；允许
なお（接）	还有、更、再
少々[しょうしょう]（名・副）	少许
くれぐれも（副）	反复、仔细、周到
おからだ[お体]（名）	身体
大切[たいせつ]（形動）	保重、珍视、爱惜
平成[へいせい]（名）	平成（日本现在的年号）
林華[りんか]（名）	林华

加藤一夫[かとうかずお]（名）	加藤一夫
様[さま]（接尾）	接人名等后，表示尊敬
前略[ぜんりゃく]（名）	前略
先日[せんじつ]（名）	前些日子
夜分[やぶん]（名）	晚上
見送る[みおくる]（名）	送行、送
誠に[まことに]（副）	实在、非常
厚い[あつい]（形）	厚；深厚
申し上げる[もうしあげる]（他一）	「言う」的自谦语
お陰様まで[おかげさまで]（句）	托您的福
無事[ぶじ]（形动）	平安、无事
翌[よく]（接头）	翌、次、第二
広島駅[ひろしまえき]（名）	广岛站
着く[つく]（自五）	抵达、到达
落ち着く[おちつく]（自五）	安顿、平静下来
安心する[あんしんする]（自サ）	安心、放心
他事ながらご安心ください［たじながらごあんしんください］（句）	请放心
裏[うら]（名）	后面、后边、反面
閑静[かんせい]（形动）	清静、幽静
森[もり]（名）	树林
鳥[とり]（名）	鸟
鳴き声[なきごえ]（名）	叫声、啼声
～度に[～たびに]（句型）	每……
懐かしい[なつかしい]（形）	怀念、眷念
～てたまらない（句型）	难以忍受
整理[せいり]（名）	整理、收拾
おる（自五）	「いる」的自谦语
様子[ようす]（名）	情况、样子
少しも[すこしも]（副）	一点（也）

まごまごする（自サ）	毫无头绪、不知所措
近い[ちかい]（形）	近
詳しい[くわしい]（形）	详细；精通
便り[たより]（名）	信
存じる[ぞんじる]（自一）	「思う」、「知る」的自谦语
暇[ひま]（名）	空闲、余暇
折[おり]（名）	时候
願う[ねがう]（他五）	请求，希望，祈求
草々[そうそう]（名）	草草，不尽欲言

语法 / 文法（ぶんぽう）

一、敬语（2）

1．自谦语

自谦语为贬低自己抬高对方的一种"敬语"表达形式。主要用法有特殊的自谦语动词和动词的自谦语表达形式。

（1）特殊的自谦语动词

普通动词	特殊动词
行きます 来ます	参ります
います	おります
食べます 飲みます もらいます	いただきます
あげます	さしあげます
思います	存じます
言います	申します/申し上げます
見ます	拝見します

会います	お目にかかります
します	いたします
聞きます たずねる	伺います
知っています 知りません	存じております 存じません

例如：
- 明日八時にこちらに参ります。
- 日曜日は家におります。
- はじめまして、周と申します。どうぞ、よろしく。
- 昨日先生のお宅に伺いました張です。
- お手紙を拝見しました。
- ちかいうちに詳しいお便りを差し上げたいと存じます。

（2）动词的自谦语表达形式

お动词连用形（ごサ变动词词干）する（いたす）

例如：
- 皆さんの来られるのをお待ちしています。
- お荷物をお持ちしましょう。
- 今日のスケジュールについてご説明いたします。
- 先生が中国へいらっしゃったら、私がいろいろなところをご案内します。

2．表示客气和礼貌的郑重语特殊动词

普通动词	特殊动词
あります	ございます
です	でございます

例如：
- 〇 （顾客）：このシャツ、Lサイズはありますか。
- → （店員）：はい、<u>ございます</u>。
- 〇 皆様お変わり<u>ございません</u>か。
- 〇 周<u>でございます</u>。どうぞ、よろしくお願いいたします。
- 〇 受付はあちら<u>でございます</u>。
- 〇 三郎さんが上京なさるのはいつごろ<u>でございます</u>か。

二、接尾词「らしい」

接在体言、副词、形容动词词干后，表示人和事物应具有的气质、性质、状态等。「～らしい」按形容词进行活用变化，有否定形式。例如：
- 〇 全く子ども<u>らしい</u>考えだ。
- 〇 春<u>らしい</u>暖かい日が続いています。
- 〇 だいぶ秋<u>らしく</u>なってまいりました。
- 〇 この頃雨<u>らしい</u>雨が降っていない。
- 〇 もっとも<u>らしく</u>小声で話している。
- 〇 ちっとも学生<u>らしく</u>ない。

三、「まで」与「までに」

「まで」一般与「継続動詞（けいぞくどうし）」呼应使用，表示动作在某一段时间内一直持续着。

「までに」一般与「瞬間動詞（しゅんかんどうし）」呼应使用，表示在某一时间到来之前，结束或完成某一动作。例如：
- 〇 列車が東京に着く<u>まで</u>ずっと食べつづけていた。
- 〇 列車が東京に着く<u>までに</u>食事を済ませてしまおう。
- 〇 銀行は三時<u>まで</u>ですが、二時半<u>までに</u>入れなければお金を引き出すことは出来ない。
- 〇 夕べ十時<u>まで</u>ずっと勉強していた。
- 〇 明日七時<u>までに</u>ここに来てください。

四、日语书信的基本格式

日本的书信一般由「前文（ぜんぶん）」、「主文（しゅぶん）」、「末文（まつぶん）」、「後付け（あとづけ）」四部分构成。

1.「前文」（寒暄语）：可分为「頭語」（如：拝啓、前略等）、「時候の挨拶」（如：だいぶ秋らしくなってきました）、「安否の挨拶」（如：皆様お変わりございませんか）。

2.「主文」（正文）：主要写自己想表达的内容。

3.「末文」（信末寒暄语）：即结束语，可分为两部分。一是「結びの挨拶」（如：ではくれぐれもお体に気をつけて）；二是「結語」（如：敬具）。

4.「後付け」（结尾部分）：主要有三项。一是写日期；二是写发信人的名字；三是写收信人的名字并加上敬称，如：「先生」、「様」等。

句型／文型（ぶんけい）

一、动词终止形／名词の 度に

该句型相当于汉语的"每次……"、"每当……"。例如：

○ 父は旅行に行く度に、私に土産を買ってきてくれる。
○ 父は旅行の度に、私に土産を買ってきてくれる。
○ この歌を聞く度に、彼女のことを思い出す。
○ 試験の度に私はものすごく緊張する。

二、用言连用形 てたまらない

该句型相当于汉语的"……得不得了"。例如：

○ 今日は暑くてたまらない。
○ 皆様のことが思い出され、懐かしくてたまらなくなりました。

- ○ 彼女に会いたくてたまらない。
- ○ 試合に負けたのが残念でたまらない。
- ○ 腹がへってたまらない。

三、～ところを

　接在「名詞＋の」（お名詞＋の）、形容詞連体形（お形容詞連体形）后，构成习惯用法，相当于汉语的"在……情况下"、"正当……时候"等。谓语多为表示感谢、请求和歉意的词语。例如：
- ○ お忙しいところをおいでくださいまして、ありがとうございます。
- ○ お楽しみのところを恐縮ですが、ちょっとお時間を拝借できないでしょうか。
- ○ お取り込み中のところを失礼します。
- ○ 先日は夜分遠いところを東京駅までお見送り頂きまして、誠にありがとうございました。

练习 / 練習(れんしゅう)

一、写出下列单词的假名

　手紙　経験　留守　速達　先日　無事

二、写出下列单词的汉字

　れんらくする　にがて　からだ　みおくる　つく　くわしい

三、替换练习

1. 父は旅行に行く度に、私に土産を買ってきてくれる。
   - （1）山へ行く／雨に降られる
   - （2）この写真を見る／昔を思い出す

（3）健康診断の/痩せすぎだと言われる
　　（4）あの人は来る/文句を言う
2．今日は暑くてたまらない。
　　（1）仕事をやめたい
　　（2）彼女に会いたい
　　（3）パソコンがほしい
　　（4）試合に負けたのが残念である（注意音便）

四、仿照例句变换说法
1．例＊スケジュールについて説明します。
　　→　スケジュールについてご説明します。
　　→　スケジュールについてご説明いたします。
　　（1）駅まで送ります。
　　（2）北京大学を案内します。
　　（3）電話で知らせます。
　　（4）あとでくわしく話します。
2．例＊日曜日は家にいます。
　　→　日曜日は家におります。
　　（1）また会います。
　　（2）明日も来ます。
　　（3）周といいます。よろしくお願いします。
　　（4）近いうちにお便りを差し上げたいと思います。

五、日译汉
　　日本の敬語には三種類ある。話し手の聞き手に対する敬語と、話の主題の中の人物に対して敬意を表わす敬語と、自分がへりくだることによって敬意を示す敬語の三つだ。例えば、「雨が降る」という表現を「雨が降ります」とすれば、聞き手に対して話し手が敬意を払うことになる。この敬語法では、「先生が来る」という文は、「先生が来ます」となるが、先生

に対する敬意を込められていない。これを「先生が来られる（いらっしゃる）」とすれば、先生に対する敬意を示されるが、聞き手に対する敬意は込められない。「先生が来られます（いらっしゃいます）」とすれば、両者に対する敬意が示されるわけだ。

　三番目のへりくだる敬語は、自分の妻を愚妻といったり、人に贈る物を「つまらない物」と呼んだりすることにより、相手を高める方法だ。

六、汉译日
1．昨天晚上看电视，一直看到10点。
2．今年还没下过一场像样的雨。
3．明天上午9点之前请到办公室来一次。
4．比赛输了，非常遗憾。
5．每次看到这张相片，就会想起她。
6．明天我去府上拜访。（用敬语）
7．来函敬悉。（用敬语）
8．请在5月30日前提交论文。

七、按照日语书信格式写一封短信

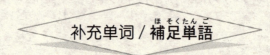

参る［まいる］（自五）　　　　「行く」、「来る」的自谦语
はじめまして（句）　　　　　　初次见面
申す［もうす］（他五）　　　　「言う」的自谦语
拝見する［はいけんする］（他サ）　「見る」的自谦语
スケジュール［schedule］（名）　日程，计划表

サイズ[size]（名）	尺寸、尺码
ございます	「です」、「あります」的郑重语
受付[うけつけ]（名）	传达室、接待处
全く[まったく]（副）	全然
考え[かんがえ]（名）	想法
小声[こごえ]（名）	小声
ちっとも（副）	一点都（不）
列車[れっしゃ]（名）	列车
ものすごい（形）	非常、很
試合に負ける[しあいにまける]（組）	输了比赛
腹がへる[はらがへる]（組）	肚子饿
おいでになる[お出になる]（組）	「行く」、「来る」的尊敬语
恐縮[きょうしゅく]（名）	对不起，不好意思
拝借する[はいしゃくする]（他サ）	借（谦语）
取り込み[とりこみ]（名）	忙碌
失礼する[しつれいする]（自サ）	失礼，对不起
健康診断[けんこうしんだん]（名）	健康诊断，身体检查
痩せすぎ[やせすぎ]（名）	太瘦
文句を言う[もんくをいう]（組）	发牢骚
聞き手[ききて]（名）	听者
主題[しゅだい]（名）	主题
敬意[けいい]（名）	敬意
へりくだる[謙る]（自五）	谦虚
込める[こめる]（他一）	带有、包含
妻[つま]（名）	妻子
愚妻[ぐさい]（名）	内人
呼ぶ[よぶ]（他五）	称呼、叫
高める[たかめる]（他一）	提高、抬高